大国经济讲坛

2016

供需均衡、内外平衡
和大国发展

LARGE COUNTRIES' ECONOMY FORUM 2016:
SUPPLY AND DEMAND BALANCE , INTERNAL AND EXTERNAL
EQUILIBRIUM , AND LARGE COUNTRIES' DEVELOPMENT

欧阳峣　帕金斯　方福前　盛斌　等著

湖南师范大学出版社

图书在版编目（CIP）数据

大国经济讲坛（2016）：供需均衡、内外平衡和大国发展 / 欧阳峣、帕金斯、方福前、盛斌等著 . —长沙：湖南师范大学出版社，2017.9
ISBN 978 - 7 - 5648 - 2918 - 6

Ⅰ.①大… Ⅱ.①欧… Ⅲ.①世界经济—经济发展—文集
Ⅳ.①F113.4 - 53

中国版本图书馆 CIP 数据核字（2017）第 172851 号

大国经济讲坛（2016）：供需均衡、内外平衡和大国发展
DAGUO JINGJI JIANGTAN (2016)：GONGXU JUNHENG、NEIWAI PINGHENG HE DAGUO FAZHAN
欧阳峣　帕金斯　方福前　盛斌　等 著

◇责任编辑：刘苏华
◇责任校对：蒋旭东
◇出版发行：湖南师范大学出版社
　　　　　　地址/长沙市岳麓山　邮编/410081
　　　　　　电话/0731 - 88873071　88873070　传真/0731 - 88872636
　　　　　　网址/http://press.hunnu.edu.cn
◇经销：湖南省新华书店
◇印刷：长沙雅嘉印刷有限公司
◇开本：710mm×1000mm　1/16
◇印张：18
◇字数：314 千字
◇版次：2017 年 9 月第 1 版　2017 年 9 月第 1 次印刷
◇书号：ISBN 978 - 7 - 5648 - 2918 - 6
◇定价：42.00 元

唐宋时期经济增长的大国效应（代序）[①]

欧阳峣

唐宋时期（618—1279）是中国历史上经济繁荣的时期，也是世界大国经济发展的典范。这一时期中国人口众多、土地辽阔，由此形成庞大的市场规模、产业规模和经济规模。这些规模因素对经济增长有着重要影响，从而表现出明显的大国效应。

▶ 一、初始条件：人口众多和土地辽阔

从唐宋时期的初始状况看，人口众多和土地辽阔成为中国经济发展的基础和前提。唐玄宗天宝十三年（754），全国共有9619254户，52880488人，进入唐代极盛时期。宋代人口出现大幅度增长，呈现出两个特点：一是增长速度快。唐初正值战乱之后，人口急剧减少，而且逃散严重。《新唐书》记载："贞观初，户不及三百万。"为恢复和发展经济，唐前期的统治者采取措施加快人口再生产。从贞观十三年（619）到天宝十四年（755），人口数由13252894增至52919309，总增长率为299%，每年平均增长率为12%左右。宋代社会安定，人口增长迅速。唐代开元、天宝之际，人口数量为6000万左右；宋代自宋仁宗时起，户口即超过1200万；宋徽宗年间户口超过2000万，每户以5口计算，人口超过1亿。二是区域大迁移。从755年的安史之乱到宋朝建立，长期的战乱引发大规模人口迁移。天宝元年（742），全国人口有60%生活在出产麦子和黍粟的黄河流域，其余40%则生活在南方；而到北宋太平兴国五年（780），全国10000万左右的人口仅38%生活在北方，已有62%生活在出产稻谷的长江流域，南方的人口比例在宋代以后持续增长，使人口重心永久地转移到南方。唐宋时期的人口因素促进了经济增长加速，推

[①] 本文原载于《光明日报》2017年1月18日"国家社科基金专刊"。

动了经济增长的重心从北方转移到南方。

唐朝拥有辽阔的疆域，唐太宗平四夷、安海内，征服和统治了广阔的疆域；唐高宗时期，中国的领土面积达到 1251.19 万平方公里。宋代的疆域变化较大，由于辽金割据，北宋的领土面积为 460 万平方公里，与之对峙的辽国为 448.54 万平方公里；南宋的面积为 220 万平方公里，与之对峙的金国为 530 万平方公里。从经济发展直接相关的土地因素看，唐代前期实行均田制，规定："丁男中男以一顷，老男笃疾废疾以四十亩，寡妻妾以三十亩，若为户者则减丁之半。"（《唐六典·尚书户部》）宋代劳动人口的增长，推动了垦田面积的扩大，促进了生产的扩大和经济的繁荣。

▶ 二、经济规模：市场规模和产业规模

唐宋时期人口众多和土地辽阔的初始条件，从客观上促进了市场规模和产业规模的扩张，从而形成唐宋时期庞大的经济规模。

唐宋时期的人口规模、国土规模与大运河的开拓共同推动了市场繁荣。其一，唐宋的水路运输发达，承接了隋代开凿大运河带来的便利，黄河、淮河、长江三大水系得以连接贯通；唐代注重对大运河的整修疏浚，并进行运河交通的相关建设，形成便利的水路交通网络。同时，对全国道路进行大规模整修，形成以长安为中心的四通八达的陆路交通。宋代极为重视水运，建立以汴京为中心的水路交通网，进一步疏浚开凿广济河、金水河、蔡河、汴水、江南运河和长江。这个时期，出现了船户、挑夫和舵工等职业劳动者，他们把产品运转到全国各地，使各地互通有无。其二，唐代城市的数量增加，规模扩大。据《旧唐书·地理志》记载，唐玄宗开元时，全国设郡 328 个，县 1573 个，形成了不同类型的城市；大中城市出现规模扩张的趋势，唐高宗永徽五年（1654）建成的唐长安城，面积达 84 平方公里，唐东都洛阳，周长约 282 公里；唐后期的扬州，周长在 17 公里以上；唐长安在籍在册的相对固定人口为 40 万~50 万，而流动人口数量不低于固定人口。宋代城市集聚更多的人口，宋神宗熙宁年间开封府人口在 100 万以上，南宋临安人口也因"江商海贾"的汇集而在 100 万以上，武汉、建康、扬州、成都、长沙等城市人口均在 1 万至 10 万户。交通运输的发达促进人员和产品的流动，城市的繁荣也促进人口和商品的集聚，随后各类市场发达起来。唐代形成了以各级城市为枢纽的市场网络体系：第一层级是在全国具有中心或枢纽功能的大都市，如长安、洛阳、扬州等；第二层级是覆盖较大区域性市场的城市，如成

都、广州、幽州等；第三层级是可以辐射、吸纳周边市场的州县治所。在唐代后期，城市冲破了坊市制度，在农村的草市大量增加，各类专业市场逐步形成。宋代的区域市场发达起来，形成了以汴京为中心的北方市场，以苏杭为中心的东南市场，以成都、梓州和兴元为中心的蜀川市场，以永兴、太原和秦州为中心的西北市场。

唐宋时期的人口规模、土地规模以及市场需求的扩大，促进了生产的扩大和产业规模的扩张。唐代的农业生产规模庞大，水稻的种植面积和产量增加。据《通典》记载，当时全国有耕地 620 万顷，以 1 唐亩合今 0.786 市亩和以每市亩产粮 154 斤计算，全国粮食总产量为 750428 万斤；宋徽宗时垦田面积达到 1000 万顷，耕作技术进步和水利条件改善，粮食产量大幅度增长。随着农业产业规模的扩大和剩余粮食的增加，工商业迅速发展。唐前期的两河、山东地区丝织业发达，中唐以后，南方的丝织业突飞猛进，在江淮和西南地区占有显著地位；宋代的采掘业和冶炼业，从技术到规模都有极其显著的发展。采掘冶炼地区扩大，在产地集中的北方地区形成了大规模的铁产中心，如徐州利国监、兖州莱芜监、河北东路邢、磁诸州铁冶、河东路诸冶等，不仅技术先进，产品质量好，而且规模庞大。宋代的造船业相当发达，有官营和民营两种类型，培养了一大批技术高超的船匠。当时的漕船载重量大，可载乘 1.2 万石，海船可载 600 人左右。这样的大船，需要众多的工匠集体制造。唐宋时期产业规模的扩大，推动了经济总量的扩张。据估算，从公元 10 世纪末期到 14 世纪初期，中国的人均 GDP 水平超过欧洲，人口为欧洲的两倍，经济总量超过了欧洲各国总和的两倍。

▶ 三、大国效应：内需支撑和技术进步

唐宋时期的中国是人口众多和土地辽阔的典型大国，在经济发展中形成了庞大的市场规模和产业规模，进而产生推动经济增长的大国效应，形成大国经济发展的优势，主要表现在内需支撑产业发展和技术进步推动经济繁荣。

第一，大国依靠国内市场支撑产业的发展，实现分工深化和规模经济。亚当·斯密在《国富论》中描绘了中国古代经济发展的大国型式："中国幅员是那么广大，居民是那么多，气候是各种各样，因此各地方有各种各样的产物，各省间的水运交通，大部分又是极其便利，所以单单这个广大国内市场，就够支持很大的制造业，并且容许很可观的分工程度。"唐宋时期的经济发展，明显地表现为以国内市场为主的大国发展型式，依靠广大的国内市

场支撑产业发展，促进农业、纺织业、冶炼业、造船业、建筑业的发展，当时这些产业分工精细，有众多的工匠合作，从而促进了分工的深化。同时，这些产业具有相当庞大的规模，可以有效节约成本，提高生产效率和经济效益，创造了中国历史上的经济繁荣。

第二，大国依靠人口众多和技术需求促进技术的进步，创造新的工艺和发明。根据林毅夫教授的解释，当时的技术发明和科学发现，主要依赖于工匠、农夫的经验和思维敏捷的天才对自然的观察，中国因人口众多而拥有更多的能工巧匠、耕织能手和智慧过人的天才，因而在推动科学技术进步方面具有比较优势。同时，根据需求引致创新的假说，大国具有更大的技术市场，因而能够更好更有效地支持技术创新和发明，形成技术研发的优势。基于这两种原因，唐宋时期工农业技术取得重要进步。唐代发明先进的水车，江南的水利设施拥有灌溉、拒潮、排水等功能，水稻栽培已有移植法，并发明稻田除草工具；造船技术相当发达，并推动航海技术进步；冶炼行业创造金属切削工艺和磨制工艺，推广木风箱和灌钢法；唐代发明脚踏纺车，南宋发明水转大纺车，建筑技术、制瓷技术、造纸技术和印刷技术均得到发展。这些技术和发明广泛地应用于农业和手工业，极大地促进了经济发展。

目 录

001 》》 **德怀特·帕金斯**
后发大国跨越"中等收入陷阱"的战略选择

012 》》 **欧阳峣 傅元海 王 松**
居民消费的规模效应及其演变机制

034 》》 **方福前**
中国居民消费需求不足原因研究——基于中国城乡分省数据

056 》》 **盛 斌 毛其淋**
贸易开放、国内市场一体化与中国省际经济增长：1985—2008 年

083 》》 **陈昆亭 周 炎**
富国之路：长期经济增长的一致理论

105 》》 **李君华 欧阳峣**
大国效应、交易成本和经济结构——国家贫富的一般均衡分析

130 》》 **张 兵 李翠莲**
"金砖国家"通货膨胀周期的协动性——基于 SPSS 因子分析和聚类分析的视角

151 》》 **汤凌霄 欧阳峣 黄泽先**
国际金融合作视野中的金砖国家开发银行

175 》 **易先忠　晏维龙　李陈华**
国内大市场与本土企业出口竞争力——来自电子消费品行业的新发现及其解释

199 》 **高凌云　屈小博　贾　鹏**
中国工业企业规模与生产率的异质性

231 》 **钱学锋　黄云湖**
中国制造业本地市场效应再估计：基于多国模型框架的分析

255 》 **张亚斌　范子杰　冯　迪**
中国 GDP 出口分解及贡献新测度

后发大国跨越"中等收入陷阱"的战略选择①

德怀特·帕金斯

德怀特·帕金斯,哈佛大学政治经济学资深教授,曾任哈佛大学国际发展研究院院长、东亚研究中心主任、哈佛大学经济系主任,长期专注于研究经济史和经济发展,特别是中国、韩国、越南等东亚、东南亚国家的经济问题。他是美国经济学权威专家,基辛格在1971年对中国的历史性访问前,曾专程赴哈佛大学听取帕金斯等人的看法。帕金斯教授出版了20多本著作,并在 *American Economic Review*, *Journal of Political Economy*, *Quarterly Journal of Economics* 等经济学期刊发表论文150余篇。

① 本文原载于《湖南师范大学社会科学学报》2017年第3期。

摘要： 一般地说，大国具有生产率较高和收入差距较大的特征，后发大国在跨越"中等收入陷阱"的过程中，应该发挥生产率高的优势和抑制收入差距大的劣势。中国要根据后发大国的国情，认真研究和吸取那些落入"中等收入陷阱"的国家的经验教训，通过完善市场经济体制，有效地维持较好的经济发展速度，并从投资驱动型模式转变到消费引领型模式。

关键词： 后发大国；中等收入陷阱；国际经验；中国战略

▶ 一、国家规模、生产率和收入分配

国家的规模和经济增长之间有关系的观点，至少可以追溯到亚当·斯密；而西蒙·库兹涅茨认为，以人口数量衡量的国家规模与国民生产总值中对外贸易的份额呈反比例关系；随后的研究表明，一个国家的大小与其他变量也是相关的。除这些统计关系之外，还出现了种种猜测：为什么大国的规模可能导致更好或更坏的经济表现？一方面，有人认为美国经济得益于大规模的国内市场；另一方面，也有人认为中国和印度的经济受到其规模的负面影响，管理这样庞大和民族多样的国家是困难的，管理上存在的问题对经济政策和制度造成影响。本文主要关注效率和公平问题，如大国的增长速度比小国快吗？不平等在一定程度上是规模大小造成的吗？

我们运用一些国家在 1960—1982 年间的经验，通过 Slolow、Denison 等提出的增长计算法框架，分析大国输入更多的人力和资本导致的生产率的提高，可以得出两个结论：第一，从总体上看，大国和特大国在 1960—1982 年间的发展速度比小国要快，但是那些发展速度飞快的是小国或中等大小的国家。在大型的经济体中，有一个内部平均数，可以掩盖各个地区之间的极端情况，而研究表明小国之间经济表现的差异高于大国之间的差异。第二，根据国家规模排名的发展速度之间的差异，在很大程度上可以通过生产率提高的差异来解释，而不是投入速度之间的差异。虽然对于是否因为规模的原因成就了高速度的增长问题，还不可能找到确切的答案，但上述数据提供了某些证据。在表 1 中，我们所采用的资本份额和人力份额采取了不同的假设，这些假设对收入份额进行调节，目的是顾及随着这些份额变化导致人均收入上升的情况。①

---

① 《发展经济学手册》，爱思唯尔出版公司 1989 年版，第 65 页、第 68 页。

表1 按国家规模排序的生产率增长情况（剩余比重为年百分比）

国家	1960—1970		1970—1982	
	A	B	A	B
所有国家	2.7	2.3	1.2	0.7
特大国家	3.2	3.0	1.8	1.5
其他大国	3.5	3.1	1.5	1.0
小国	2.4	2.0	1.0	0.5
某些国家（按大小顺序）				
中国	1.2	0.2	1.4	0.1
印度	1.5	0.7	1.1	0.2
美国	2.3	2.3	1.0	1.0
印尼	2.8	2.5	4.3	3.6
巴西	1.9	1.6	3.3	2.9
日本	6.4	6.4	0.8	0.8
孟加拉	2.4	2.0	2.7	2.3
尼日利亚	3.6	3.2	1.1	0.4
巴基斯坦	4.7	3.9	3.3	2.7
墨西哥	4.4	4.1	2.4	2.1
德国	2.4	2.4	0.4	0.4
意大利	4.1	4.1	1.3	1.3
英国	1.7	1.7	0.6	0.6
法国	3.4	3.4	1.0	1.0

注：假定 A，资本边际产出是 0.12（12%）的常数，资本产出率和折旧率具有系统相关性；假定 B，资本产出率是 3.0 的常数，但是资本的边际产出的折旧率与收入具有系统相关性。根据假定 A 和假定 B，可以认为劳动产出的弹性随收入增加而增大。

在国家规模和收入差异之间，并没有单一的或主要的关系；虽然国家规模不是导致差异的主要原因，但还是有理由说规模确实影响到了这种差异的程度，主要是在收入方面大国比小国的地区差异更大。在表 2 中，可以看到国家规模和收入差异的关系。此外，国家规模也许可以成为解释中国农村收入差异大于韩国的部分原因。在 20 世纪 70 年代，这两个国家位于顶端的 20% 人口获得了 40% 的总收入，而 40% 的底层人口仅获得 20% 的总收入。中国通过集体化消除了家庭之间的差异，但中国农村的地区差异似乎比韩国农村的地区差异大很多。同样的，国家规模也可以解释巴基斯坦的收入差异小于印度的事实。[1]

从大国的生产率和收入分配特征看，在长期的经济增长过程中，应该实行"扬长避短"的战略，充分发挥生产率较高的优势，有效抑制收入差距较大的劣势，促进国民收入的增加和均衡，推动经济的持续协调发展。

表 2　大国的收入分布

国家（年份）	占总收入的比例（%）		
	上层 20% 的人口	中层 40% 的人口	底层 40% 的人口
巴西（1972）	66.6	26.4	7.0
墨西哥（1977）	57.7	32.4	9.9
印度（1975—1976）	49.4	34.4	16.2
印度尼西亚（1976）	49.4	36.2	14.4
孟加拉（1976—1977）	46.9	36.0	17.1
法国（1975）	45.8	37.8	16.4
巴基斯坦（1964）	45.0	37.5	17.5
意大利（1977）	43.9	38.6	17.5
美国（1980）	39.9	42.9	17.2
英国（1979）	39.7	41.8	18.5
德国（1978）	38.5	40.1	20.4
日本（1979）	37.5	40.6	21.9

来源：《环球发展报告（1986）》，Chenery et al.（1974，pp. 8–9）

二、跨越"中等收入陷阱"的国际经验

"中等收入陷阱"是一个世界性的发展难题。在世界经济发展进程中，发展中国家进入中等收入阶段后，增长率就会减慢，有很多国家并没有持续发展到高收入阶段，反而在经历多年的高增长后，停滞在中等收入阶段。世界银行的经济学家把这种现象称为"中等性陷阱"，并在 2007 年的主题报告《东亚复兴：关于经济增长的观点》中提出了警示。在亚洲、拉美地区的大国，也出现了这种情况。在 20 世纪 70 年代，巴西、阿根廷、马来西亚等国家就进入到中等收入国家行列，这些国家目前仍然属于中等收入国家。这些

---

[1] 《发展经济学手册》，爱思唯尔出版公司 1989 年版，第 65 页、第 68 页。

国家无法摆脱"中等收入陷阱",可能有以下原因:

第一,有些国家经历了一段时间的高速增长,主要是源自于自然资源的高价格,如石油、棕榈油和铜等。当这些资源的市场价格高的时候,经济增长的速度快;而这些资源的市场价格下降的时候,经济增长就不可避免地减速。有的国家在经济上几乎全部依赖自然资源,如尼日利亚以及很多非洲国家和沙特阿拉伯国家;有的国家经济增长的驱动力在这个方面,如印度尼西亚。当然,中国在这方面的相关性不大,因为中国不是主要的自然资源出口国。

第二,有些国家的政治局势不稳定,阻碍了经济的可持续发展。由于这些国家发生国内战争,政治局势动荡,影响国外和国内的投资者大胆投资。如缅甸持续的战争使得这个国家的经济难以增长,印度支那半岛的战争就更具有破坏性。中国从 1911 年到 1949 年的外敌入侵及国内战争也影响了经济增长,如果没有这段时间的战争将会获得更快的增长。在 20 世纪 50 年代,菲律宾是亚洲发展得很好的国家,后来,由于大规模的腐败和民粹主义政策,导致经济变得越来越落后。中国的"文化大革命"也极大地阻碍了中国的经济增长。

第三,有些国家采用不适当的发展战略,影响了产业的转型升级。有的国家主要依赖低成本劳动力发展制造业,而在低成本劳动力优势消失之后出现经济增长速度放缓;有的国家在发展过程中忽视了建立一流的教育和科研系统,仅仅依赖模仿发达国家的技术难以从中等收入阶段发展到高收入阶段。在增长战略方面,第二次世界大战以后的最大失误,就是一些国家采取"进口替代"战略。中国在 1978 年以前采用苏联式的封闭发展模式,就是很极端的事例;而拉丁美洲在 20 世纪上半叶工业化的过程中则是没有选择地采用了"进口替代"模式,也不利于出口。

第四,有些国家在经济政策方面的失误,也可能导致经济的停滞或者衰退。比如,汇率估值过高就是发展中国家的常见问题;有的国家由于政治介入和寻租的原因,过分地依赖国有企业,不可避免地产生低效率;此外,如果不能及时地对金融体系进行改革,改善经济发展中的结构性问题,也将对中等收入国家产生负面的影响。

在最近的几十年里,落入"中等收入陷阱"的国家大部分在拉美。由于收入分配的高度不平等,导致社会的不稳定,甚至出现掠夺性政府、高通货膨胀,没法实现从"进口替代"产业向出口产业的转变。然而,东亚和东南亚已经达到中等收入的国家或地区，如日本、韩国、新加坡以及中国的台湾和香港，却都发展成了高等收入经济体。马来西亚和中国已经达到中等收入水平，能否进入高收入阶段，还需拭目以待。从东亚经济中已经成功地进入高收入阶段的国家和地区来看，往往具有以下特征：

1. 由于缺乏自然资源的原因，他们在经济发展的初期阶段不得不依靠发展制造业和加工品出口，而不是采用"进口替代"战略。

2. 由于它们大力发展教育事业，提高教育质量和人才培养质量，所以有足够的合格的人力资源，可以满足现代生产和服务业的需要，并且可以同高收入国家竞争。

3. 这些国家具有政治稳定性和政策连续性，具有良好的投资环境，有利于吸收国外投资，其中的新加坡和中国香港则非常依赖国外直接投资。

4. 由于建立和健全市场机制，主要依赖民营经济，经济发展具有活力。

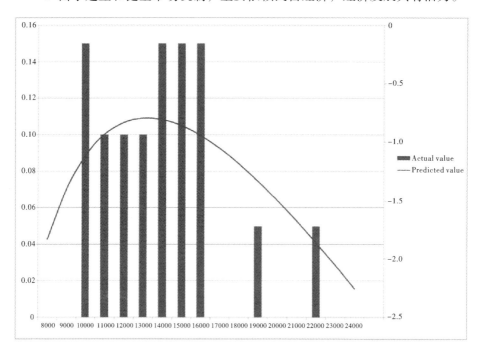

图1　GDP增长放缓的经济体的人均国民收入

在图1和表3中，我们统计了GDP增长放缓的经济体的人均国民收入以及高收入国家GDP增长的情况。值得注意的是，这些东亚国家或地区在从中等收入阶段到高收入阶段的发展过程中，没有一个增长速度达到6%～7%；在这些高收入国家中，没有一个人均GDP增长率超过2%。如果我们把开始时间从1985年推移到1990年，它们的人均GDP都下降到3%。其中有两个属于城市经济体，由于没有较大的农业部门，所以比其他国家发展要快。

表3　高收入经济体的GDP增长（1985—2015）

Countries and Regions	GDP		GDP Per Capita
	annual growth rates		Per Capita GDP (2010 US$)
OECD members	2.3	1.5	37368
Euro area	1.8	1.5	38341
European Union	1.9	1.7	34861
France	1.8	1.3	41330
Germany	1.8	1.6	45270
Hong Kong SAR, China	4.4	3.4	36117
Japan	1.6	1.4	44657
Rep Korea	5.9	5.1	25023
Italy	1	0.8	33705
Singapore	6.4	3.9	51855
Spain	2.4	1.7	30588
United States	2	1.6	51486
United Kingdom	2.3	1.8	40933

为什么这些经济体在从中等收入阶段发展成为高收入阶段的时候，发展的速度会放缓？其中有一些重要的原因，有些具有可测性，有些则没有可测性：可测的因素，包括农村的人口红利，制造业在GDP中的份额增加和随后的回落并逐渐被服务业取代，而服务业的发展速度低于制造业；不可测的原因，主要是因为在从模仿创新到自主创新的过程中，发展的速度将会下降，而且难免会犯一些错误。所以，关键的问题就在于，这些国家能否实行正确的发展战略或模式，及其经济体系和政治体系能否有效地驾驭这种模式，具体的政策是否适合于这个国家的实际情况及所在的发展阶段。

▶ 三、跨越"中等收入陷阱"的中国路径

国家规模可以影响经济增长，大国具有增长率较高和收入差距较大的特点。因此，后发大国在跨越"中等收入陷阱"的过程中，既要利用好大国经济增长率较高的优势，推动经济可持续发展；又要抑制大国收入差距较大的劣势，努力改善国民的收入分配状况。前面分析了一些国家难以跨越"中等收入陷阱"的诸多原因，中国应该认真思考这些因素，做出正确的战略选择。

首先，在中国的经济变得日益复杂的条件下，其体系能否有效地维持一个较好的经济发展速度。我们可以先来观察中国以前发展的原因，然后再分析中国的改革能否使全要素生产率达到支持 GDP 增长率 6% 左右的速度。

20 世纪 80 年代到 2000 年左右的高生产率增长，主要是因为计划体制的瓦解，然后，这个过程要比在商业社会中设计和建立一个有效的、公平的、完善的法律体系或者对国有企业进行改革，显得容易一些。因此，与摒弃计划经济体制相比，建立和完善市场经济体制更加重要。从表 4 可以看到，这些年的全要素生产率大幅度地下降，从 20 世纪 50 年代的 4.7%，下降到 2012 年的 1.0%，而增长率则主要来自高投资率以及由此产生的高资本存量增长率。从表 5 的中国增量资本产出比看出，从 1979 到 2014 年仅有微略的上升。人们普遍认为，投资驱动型的增长模式并不适合维持高增长速度，因为投资的效率下降很快，其原因是由于以前的投资弥补了发展的空档，满足了发展的需要，比如交通和住房建设，这些东西在计划经济时期被忽略了，需要加大投资来发展，而现在的中国已经建成了一流的交通系统和住房体系。

表 4   中国供给源要素的增长

Period	增长率（%）					对增长的贡献率（%）		
	GDP	固定资本	初级劳动者	受过教育的劳动者	全要素生产率	资本	受过教育的劳动者	全要素生产率
1953—1957	6.5	1.9	1.2	1.7	4.7	12.7	14.9	72.4
1958—1978	3.9	6.7	2	2.7	-0.5	73.7	39.7	-13.4
1978—2005	9.5	9.6	1.9	2.7	3.8	43.7	16.2	40.1
2006—2011	11	15.2	0.4	2.1	3.3	59.4	10.9	29.7
2012—2014	7.6	12.6	0.4	2.1	1	71.3	15.8	12.9

表5 中国：增量资本产出比（1979—2014）

年份	K/O ratio	Invest/GDP
1979—1984	3.6	33.7
1985—1988	3.3	37.2
1989—1991	6.2	35.4
1992—1996	3.2	39.8
1997—1999	4.4	36.4
2000—2006	4	39.6
2007—2010	4.2	45.7
2011	5.1	47.3
2012—2014	6.1	46.1

如果这种投资模式要继续沿用，那么，中国需要找到比目前的资本回报率更高的领域。在图2中，我们可以看到已经发生的资本回报率，这是利用增长方程式计算的。对于这种过分依赖投资带动型的增长模式，最显而易见的解决办法就是增加家庭消费在GDP中的份额，建立消费引领型的发展模式。通过出口推动经济增长的驱动作用在下降，因为中国在世界经济贸易中占有很大份额，而且在廉价劳动力方面已经逐渐丧失竞争力，无论用哪种方式计算，从图3可以看出中国家庭消费在GDP中的份额都是太低了。

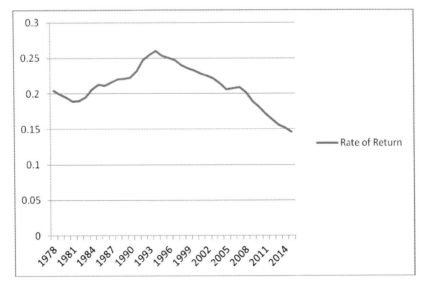

图2 预估的资本回报率

现在的问题是，要改变消费所占的份额并不是容易的事情。有两种办法可以考虑：第一，提高家庭收入的增长率，使之高于 GDP 的增长率。近些年已经这样做了，需要具有可持续性。第二，降低过高的储蓄率。从目前看，通过家庭调查得出的储蓄率是 27.8%，通过资金流转表得到的储蓄率是38.5%，如果这种数据的差异是因为家庭调查无法收集到上层 1% ～2% 的人群的收入数字，那么，这部分人群的储蓄率是超过 60% 的，而他们的收入占到总收入的 30% 左右。怎样降低储蓄率？一是要减少收入的不平等，二是要完善社保障体系，中国已在做这两件事情。

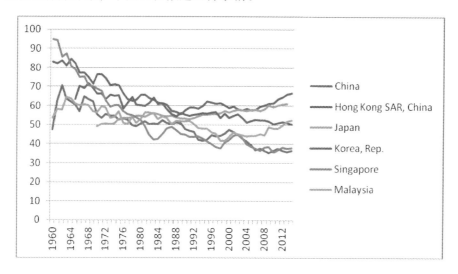

图 3　东亚一些国家家庭消费中 GDP 中的份额

这是中国面临的两难问题：一方面，投资推动的模式越来越不起作用，另一方面，要切换到消费引领型模式也非常困难。中国能否解决这个两难问题，我认为是可以解决的，但是必须做得很好，应该维持 5% 的增长率。如果增长率出现下滑的情况，也不必惊慌，毕竟中国还处在追赶高收入国家阶段。

目前在中国已经形成一种共识，即需要放缓增长速度，过去 10 多年的GDP 增长率在 9% ～10% 的年代已经过去了，将来的增长速度可能会慢很多。按照中国政府的计划，未来的增长速度为 6.5%，这仍然是很高的速度，那些跨越了“中等收入陷阱”，并且继续向高收入目标发展的国家，一般的年增长率在 2% ～4% 或 3% ～5% 之间。中国很重视教育，自 20 世纪 80 年代以来在教育方面投入大量资源，将来应该有足够的人力资本，可以向更先进的技术和产业发展，转变到现代服务业和高技术领域。①

中共的十八届三中全会，提出了推进改革的详细清单。假如中国能够继续进行充满活力的改革，落实完善市场体制的各项措施，中国的政策能够在未来 10 ~ 20 年中真正支撑 5% ~ 6% 的增长率，那么，我相信中国将在 20 年内实现从中等收入国家发展成为高收入国家的目标。②

Strategy Selection for Late-developing Countries Overleaping "Middle-income Trap"

Abstract：Generally, large countries are characterized by relatively high productivity and large income gap. During the process of late-developing countries overleaping "middle-income trap", they should take advantage of the strength of high productivity and avoid the weakness of large income gap. China should make serious research on those countries that are caught in the trap based on their real conditions and learn lessons from them. We should reform and improve market economic system, in order to maintain effectively the economic development speed and update the investment-led mode to consumer-led mode.

Key words：Late-developing countries；Middle-income trap；International experience；Chinese strategy

---

① 欧阳峣、帕金斯等：《后发大国怎样跨越"中等收入陷阱"》，《光明日报》2016 年 7 月 27 日理论版。

② 欧阳峣、帕金斯等：《后发大国怎样跨越"中等收入陷阱"》，《光明日报》2016 年 7 月 27 日理论版。

居民消费的规模效应及其演变机制[①]

欧阳峣　傅元海　王　松

欧阳峣，湖南师范大学副校长，二级教授，博士生导师，大国经济研究中心主任，系国家社会科学基金学科组评审专家，享受国务院政府特殊津贴专家，教育部新世纪优秀人才支持计划人选，新世纪"百千万人才工程"国家级人选，全国宣传文化系统"四个一批"人才，全国"万人计划"第一批哲学社会科学领军人才。主持国家社会科学基金重大招标项目3项，国家软科学研究计划重大项目3项，在《中国社会科学》、《经济研究》、*China Economist*等期刊发表论文130余篇，荣获安子介国际贸易研究奖、湖南省社科优秀成果一等奖、湖南省科技进步二等奖、湖南省高等教育教学成果一等奖。

①　本文原载于《经济研究》2016 年第 2 期。

摘要： 消费规模特别是居民消费规模是大国经济持续稳定增长的必要条件。目前，需求结构的矛盾已经成为制约中国经济持续稳定增长的深层矛盾，只有将扩大消费规模与供给侧改革结合起来，使规模庞大的居民消费主要通过国内市场来满足，才能使大国优势得到充分发挥。本文采用阈值协整模型对 1955—2013 年的数据进行实证检验，结果表明中国居民消费规模对经济增长的长期效应随居民消费率的变化而变化，这证明中国居民消费存在规模效应，且该效应在不同的消费规模下形成不同的作用机制，导致不同的影响效应。具体地说，当居民消费规模低于 0.539 时，居民消费率上升 0.1，第 2 年经济增长率仅上升 0.077；居民消费率高于 0.539 时，居民消费规模上升 0.1，第 2 年经济增长率则上升 0.121。改革开放以来，居民消费对经济增长的贡献不断下降，经济增长主要依赖投入驱动。因此，中国要实现经济增长方式由投入驱动向需求拉动转变，关键是要扩大居民消费相对规模，并通过供给侧改革使国内市场能够有效地满足居民消费需求。

关键词： 居民消费；规模效应；演变机制

一、引言

中国经济增长取得了令人瞩目的成就，但过分依赖投资拉动，居民消费不足，成为未来困扰经济持续增长的主要问题之一。在拉动经济增长的三驾马车中，消费不仅直接拉动经济增长，而且通过结构效应影响经济增长。其中，投资与消费之间的合理比例以及合适的居民消费率①，都是影响经济可持续发展的重要因素。究其原因：其一，需求结构失调导致资源配置效率下降，可能降低经济增长速度，若投资率偏低、消费率偏高，则投资通过形成资本存量而决定的长期生产能力不高，高消费不可持续；若投资率偏高、消费率偏低，则长期生产能力可能过剩，消费不足，高增长也不可持续。其二，居民消费如教育和医疗支出等因素，可以影响人力资本水平，从而影响经济增长。其三，大国国内市场对企业竞争力的培育和形成具有特殊的意义，企业因为国内巨大市场可以获得规模经济，降低经营成本，提高竞争力，因此，保持适度的投资规模或消费规模，不仅有利于企业发展，而且可以促进宏观

① 即居民消费占 GDP 的比例。

经济增长。其四，居民消费直观地反映居民生活质量，特别是反映居民共享发展成果的程度。

国内外研究消费与经济增长的文献非常丰富，实证文献主要采用线性模型考察需求结构或消费规模对经济增长的影响，很少有成果讨论需求结构或消费规模对经济增长的非线性效应。为弥补这一缺陷，本文采用阈值协整模型讨论居民消费的相对规模——居民消费率对经济增长的作用是否随居民消费相对规模超过某一水平而发生变化，以判断居民消费相对规模对经济增长的作用是否存在阈值效应。论文结构安排如下：第一部分是引言；第二部分梳理文献；第三部分是居民消费规模对经济增长阈值效应的理论分析；第四部分构建居民消费影响经济增长的阈值效应模型；第五部分介绍阈值模型估计结果并解释其原因；第六部分为主要结论及政策建议。

▶ 二、研究述评

国外关于经济增长理论的研究，经历了从投入驱动向需求拉动演进的过程。古典和新古典贸易理论认为出口能促进经济增长，但西方主流经济学并没有重视出口等需求因素对经济增长的价值。主流的经济增长理论，从哈罗德 - 多玛的古典模型开始，经过索罗 - 斯旺的新古典增长模型、阿罗的干中学模型，再到罗默和卢卡斯的新增长理论，主要从投入视角研究经济增长。尽管大萧条后，有学者认识到需求可能也是经济增长的最终动力，并且凯恩斯系统地阐述了有效需求对经济增长的影响。但不得不承认的是，凯恩斯仅强调国内需求特别是投资需求对经济短期增长的影响。

近现代经济发展的事实，特别是发展中国家经济发展的事实表明，增长不仅是产出总量的增长，更是需求扩张及结构转换的过程（Chenery，1960）。克鲁姆（1962）认为，需求通过影响供给来影响经济增长，仅仅从供给角度（即投入视角）关注经济增长可能得到错误的结论。沿着这条思路，不少学者以发展中国家为观察对象，将需求规模和结构的变化视为其经济发展的主要特征，以及经济增长速度和发展模式的本质因素（Chenery & Syrquin，1975；Chenery，1989；Garegnani & Trezzini，2010）。沃克和瓦特（1999）认为需求因素应该引入生产函数，以解释二战后的美国经济增长现象，忽略了需求因素的生产函数根本不能解释美国 20 世纪 60 年代后经济增长速度的持续下降。布拉和卡巴斯基（2008）更明确指出，应该将需求因素和供给因素结合起来理解结构变迁与经济增长过程。在此基础上，一系列文献具体分析了需求包括消费的变化与发展中国家经济发展阶段的关系，需求变动对经济增长的影响效应，以及需求结构失衡对经济长期持续均衡增长形成的不利影响（Syrquin，1995；Trezzini，2010；Garavaglia，2012）。虽然一些文献研究发现需求结构的失衡抑制经济增长，但是国外研究很少采用非线性模型，实证检验消费对经济增长的作用是否随消费规模超过某一水平而发生变化。

随着中国经济持续增长，消费对经济增长的影响引发了国内学者的思考。国内学者借鉴国外研究，结合中国实际，广泛探讨了消费因素对经济增长的影响作用及其效应。概括地说，现有国内研究主要沿着两条线路展开：一是将消费作为影响经济增长的因素，研究消费对经济增长的影响程度，主要集中分析消费数量变化对经济增长的效应，这方面的研究却没有考察消费规模效应的存在性及其作用机制的差异性；二是从结构分析的视角出发，探讨消费结构对经济增长的影响，但是实证研究主要局限于线性模型，无法反映消费结构对经济增长作用的非线性变化。具体的研究成果集中在两个方面：

（1）消费对经济增长的影响。许多学者认为消费是经济增长的原动力，长期拉动作用会越来越大，更能熨平经济周期，并指出国内消费不足已经成为制约经济增长的主要矛盾（洪银兴，2013）。一些实证研究考察了不同需求对中国经济增长的实际贡献，如李雪松等（2005）从需求角度检验经济增长的动力因素，证明了国外需求即出口、国内需求如房地产投资是拉动经济增长的重要因素。上述研究最大不足是，没有基于相关数据揭示需求结构变化对经济增长的作用是否随某些因素变化而变化。

（2）需求规模与结构变化对经济增长的影响。采取支出法核算 GDP，各类需求对经济增长的贡献表现为直接拉动；需求结构变化既可以通过直接拉动作用影响经济增长，又可通过影响投入结构进而影响资源配置效率来间接影响经济增长。具体的研究主要有以下特征：

一是以"钱纳里标准模式"[①] 为基点（Chenery & Syrquin，1975；Syrquin & Chenery，1989），采用消费率、投资率或投资消费比作为衡量需求结

[①] 钱纳里标准模式是指工业化进程中的需求结构变动存在以下经验事实：工业化初期阶段的消费率和投资率水平分别为85%和15%，工业化中期阶段的消费率和投资率水平分别为80%和20%，工业化后期阶段的消费率和投资率水平分别为77%和23%。

构的指标，判断需求结构是否失衡、失衡程度以及对经济增长的影响，基本结论是经济均衡增长与需求结构均衡变动是一致的，需求结构失衡会损害长期经济增长（王小鲁等，2005；项俊波，2008）。当然，如何确定有利于经济增长的各类需求合适比例，需要考虑其他因素。如纪明（2010）认为经济均衡增长与需求结构均衡变动是一致的，最终需求过度增长和投资需求过度增长会导致经济增长偏离均衡路径，损害长期经济增长。一些学者试图利用实证研究考察需求结构变化对经济增长的影响。李建伟（2003）的研究表明，改革开放前，投资和消费比例变化对经济增长的影响不显著，改革开放以后，投资和消费比例变化促进了经济增长；沈利生（2009）利用投入产出模型研究发现，2002 年以来消费拉动经济增长的作用下降，出口拉动经济增长的作用上升；陈杰（2011）实证研究发现需求结构失衡明显制约了经济增长。理论研究和实证研究虽然强调合适的需求比例对经济增长的积极作用，并一致认为结构失衡会损害经济增长，但是并没有指出各种需求比例达到何种程度时，需求结构变化对经济增长的作用发生变化。

二是以新古典"动态效率"理论为基础，依据阿贝尔等（1989）提出的AMSZ 准则，考察需求结构与中国经济增长的关系。如黄飞鸣（2010）运用消费与劳动收入净现金流准则分析 1985—2005 年的数据，认为消费不足是中国经济动态无效率的深层原因，进而抑制经济增长；沈坤荣等（2011）认为中国投资率高引起资本过度积累以及内需不足，形成社会总需求结构矛盾，导致经济的动态无效率，给经济增长带来越来越大的负面影响。但是这些研究并没有计算出消费低于某一数值时，消费比例或规模变化对经济增长的作用减小甚至发生性质变化。

三是考察中国经济增长中的最优消费率及合理区间（王弟海和龚六堂，2007），但研究结论差异较大：田卫民（2008）估算中国 1978—2006 年的最优消费率为 66%，荆林波和王雪峰（2011）估算中国 1992—2008 年的最优消费率为 57%。这些研究主要基于生产函数或国民生产总值支出法恒等式，测算中国经济增长中的最优消费率，但并没有讨论消费比例或规模变化对经济增长的作用是否随消费率的变化而变化。

四是将消费的规模与结构相结合，考察需求规模与结构变化对经济增长的拉动作用。刘瑞翔和安同良（2011）通过考察最终需求对于中国经济的诱发结构发现，随着我国经济总量的迅速扩大，最终需求对经济的拉动效应呈现出递减的现象，并且驱动中国经济增长的动力来源结构在 2002 年前后发生了重要变化：2002 年之前三驾马车对于经济增长的重要性依次是消费、投资和出口，而 2002 年之后变为出口、投资和消费。这项研究利用投入产出模型对中国经济增长的原因进行分解，揭示了消费对经济增长作用的变化，但是仅仅局限于经济增长动力变化，并没有揭示消费对经济增长作用的变化是因为消费规模的变化及作用机制变化。赵进文等（2010）实证分析我国保险消费的增长效应，结果表明：保险消费对经济增长的影响机制比较复杂，既存在时间上的阶段性和非线性特征，又存在空间上的巨大差异。此外，一些学者从理论上探讨消费对大国经济增长的规模效应（欧阳峣，2011），并揭示消费对经济增长的作用机制随国内市场规模变化而不断变化的特点（欧阳峣等，2014）；易先忠等（2014）研究发现，大国需求规模通过内生外贸发展机制对经济增长的作用随制度环境变化而变化。但这些研究仍然没有实证分析居民消费对经济增长的作用是否随居民消费相对规模变化而变化。

综上所述，理论和实证研究肯定了消费对经济增长的拉动作用，而且不少研究成果认为不同需求对经济增长的作用可能随某些条件变化而变化。但是这些研究存在以下不足：第一，很少有文献系统地梳理需求结构变化对经济增长的作用可能随某些因素变化而变化的机理；第二，没有文献实证测算需求结构的变化对经济增长的作用大小及性质，可能随某一需求达到某一水平时而发生变化，即没有文献测算需求结构变化对经济增长的阈值效应。为此，在当前经济增长方式由投入驱动向需求拉动转变之际，在需求结构的矛盾已经严重制约经济持续稳定增长的背景下，深入探讨需求结构的变化对经济增长的作用大小或性质可能随居民消费相对规模达到某一水平而发生变化，具有重要理论和实践意义。

▷ 三、居民消费规模对经济增长阈值效应的理论分析

一个国家或地区发展经济的最终目的在于提高国民生活水平和质量，居民消费直接影响国民生活水平和质量的提高，投资需求是为保持现有生产能力和形成扩大再生产能力的必要条件。理论上，居民消费比例与投资比例是此消彼长的关系。居民消费变化包括两层含义：一是居民消费总量变化即居民消费总量规模的扩张或收缩；二是居民消费比例变化引起需求结构变化。进一步说，居民消费对经济增长的作用大小与居民消费比例直接和间接相关。

居民消费对经济增长的影响主要表现为两方面：消费直接作用于经济，不需要中间环节①；居民消费对经济增长的间接作用，即居民消费通过影响其他因素如投资和经济结构等进而影响经济增长。下面，具体分析居民消费对经济增长作用的非线性机制。

第一，居民消费比例上升或下降直接导致经济增长速度加快或放缓，但是居民消费引起的投资变化对经济增长的作用则可能与居民消费的作用并不一致。也就是说，居民消费的直接作用表现为居民消费与经济增长正相关，而居民消费的间接作用可能促进或抑制经济增长，居民消费两种相反的作用可能表现为居民消费对经济增长的作用随居民消费相对规模变化而变化。首先，居民消费规模变化直接引起消费品生产部门投资规模变化，即居民消费的变化会传导到投资需求，形成引致投资②，并间接影响经济增长，其作用大小和性质与居民消费一致。其次，居民消费的变化影响劳动投入。居民消费对劳动投入具有正向激励作用，促使劳动投入增加，从而提升劳动效率，引致企业增加投资。不仅如此，随着当期消费的扩大，会让人们在未来更努力工作，以实现家庭收支预算平衡，即所谓的"支付账单"效应，从而提高未来长期生产率，有利于经济增长。再次，居民消费比例上升或下降意味着投资需求比例下降或上升，居民消费规模变化引致投资需求规模变化，即资本形成率与居民消费规模变化反相关，可能间接导致经济增长速度下降或加快。最后，居民消费规模扩大导致储蓄规模缩小，储蓄不足必然导致全社会投资不足，可能抑制经济增长；反之，居民消费规模缩小导致储蓄规模扩大，可能促进经济增长。居民消费的前两种间接作用机制表现为居民消费促进经济增长，后两种间接作用机制表现为居民消费抑制经济增长。如果居民消费对经济增长的正向作用大于负向作用，居民消费则促进经济增长；否则，居民消费则抑制经济增长。当然，居民消费对经济增长的作用从促进演变为抑制，是一个渐变过程，与消费比例密切相关。换句话说，只有保持需求比例协调，各类需求才能促进经济可持续增长；如果需求比例失调，各类需求不一定促进经济增长。因此，居民消费对经济增长的作用可能随居民消费比例

---

① 消费需求增长不能超出生产能力的界限，否则不会形成实际的经济增长，只会带来名义增长和通货膨胀。

② 投资有自主投资和引致投资。自主投资的动因主要是新产品和新生产技术的发明，而不是收入或消费的增长。引致投资则是由消费的增长和自主投资等经济行为所诱生出来的投资。

变化而变化。

第二，居民消费规模变化通过影响要素利用效率来影响经济增长，它主要通过影响规模经济、经济结构等方面来影响要素利用效率。居民消费只有达到一定比例，规模经济才能形成，需求结构才可能达到某一合理水平，要素利用效率才能提高，经济得以增长。具体来说，居民消费比例变化意味着居民消费规模变化，如果居民消费规模扩大，可能带来居民消费品生产部门的规模经济，提高投入产出率，促进经济增长；如果居民消费规模缩小，可能导致居民消费品生产部门规模缩小，降低投入产出率，抑制经济增长。特别是大国国内市场对幼稚产业发展尤为重要，市场规模不仅为企业生产提供了需求保障，而且通过规模经济效应促使产业竞争力的形成和提高。因此，居民消费规模只有达到某一水平，居民消费通过规模经济效应影响要素利用效率促进经济增长，否则，居民消费促进经济增长的作用不明显。

而且，居民消费规模变化也意味着生产结构变化，使得资源配置率发生变动，从而影响经济增长。如果居民消费规模变化引发生产结构变化，例如居民消费规模扩大导致新消费品的需求增加，新的需求结构则推动产业结构不断优化，可能提高资源配置效率，进而促进经济增长。当然，居民消费规模扩大也可能导致需求结构失衡，需求结构失衡则会对产业结构产生不利影响，进而降低了资源配置效率，不利于经济增长。此外，居民消费比例变化会引起收入分配结构变化；如果收入分配趋于合理，则促进经济增长，否则，将抑制经济增长。因此，居民消费将影响结构变迁和收入分配，对经济增长的作用随居民消费的相对规模变化可能发生变化。

第三，居民消费规模变化可能影响技术创新，进而促进或抑制经济增长。居民消费需求增加，可能促进技术创新：一方面，居民消费增加转化为市场需求，扩大未来的市场规模，激励企业进行过程创新或增量产品创新，该机制被视为"纯激励机制"；居民消费增加使得企业预期利润有保障，降低企业预期利润的不确定性以及经营风险，可进一步刺激技术创新。在引进新产品或进行产品改进时，预测其市场接受度和需求程度是很困难的，而居民消费的增加可减少预测的不确定性和难度，由此推动创新。因此，居民消费只有达到一定规模，才能形成稳定的市场需求，才能诱发技术创新，进而促进经济增长；如果居民消费低于某一比例，市场需求不能诱发技术创新，居民消费促进经济增长的作用不明显。总之，居民消费对经济增长的作用受居民消费能否诱发技术创新的制约。

上述分析表明，居民消费规模变化对经济增长的作用呈现多样性，随居民消费规模达到某一水平而发生非线性变化。从分析可知，居民消费规模对经济增长的作用既可能与居民消费规模变化方向一致，也可能不一致。在某些因素影响下，居民消费规模变化对经济增长的作用可能呈现多样性，如居民消费规模对经济增长的作用可能随居民消费规模达到某一水平而发生变化。居民消费占 GDP 比例低，居民消费规模较小，居民消费对经济增长的作用就小。因为消费规模比较小，消费不足，出现产能过剩，部分资源闲置，资源配置效率降低，而且不利于规模经济形成，不利于企业的研发投入，并产生一系列的结构问题，致使居民消费对经济增长的作用不大。居民消费占 GDP 比例高，居民消费规模较大，居民消费对经济增长的作用则大。因为消费规模大，消费品生产部门及关联部门可以获得规模经济，提高要素的利用效率，促进经济增长；规模经济可以提高居民消费品及相关部门的竞争力，有利于扩大出口；居民消费规模大可以直接促进技术创新，推动经济增长；居民消费规模扩大可能诱致结构变迁，促进产业结构优化升级，有利于经济增长。

而且，居民消费率应该保持在合适的程度，居民消费率过高或过低，都会直接导致经济结构失调，消费品生产部门和资本品生产部门不能协调发展，进而抑制经济增长。居民消费率过高，意味着资本形成率偏低，储蓄率低，资本品生产部门则不能为居民消费品生产提供必要的机器设备，储蓄不足不能满足居民消费品生产规模扩大的投资需求，居民消费品的扩大再生产不能实现，居民消费则抑制经济增长。居民消费率过低，意味着资本形成率偏高、储蓄率高，居民消费和生产居民消费的机器设备相对于产出不足，直接造成居民消费生产部门及关联部门市场需求不足，致使产能过剩、资源闲置；同时，储蓄不足致使居民消费品生产规模扩大的投资需求无法满足，这意味着居民消费品的扩大再生产不能实现，居民消费抑制经济增长。总之，居民消费规模变化对经济增长的作用可能随居民消费规模达到某一水平而发生非线性变化。

▶ 四、居民消费影响经济增长的阈值效应模型

（一）阈值模型的初步构建

理论分析表明，三大需求比例的协调是拉动经济持续稳定增长的主要保

障，任何一个因素的比例过高或过低均不利于经济持续稳定增长。如果消费比例偏高而投资比例偏低，会抑制扩大再生产，高消费不能持续，经济增长无法维持；如果消费比例偏低而投资比例偏高，则会消费不足，扩大再生产则导致生产过剩，经济增长也无法维持。因此，理论上消费比例即消费相对规模对经济增长的长期作用可能随消费相对规模达到某一水平而发生变化。需求结构主要通过影响资源配置效率等途径影响经济增长，一些学者将需求结构引入生产函数考察需求结构对经济增长的作用（田卫民，2008；荆林波和王雪峰，2011）。基于上述分析构建如下阈值模型：

$$g_t = c_1 + \alpha_1 \cdot cp_{t-1} + \beta_1 \cdot k_t + \varphi_1 \cdot l_t + \theta_1 \cdot fisc_t + (c_2 + \alpha_2 \cdot cp_{t-1}$$
$$+ \beta_2 \cdot k_t + \varphi_2 \cdot l_t + \theta_2 \cdot fisc_t) \ G \ (cp_{t-d-1}, \ \lambda, \ \omega) + \mu_t \qquad (1)$$

$$g_t = c_1 + \alpha_1 \cdot cp_{t-1} + \beta_1 \cdot k_t + \varphi_1 \cdot l_t + \theta_1 \cdot fis_t + (c_2 + \alpha_2 \cdot cp_{t-1}$$
$$+ \beta_2 \cdot k_t + \varphi_2 \cdot l_t + \theta_2 \cdot fis_t) \ G \ (cp_{t-d-1}, \ \lambda, \ \omega) + \mu_t \qquad (2)$$

上式中 t 表示第 t（$t = 1954$，…，2013）年。g 为经济增长率，cp 为居民消费占 GDP（支出法统计口径）的比例，反映居民消费的相对规模，为模型的关键解释变量，也是模型的阈值变量；因为需求结构变化通过影响生产结构来影响资源配置效率，进而影响经济增长，生产结构调整往往滞后于需求结构，因此将需求结构即居民消费的比例滞后 1 期。政府干预是影响经济增长的重要因素，一般采用财政支出占 GDP 的比例测度（罗长远，2005）；实际上政府常常通过税收优惠政策直接引导产业发展和影响企业行为等，税收表现为财政收入，因此财政收入也可以测度政府干预程度，分别采用财政收入占 GDP 的比例（表示为 $fisc$）和财政支出占 GDP 的比例测度（表示为 fis）；采用两种方法测度政府干预程度，可以考察模型估计结果是否稳健。k 为存量资本增长率，1952—2006 年存量资本直接采用单豪杰（2008）测算的数据，2007—2013 年存量资本则依据其测算方法进行测算。l 为劳动增长率，μ 为残差。上述变量测度的数据未说明来源的来自历年《中国统计年鉴》和《新中国 60 年统计资料汇编》。G（·）为机制转移函数，刻画居民消费规模对经济增长的非线性效应；d 表示居民消费规模对经济增长效应发生变化的时点或位置；λ 表示机制转移的速度；ω 表示消费比例变化的阈值参数。一般来说，G（·）接近于 0，居民消费规模对经济增长的效应服从第一机制，效应由参数 α_1 刻画；G（·）接近于 1，居民消费规模对经济增长的效应服从第二机制，居民消费规模对经济增长的效应由参数 $\alpha_1 + \alpha_2$ 刻画；当

G（·）∈（0，1）时，居民消费规模对经济增长的效应在两种机制间平滑转移，效应大小由 $\alpha_1 + G$（·）$\times \alpha_2$ 刻画。当（1）式和（2）式的所有变量为 I（1）序列且估计残差 $\bar{\mu}$ 平稳时，（1）式和（2）式则为阈值协整模型，居民消费规模与经济增长存在长期阈值协整关系。

（二）共线性检验

模型（1）和模型（2）是时间序列模型，时间序列的宏观经济变量可能存在较高程度的共线性；如果解释变量存在严重共线性则会影响估计结果的准确性，因此模型（1）和模型（2）需要进行共线性检验。在解决模型解释变量的共线性问题之后，为判断模型（1）和模型（2）的解释变量与经济增长是否存在阈值协整关系，首先需要进行单位根检验，然后确定阈值变量的滞后阶，进而通过非线性检验判断模型（1）和模型（2）是线性模型还是非线性模型；如果是非线性模型，则检验确定机制转移函数的类型；最后利用估计残差进行阈值协整检验。

表1　共线性检验

模型	特征根				特征根倒数和
	1	2	3	4	
模型（1）	1.7253	1.0645	0.8733	0.3369	5.6323
模型（2）	1.6456	1.1527	0.8519	0.3498	5.5078

对模型解释变量进行主成分分析，以判断准确判断模型解释变量的共线性程度。检验结果表1显示，模型（1）和模型（2）解释变量主成分分析的特征根倒数之和分别约为5.63和5.51，远远小于解释变量数目的5倍。因此，两个模型解释变量不存在强共线性，即共线性程度不会严重影响估计结果。

（三）单位根检验

只有模型变量是同阶平稳序列，且估计残差 $\bar{\mu}$ 为 I（0）序列，意味着模型才是阈值协整模型。也就是说，居民消费规模等解释变量对经济增长的长期效应，可能随居民消费规模达到某一临界值而发生变化。对模型（1）和模型（2）所有变量进行单位根检验的结果见表2，g、cp、fis、$fisc$、k 和 l 的ADF 统计量均大于5%显著水平下的临界值，表明这些变量均存在单位根；进一步对所有变量的一阶差分进行检验，ADF 的统计量均小于5%显著水平下的临界值，这就是说，所有变量的一阶差分是平稳的。因此所有变量均是

I（1）序列。

表 2　单位根检验

变量	检验类型	统计量	临界值(5%)	变量	检验类型	统计量	临界值(5%)
g	$(0,0,3)$	-1.3880	-1.9468	$fisc$	$(c,0,1)$	-1.5420	-2.9126
	$(c,0,0)$	-7.8988	-2.9126	$\Delta fisc$	$(c,0,1)$	-6.4615	-2.9135
cp	$(c,0,0)$	-1.3340	-2.9117	k	$(c,t,1)$	-3.0629	-3.4892
	$(c,0,0)$	-5.6062	-2.9126	Δk	$(c,0,1)$	-5.0110	-2.9135
fis	$(c,0,0)$	-1.7423	-2.9117	l	$(c,t,4)$	-3.2514	-3.4937
	$(c,0,0)$	-6.7264	-2.9126	Δ	$(c,0,0)$	-12.8491	-2.9126

注：检验类型括号中第 1 项为 c，则表示截距项，0 表示无截距项；第二项为 t，则表示时间趋势，0 表示无时间趋势；第三项表示滞后阶。Δ 表示一阶差分。

（四）滞后阶的确定

为判断机制转移函数 G（·）是否存在及函数类型，需要确定 G（·）发生转移的位置，也就是确立阈值变量 $fisc_{t-d-1}$ 和 fis_{t-d-1} 的滞后阶 d。机制转移函数有 Logistic 型和 Exponential 型两种类型。两种机制转移函数，假定均在原点按三阶泰勒展开如（3）式：

$$G\ (cp_{t-d-1},\ \lambda,\ \omega)\ =\tau_1 cp_{t-d-1}^1+\tau_2 cp_{t-d-1}^2+\tau_3 cp_{t-d-1}^3 \tag{3}$$

表 3　阈值变量滞后阶的确定

假设	模型（1）			模型（2）		
	AIC	$\bar{R}^2$	F 统计量	AIC	$\bar{R}^2$	F 统计量
$d=1$	-168.601	0.4601	6.491	-170.357	0.4759	6.852
$d=2$	-159.145	0.4067	5.341	-159.270	0.4079	5.364
$d=3$	-157.814	0.425	5.591	-157.850	0.4249	5.598

将（3）式分别代入模型（1）和模型（2），可以利用 OLS 估计结果来判断模型（1）和模型（2）机制转移位置 d（Dijk et al.，2002），即主要依据 AIC 信息准则，同时参考模型的显著水平及调整的 $\bar{R}^2$ 来确定阈值变量的滞后阶（赵进文和范继涛，2007）。为便于分析，取 d 最大值等于 3。从表 4 检验结果可知，$d=1$ 时，模型（1）和模型（2）的 AIC 均是最小，分别为 -168.6 和 -170.4；模型的显著水平及调整的 $\bar{R}^2$ 均达到最大。因此，模型（1）和模型（2）阈值变量滞后阶均为 1；相应地，模型（1）和模型（2）

的样本期调整为 1955—2013 年。

（五）模型类型和机制转移函数形式的检验

将 $d = 1$ 代入（3）式，再将（3）式分别代入模型（1）和模型（2）；检验模型（1）和模型（2）机制转移函数 G（·）是否为 0。具体来说，检验拒绝 $\tau_1 = \tau_2 = \tau_3 = 0$，则为非线性模型。如果机制转移函数 G（·）不为 0，进一步检验机制转移函数 G（·）的具体形式；简单说，拒绝 $\tau_3 = 0$ 或者 $\tau_1 = 0 \mid \tau_3 = 0$、$\tau_2 = 0$，$G$（·）为 Logistic 型机制转移函数，拒绝 $\tau_2 = 0 \mid \tau_3 = 0$，$G$（·）为 Exponential 型机制转移函数。从表 4 检验结果可知，模型（1）和模型（2）在 5% 显著水平下均拒绝 $\tau_1 = \tau_2 = \tau_3 = 0$ 的 Z_0 假设，也就是说拒绝模型（1）和模型（2）为线性模型。模型（1）和模型（2）在 5% 显著水平下拒绝 $\lambda_3 = 0$ 的 Z_{01} 假设，由此可以判断模型（1）和模型（2）的 G（·）均为 Logistic 型机制转移函数。

表 4　转移函数 G（·）形式的检验

| 假设 | 模型（1） | | | 模型（2） | | |
| | LM | 临界值 | | LM | 临界值 | |
		5%	10%		5%	10%
Z_0	78.4564	46.8509	37.1764	78.9825	29.8374	29.0876
Z_{01}	14.0921	8.6073	7.8489	17.5141	13.1090	10.0648
Z_{02}	14.8430	7.6631	5.6246	12.6692	14.2585	10.2895
Z_{03}	29.6521	13.2453	11.4806	28.5899	11.2691	8.7918

注：Bootstrap 的循环次数为 1000 次。

（六）阈值协整检验

由检验可知，模型（1）和模型（2）为非线性模型，居民消费规模等变量与经济增长存在非线性关系。但是居民消费规模等变量与经济增长的关系是否为阈值协整关系，则取决于非线性模型（1）和模型（2）估计的残差 $\bar{\mu}_t$ 是否平稳。当 $\bar{\mu}_t$ 为 I（0）序列时，居民消费规模等变量与经济增长存在阈值协整关系；当 $\bar{\mu}_t$ 为存在单位根时，不存在阈值协整关系。将机制转换函数分别代入模型（1）和模型（2），运用动态非线性最小二乘法（DNLS）估计分别得到模型（1）和模型（2）的 $\bar{\mu}_t$。因为在非线性条件下统计量的分布依赖未知参数而无法利用全部残差进行协整检验，采用不依赖未知参数的部分残差检验法进行阈值协整检验。简单说，通过 Monte Carlo 仿真试验来计算较为精确的临界值；当统计量小于相应的临界值时，则不能拒绝 $\bar{\mu}_t$ 为平稳序列的原假设，否则拒绝 $\bar{\mu}_t$ 为平稳序列的原假设。模型（1）和模型（2）阈值协整结果表明，统计量分别为 1.566 和 1.565，显著小于显著水平 1% 的临界值，伴随概率分别为 0.993 和 0.996，这就是说模型（1）和模型（2）估计残差 $\bar{\mu}_t$ 均是平稳序列，居民消费规模等变量与经济增长均存在阈值协整关系。

▶ 五、阈值模型估计结果及其解释

采用 DNLS 估计法分别对模型（1）和模型（2）进行估计，得到估计结果（4）式和（5）式。由估计结果可知，模型（1）和模型（2）中 θ_1 在（4）式和（5）式的估计值均不显著，模型（1）中 α_2 在（4）式的估计值显著水平为 10%，其余系数显著水平均达到 1% 或 5%。（4）式和（5）式第二机制中的截距项和 cp 的系数差异较大外，其余系数估计、阈值和机制转移速度没有显著差异。可以说，估计结果在不同方法测度政府干预程度的模型中基本一致，模型估计结果是稳健的。因此，居民消费规模对经济增长的作用随居民消费规模变化而显著不同。

（一）实证结果

从估计结果（4）式和（5）式可以看出，机制转移函数 $G(\cdot)$ 趋近于 0 时，居民消费规模对经济增长的效应服从第一机制，效应值约为 0.77，显著水平为 1%，这就是说居民消费规模对经济增长具有显著的正向效应，图 1 中 $G(\cdot)$ 趋近 0 对应的年份是 1961—1962 年、1973 年、1977 年和 1979—2013 年。其他因素不变条件下，$t-1$ 年居民消费占 GDP 的比例上升（或下降）0.01，t 年经济增长率上升（或下降）约 0.0077；如图 2 中 1961—1962 年、1973 年、1977 年和 1979—2013 年居民消费规模对经济增长的偏效应最小值约为 0.77。

$$g_t = -0.555 + 0.775^* cp_{t-1} + 2.497^* k_t + 0.414^* l_t + 0.034^* fisc_t + (-0.745 + 0.511^* cp_{t-1}$$
$$(-39.30)\ (24.47)\qquad (22.22)\quad (5.75)\quad (1.95)\qquad (-11.56)\ (5.78)$$
$$-2.494^* k_t + 0.855^* l_t + 1.973^* fisc_t)\{1 + \exp[-306(cp_{t-2} - 0.5383)]\}^{-1}$$
$$(-19.15)\quad (3.26)\quad (10.08)$$
$$\tag{4}$$

（括号内数为 t 统计值，以下均相同）

$$g_t = -0.553 + 0.774^* cp_{t-1} + 2.489^* k_t + 0.414^* l_t + 0.027^* fis_t + (-0.632 + 0.512^* cp_{t-1}$$

$$(-33.19) \quad (21.07) \qquad (19.52) \qquad (4.98) \qquad (1.32) \qquad (-8.00) \quad (4.68)$$

$$-2.611^* k_t + 1.069^* l_t + 1.574^* fis_t)\{1 + \exp[-241(cp_{t-2} - 0.5396)]\}^{-1}$$

$$(-16.22) \quad (3.24) \qquad (7.27) \hspace{7cm} (5)$$

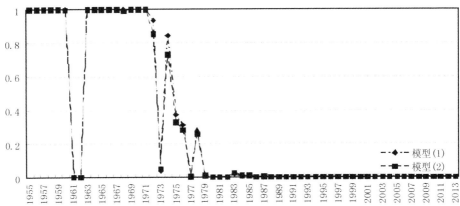

图 1　机制转移图

注：机制转移函数中阈值变量为 $t-2$ 期的 cp。

G（·）趋近 1 时，居民消费规模对经济增长的效应服从第二机制，居民消费规模对经济增长的正向效应扩大；图中 G（·）趋近 1 对应的年份是 1955—1960 年、1963—1971 年。（4）式效应值为 $\alpha_1 + \alpha_2 = 0.775 + 0.511 = 1.286$，（5）式效应值为 $\alpha_1 + \alpha_2 = 0.774 + 0.512 = 1.286$，说明在第二机制下居民消费规模对经济增长具有显著的正向效应。在其他因素不变的条件下，$t-1$ 年居民消费规模增加（或下降）0.01，（4）式和（5）式 t 年经济增长率上升（或下降）0.0129。居民消费规模对经济增长的偏效应图中对应的年份为 1955—1960 年、1963—1971 年。

机制转移函数 G（·）$\in$（0，1）时，居民消费规模对经济增长的效应服从混合机制，（4）式中居民消费规模对经济增长的效应由 $0.775 + 0.511 \cdot G$（·）刻画，（5）式中居民消费规模对经济增长的效应由 $0.774 + 0.512 \cdot G$（·）刻画，G（·）$\in$（0，1）对应年份为 1972 年、1974—1976 年和 1978 年。居民消费规模对经济增长的偏效应图中，1971 年、1973—1975 年和 1977 年（4）式的偏效应分别为 1.25、1.2、0.97、0.93、0.91，1971 年、1973—1975 年和 1977 年（5）式的偏效应分别为 1.21、1.15、0.94、0.92、

0.91。阈值参数估计值约为0.539，表明居民消费规模大约低于0.539时，居民消费规模对经济增长的效应服从第一机制；居民消费规模大约等于或高于0.539时，居民消费规模对经济增长的效应发生了非线性转移，即服从混合机制或第二机制；（4）式中$\lambda=306$，（5）中式$\lambda=241$，表明机制转移速度较快。

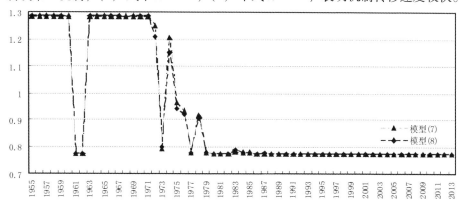

图2 居民消费对经济增长的偏效应

（二）主要结论及解释

从上述分析可知，当居民消费占GDP的比例大约低于0.539时，居民消费规模对经济增长的效应服从第一机制，居民消费率提高0.01，经济增长率提升0.008；当居民消费率大约高于0.539时，居民消费规模对经济增长的效应服从混合机制或第二机制，居民消费规模对经济增长的效应明显扩大。也就是说，居民消费规模对经济增长的长期效应随居民消费率大约超过0.539时明显增大。主要原因是：居民消费率下降意味着消费不足，消费对经济增长的拉动作用缩小。从图3可以看出，居民消费率与最终消费比例占GDP比例的变化趋势一致，1953—1959年和1963—2013年均呈下降态势，1960—1962年则呈上升态势，而政府消费占GDP的比例则变化不大；也就是说，居民消费率变化是最终消费变化的主要原因，即居民消费率下降不仅直接导致了最终消费比例下降，而且也导致居民消费规模对经济增长的贡献下降。

居民消费规模影响经济增长的机制演变可从五方面理解：

第一，居民消费规模缩小将会直接导致居民消费生产部门产能过剩，居民消费生产部门规模缩小，进而导致经济结构失衡，可能使经济增长速度放缓。

第二，居民消费规模缩小将会诱发生产结构相应变化，可流动的生产要素从居民消费生产部门流向非居民消费部门，非居民生产部门生产要素边际生产率下降，资源配置效率降低；由于资本专属性和人力资本形成的长期性，居民消费生产部门的一些生产要素并不能及时流向非居民生产部门，致使居民消费生产部门的产能过剩，部分资源闲置，资源配置效率降低。进一步说，居民消费规模缩小因为降低要素配置效率致使经济增长速度放缓。

第三，居民消费规模缩小不仅直接缩小居民消费生产规模缩小，而且居民消费生产规模缩小进一步导致规模经济效应下降甚至消失；也就是说，在投入不变的条件下，居民消费生产部门的产出水平下降，或者在产出水平不变的条件下，居民消费生产部门的投入水平上升，两种情况都意味着居民消费生产部门因为居民消费规模缩小而降低资源利用效率，在资源有限条件下，居民消费对经济增长的贡献下降。

第四，居民消费规模缩小不利于居民消费生产部门专业化分工的深化，进而缩小居民消费对经济增长的贡献。具体地说，居民消费规模缩小，不利于居民消费市场规模扩大，企业只有选择生产更多的中间投入品以生产最终产品，因为市场需求规模制约了中间产品的专业化生产，因此在居民消费规模较小情况下居民消费对经济增长的作用缩小。

第五，居民消费规模缩小容易促使经济增长过度依赖投资驱动和出口拉动。从世界银行网站的数据看，中国居民消费比例从 2000 年的 47% 下降到 2013 年的 36%，资本形成率从 35% 上升到 48%；而全世界居民平均消费比例保持在 60% 水平，资本形成率从 23% 下降到 22%；低收入国家居民消费比例从 79% 下降到 78%，资本形成率从 29% 上升到 27%；中等收入国家居民消费率从 59% 下降到 55%，资本形成率从 25% 上升到 32%；高收入国家居民消费率从 60% 上升到 61%，资本形成率从 23% 下降到 20%。这些数据说明居民消费对中国 GDP 的贡献低，投资对 GDP 的贡献高，也就是说中国经济增长是典型的投资驱动型。投资驱动经济增长方式虽然会导致资本边际生产率下降，但是资本报酬的份额偏高，劳动份额偏低，如中国劳动报酬占 GDP 的比例不断下降，从 1983 年的 70% 下降到 2013 年的 46%，资本报酬份额持续上升，从 10.7% 上升到 42%①，这说明居民消费规模缩小导致的投资

---

① 按吕冰洋和郭庆旺在《中国要素收入分配的测算》中提出的方法测算，参见《经济研究》2012 年第 10 期。

驱动经济增长方式会扩大收入差距，进而引发消费不足，经济增长速度下滑。

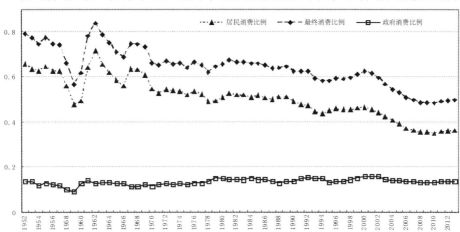

图 3　需求结构变化

▶ 六、结论与政策建议

消费、投资和出口是拉动经济增长的三驾马车。理论上，三者只有保持合理比例才能促进经济持续稳定增长。如消费比例过大而投资比例偏小，则不利于扩大再生产，高消费不可持续，长期经济增长无法维持；消费比例偏低而投资比例偏高，则导致消费不足，扩大再生产不可持续，长期经济增长也不能维持。因此，保持合理的需求结构才能维持经济持续稳定增长。利用中国 1955—2013 年数据，运用阈值协整模型进行实证检验，其结果表明中国居民消费规模对经济增长的长期效应随居民消费率的变化而变化，这证明中国居民消费存在规模效应，且该效应在不同的消费相对规模下形成不同的作用机制，导致不一样的影响效应。居民消费规模对经济增长的长期效应随居民消费比例大约达到 0.539 时而发生变化；居民消费比例约低于 0.539 时，居民消费规模对经济增长率的作用服从第一机制，居民消费的比例提升一个单位，经济增长率上升较小，居民消费比例约高于 0.539 时，居民消费规模对经济增长率的作用服从混合机制或第二机制，居民消费的比例提升一个单位，经济增长率上升较大。改革开放以来居民消费规模不断缩小，经济增长主要依赖投资和出口，居民消费对经济增长的贡献不断下降，这一事实与实证研究结论是吻合的。

研究结论对于发展中大国实现经济转型，走以内需为主的道路，有着极为重要的启示。本文结论清晰表明，消费规模特别是居民消费规模是大国经济持续稳定增长的必要条件，要解决制约中国经济持续稳定增长的需求结构矛盾，通过扩大居民消费、充分发挥大国优势是重要突破口之一。在寻求经济增长持久动力方面，大国与小国存在明显差异，小国可以通过专业化生产具有某些国际竞争力的产品，依靠世界市场需求保持经济持续稳定增长，但是大国只能依靠内需才能保持经济持续稳定增长。因此，上述理论和实证研究结论对中国经济稳定增长具有重要启示：内需是大国经济保持持续稳定增长的根本动力，在不同发展阶段，不同类型内需对大国经济增长的作用不同；就现阶段而言，随着居民消费的扩张，经济增长的内生动力得到加强，但是现实中却出现消费需求作用递减，需求结构失衡是深层原因。在居民收入不断提高背景下，需求结构失衡很大程度上归结于供给结构失衡，供给侧在消费品的结构和质量方面不能满足居民生活质量提高的需要而及时调整结构，从而形成国内产能过剩和国内消费者到国外购买大量消费品的奇怪现象。当前，中国居民消费比例偏低，规模较小，这不仅表现为居民消费比例不断呈下降趋势，而且远远低于世界平均水平，居民消费对经济增长的贡献偏低，是中国经济增长动力不足的根源。因此，扩大居民消费是中国当前及其以后相当长的时期内重要的战略方针，但是扩大消费规模应与供给侧改革结合起来。具体措施包括以下方面：不仅应该努力理顺我国居民收入分配关系，防止居民收入差距过大，从而提高居民的购买力水平，完善社会保障制度，改变居民消费预期；而且应该积极推进供给侧改革，优化产品质量和结构，使国内供给更好地满足国内需求，增强居民消费对经济增长的拉动作用，从而促进经济可持续发展。

▶ 参考文献

［1］陈杰，2011：《结构差异、增长质量与经济周期波动的关联度》，《改革》第7期。

［2］单豪杰，2008：《中国资本存量 K 的再估算：1952—2006 年》，《数量经济与技术经济研究》第 10 期。

［3］樊纲、王小鲁、张立文、朱恒鹏，2003：《中国各地区市场化相对进程报告》，《经济研究》第 3 期。

［4］洪银兴，2013：《消费需求、消费力、消费经济和经济增长》，《中国经济问题》

第1期。

[5] 黄飞鸣,2010:《中国经济的动态效率——基于消费-收入视角的检验》,《数量经济技术经济研究》第4期。

[6] 纪明,2010:《需求变动与经济增长:理论解释及中国实证》,《经济科学》第6期。

[7] 荆林波、王雪峰,2011:《消费率决定理论模型及应用研究》,《经济学动态》第11期。

[8] 李建伟,2003:《投资和消费比例变化对经济增长的影响不显著》,《经济学动态》第3期。

[9] 李雪松、张莹、陈光炎,2005:《中国经济增长动力的需求分析》,《数量经济技术经济研究》第11期。

[10] 李扬、殷剑峰,2005:《劳动力转移过程中的高储蓄、高投资和中国经济增长》,《经济研究》第2期。

[11] 林毅夫、李勇军,2003:《出口与中国经济增长:需求导向的分析》,《经济学(季刊)》第4期。

[12] 刘瑞翔、安同良,2011:《中国经济增长的动力来源与转换展望——基于最终需求角度的分析》,《经济研究》第7期。

[13] 罗长远,2005:《国外直接投资、国内资本与中国经济增长》,上海人民出版社。

[14] 赵进文、邢天才、熊磊,2010:《我国保险消费的经济增长效应》,《经济研究》2010增刊。

[15] 欧阳峣,2011:《大国综合优势》,格致出版社、上海三联书店、上海人民出版社。

[16] 欧阳峣等,2014:《大国经济发展理论》,中国人民大学出版社。

[17] 渠慎宁、吴利学、夏杰长,2012:《中国居民消费价格波动:价格黏性、定价模式及其政策含义》,《经济研究》第11期。

[18] 沈坤荣等,2011:《经济发展方式转变的机理与路径》,人民出版社。

[19] 沈利生,2009:《"三驾马车"的拉动作用评估》,《数量经济技术经济研究》第4期

[20] 田卫民,2008:《基于经济增长的中国最优消费规模:1978—2006》,《财贸研究》第6期。

[21] 王弟海、龚六堂,2007:《增长经济中的消费与储蓄》,《金融研究》第12期。

[22] 王小鲁、樊纲、刘鹏,2005:《中国经济增长方式转换和增长可持续性》,《经济研究》第10期。

［23］项俊波，2008：《中国经济结构失衡的测度与分析》，《管理世界》第9期。

［24］易先忠、欧阳峣、傅晓岚，2014：《国内市场规模与出口产品结构多元化：制度环境的门槛效应》，《经济研究》第6期。

［25］Abel, A. B., N. G. Mankiw, L. H. Summers, and R. Zeckhauser, et al., 1989, "Assessing Dynamic Efficiency: Theory and Evidence", The Review of Economic Studies, Vol. 56 (1), pp. 1 – 19.

［26］Acemoglu, D., S. Johnsonm, and J. Robinson, 2004, "Institutions as the Fundamental Cause of Long—Run Growth", NBER Working Paper, No. 104811.

［27］Buera, F., and J. Kaboski, 2008, "Can Traditional Theories of Structural Change Fit the Date", Working Paper, Presented at the 2008 Congress of the EEA, Milan, Italy.

［28］Colm, G., 1962, "Discussion of Denison", American Economic Review, Vol. 52 (2), pp. 57 – 89.

［29］Dijk D. V., T. Teräsvirta, and P. H. Franses, 2002, "Smooth Transition Autoregressive Models: A Survey of Recent Developments", Econometric Reviews, Vol. 21 (1), pp. 1 – 47.

［30］Garavaglia, C., P. F. Malerba, F. L. Orsenigo, and L. M. Pezzoni, 2012, "Technological Regimes and Demand Structure in the Evolution of the Pharmaceutical Industry", Journal of Evolutionary Economics, Vol. 22 (4), pp. 677 – 709.

［31］Garegnani, P., and A. Trezzini, 2010, "Cycles and Growth: A Source of Demand-driven Endogenous Growth", Review of Political Economy, Vol. 22, 119 – 125.

［32］Chenery, H., 1960, "Patterns of Industrial Growth", The American Economic Review, Vol. 50 (4), pp. 624 – 654.

［33］Chenery, H., and M. Syrquin, 1975, "Patterns of Development, 1950—1970", Oxford University Press.

［34］Syrquin, M., and H. Chenery, 1989, "Three Decades of Industrialization", The World Bank Economic Review, Vol. 3 (2), pp. 145 – 181.

［35］Walker, J. F., and H. G. Vatter, 1999, "Demand: The Neglected Participant in the Long Run US Productive Record", The American Economist, Vol. 43 (2), pp. 73 – 80.

The Scale Effect and Evolution Mechanism
of Resident Consumption

Abstract: Consumption scale, especially the resident consumption scale, is a necessary condition for the sustainable and stable growth of a large country economy. The contradiction of demand structure has become a deep contradiction of constraining the sustainable and stable economic growth in China. Only with the combination of consumption scale enlargement and supply-side reform, which aims to help the large-scaled resident consumption to be satisfied mainly in domestic market, the advantages of large country can be fully used. This paper makes an empirical test on the data of 1955—2013 by using Threshold Cointegration Model. The results show that the long-term effect of Chinese resident consumption scale to economic growth will change along with the changes of resident consumption rate. The results proved the existence of scale effect of Chinese resident consumption, and this effect has different working mechanisms in different consumption scales, which leads to different influence effects. More specifically, when the resident consumption scale level is below 0.539, if the resident consumption rate rises 0.1, the second annual economic growth rate will only rise 0.077; when the resident consumption rate level is above 0.539, if the resident consumption scale rises 0.1, the second annual economic growth rate will rise 0.121. After Economic Reform, the contribution of resident consumption to economic growth keeps declining, and the economic growth mainly depends on investment driven. Therefore, the key to realize the change of economic growth mode from investment driven to the demand pull in China is to expand resident consumption scale, and to carry out supply-side reform to help the demand of resident consumption to be met effectively by domestic market.

Key words: Resident Consumption; Scale effect; Evolution mechanism

中国居民消费需求不足原因研究[①]

——基于中国城乡分省数据

方福前

方福前，中国人民大学经济学院二级教授，博士生导师，西方经济学（国家级重点学科）学术带头人，首届国家级教学名师，享受国务院特殊津贴专家，马克思主义理论研究和建设工程教育部首席专家，孙冶方经济科学奖获得者。兼任国务院行政审批制度改革专家咨询组成员，国家民政部政策咨询专家委员会委员，国际全球环境变化人文因素计划中国国家委员会（CNC-IHDP）委员；中华外国经济学说研究会副会长，全国马克思主义思想史学会常务理事。主持国家社会科学基金重点项目2项，国际合作项目1项，在《中国社会科学》《管理世界》等期刊发表论文120余篇。

[①] 本文原载于《中国社会科学》2009年第2期。

摘要： 运用 1995—2005 年中国除西藏和台湾外 30 个省、自治区和直辖市城乡面板数据，建立随机效应模型对中国城乡居民消费需求的影响因素分别进行的计量结果发现：中国居民人均可支配收入与人均消费支出高度相关，且在这 11 年里中国城乡居民消费函数相对稳定；医疗、教育和住房体制改革对城乡居民消费需求的影响是不同的；一些流行的观点不能得到计量结果的支持。在这个发现的基础上，进一步运用 1992—2004 年中国的资金流量表（实物交易）数据，解释了 1997—1998 年以来中国居民消费需求持续低迷的原因之一：在国民收入分配和再分配过程中，政府在总收入和可支配收入中占有的份额越来越大，而居民占有的份额不断下降。

关键词： 随机效应模型；中国居民消费；居民收入；政府收入

▶ 一、引言

自 1997 年下半年开始，中国宏观经济的一个重要变化是由"供给不足"型转向"需求不足"型。据中国商务部每年对 600 种主要消费品调查预测，1995 年到 1997 年上半年，中国消费品市场上的总供给和总需求大体上是平衡的，但是到 1997 年下半年，中国市场上有近 32% 的主要消费品出现供给过剩。1999 年以来，中国市场上有 75% 以上的消费品出现过剩，此后中国经济发展一直遭受着总需求不足的困扰。宏观经济的这种变化或转型使得经济学界和政策制定者的视角由过去长期关注总供给转向关注总需求。在生产力和总供给能力由于改革开放而不断提高的背景下，制约经济长期稳定健康发展的主要力量就是总需求及其决定因素。

与许多发达国家的总需求不足主要是由于投资需求不足不同，中国总需求不足主要是消费需求不足，而消费需求不足主要是由于居民消费需求不足。这表现在，中国的消费率（最终消费支出占当年 GDP 的比重）偏低，而且自 2000 年以来呈逐渐下降的趋势（见图 1）；在中国的最终消费结构中，居民消费和政府消费呈现此消彼长的变化趋势（见表 1）；自 2000 年以来，中国居民的消费增长既落后于固定资产投资增长，也落后于经济（GDP）增长（见图 2）。

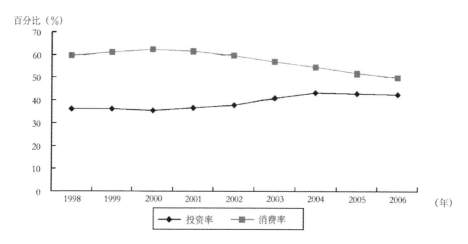

百分比（%）

图1 中国的投资率和消费率（1998—2006年）

表1 1995—2006年中国最终消费结构变化（%）

年份	居民消费（%）	政府消费（%）
1995	77.2	22.8
1996	77.3	22.7
1997	76.7	23.3
1998	76.0	24.0
1999	75.3	24.7
2000	74.5	25.5
2001	73.6	26.4
2002	73.3	26.7
2003	73.4	26.6
2004	73.3	26.7
2005	72.8	27.2
2006	72.6	27.4

　　由图1可以看出，中国的消费率一直低于62%，2001年以来又进一步低于60%，而同期世界平均的消费率为75%左右，发达国家则为80%上下。表1则显示，从1996年开始，我国居民消费和政府消费在总消费结构中呈现出此下彼上的变化趋势。图2告诉我们，近几年中国经济的高增长主要是靠高速增长的固定资产投资支撑的。因此我们认为，在中国宏观经济中存在着消费（需求）不足，居民消费需求增长缓慢。

什么原因造成中国居民的消费需求不足或增长缓慢？这是近 10 年来国内外经济学者热烈讨论的一个话题，也是中国政府关心并着力解决的一个重要经济问题。但是这个问题无论是在理论上还是在实践上都尚未完全解决。本文试图在现有研究成果的基础上，对这个问题做进一步研究。

本文结构安排如下：第一部分对相关研究成果做一个综述，看看现有的研究成果有哪些发现，这些研究使用了什么样的数据和方法。第二部分是对本文使用的数据的解释。第三、四部分是对本文使用的模型的说明。第五部分报告了我们的计量分析结果。第六部分讨论了中国居民消费支出与收入进而与收入分配的关系。第七部分，也就是最后，给出了本文的结论及政策涵义。

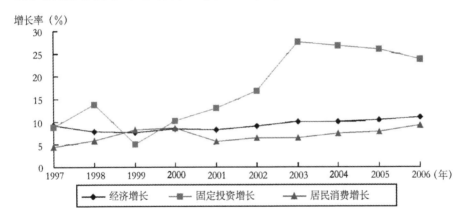

图 2　1997—2006 年中国经济、固定资产投资和居民消费增长率

▷ 一、文献综述

近 10 年来，国内外学者对中国居民消费需求不足的原因进行了大量的研究，这些研究的成果是丰富的，其中不少成果是富有启发性的和有价值的。但是，我们也看到，这些研究或者视角不同，或者使用的方法或数据不同，从而得出的结论不同，有些结论甚至是完全相反的。概括起来，中国学者对中国居民消费需求不足的研究形成了以下几种主要观点，这些观点在中国经济学界都相当流行：

1. "居民之间收入分配不公"（或"居民之间的收入差距扩大"）说。这种观点认为，由于中国改革开放以来，尤其是 20 世纪 90 年代以来，城乡之间、东中西部之间、城镇内部不同行业不同群体之间的收入分配差距不断扩大，使得中低收入者的支付能力受到限制，他们的消费需求增长缓慢，从而造成中国居民的消费需求不足。这种观点见李实和赵人伟（1999）、刘文斌（2000）、余永定和李军（2000）、朱国林等（2002）、袁志刚和朱国林（2002）、藏旭恒和孙文祥（2005）、马强（2004）、王青（2005）、藏旭恒和张继海（2005）的研究成果。

2. "中国居民消费行为特点"说。这种观点认为，中国的历史、文化和经济发展水平等因素与西方发达国家不同，这些因素决定了中国居民的消费（或储蓄）行为有自己的特点，例如崇尚节俭，喜欢储蓄，厌恶借贷（负债）消费，在消费观念上谨慎、保守，从而导致中国居民有较高的储蓄倾向或较低的消费倾向。在持这种观点的学者中，有些人还进一步研究了中国城镇居民和农村居民的消费行为的差异及其原因。这种观点见陶传平（2001）、藏旭恒和孙文祥（2003）、李宗华（2004）、钟宏（2006）发表的论文。

3. "中国福利制度改革"说。这种观点认为，20世纪90年代，中国在不断深化经济体制改革过程中，逐步取消了城市干部职工的福利分房和全额公费医疗，在高中和大学阶段实行了收（学）费制度，加上在经济生活中出现了一定比例的失业人口，社会保障制度建设滞后，使得中国居民的预防（或谨慎）动机加强，对未来的预期悲观，人们有钱不敢花，通过增加储蓄来应对未来子女上学、自付医疗费用、购买住房和失业后维持生活的需要，这就导致城乡居民现期消费支出增长缓慢。这种观点见藏旭恒和刘大可（1999）、藏旭恒和裴春霞（2004）、马强（2004）发表的研究成果。

4. "中国居民消费升级换代"说。这种观点认为，随着我国经济的发展和收入水平的提高，居民的消费结构在发生改变，我国城镇居民的消费结构接近饱和，新的消费结构尚未形成，同时现有的供给结构也不能满足居民的消费需要，这使得经济生活中出现持币待购或推迟消费的现象。见田秋生（2001）、钟宏（2006）、严先溥（2006）的论文。

还有些中国学者把中国居民的消费需求不足归因于中国的信用环境（主要是消费信贷）发展滞后，中国政府重建设、轻消费的发展战略，中国居民投资选择渠道较少、资本（财产）收入不多，等等。

中国的消费需求（尤其是居民消费需求）不足始于1997—1998年，此后持续存在，上述第二种观点显然不能很好地解释其中的原因。因为中国居民消费行为的特点是由来已久的，在1997年以前也是如此，用一种长期存在的行为来解释在某一个阶段才开始出现的现象似乎说服力不强。用居民之间收入分配不公来解释中国居民的消费需求不足有一定的说服力，但是与观察到的事实也不完全吻合：因为中国居民收入分配差距扩大始于 20 世纪 80 年代中后期，不是 90 年代中期；并且有些发展中国家的基尼系数高于中国，但是这些国家并没有出现消费需求不足，例如印度、印尼和韩国。有些中国学者则得出完全相反的结论：居民之间收入分配差距扩大并不是居民消费不足的主要原因，例如中国社会科学院数量经济与技术经济研究所的李军（2003）通过计量分析发现，居民之间的收入差距尚不是构成居民消费需求不足的主要原因，因为这些高收入阶层目前的平均消费倾向仍然较高。上述第四种观点则缺少经验数据支持。第三种观点似乎与人们的直觉一致，因为中国在 1998 年前后正式实行了住房制度、医疗制度和教育收费制度改革，但是这种说法尚没有人用计量分析结果来进行检验其真实性。

在上述几种代表性的观点中，占主导地位的是"居民之间的收入分配不公"说。多数研究者把中国居民消费需求增长缓慢归因于居民之间的收入分配差距扩大。在这里我们要特别强调的是，这种观点所说的收入分配不公是指居民之间的收入分配不公或收入差距过大。

中国学者对中国居民消费需求不足原因的研究绝大多数是逻辑推理或理论分析，运用中国的时间序列面板数据对理论假说进行计量检验或统计分析的不多。有些研究成果虽然建立了自己的理论框架或模型，但是没有运用中国的统计数据来进行检验；有些研究者只使用一些易于获得的简单数据（例如基尼系数，城乡居民人均收入水平和增长率，收入分配差距，居民银行存款规模及其增长）或自己估算、调查的数据来证明自己的结论。特别需要指出的是，研究这个选题的学者很少有人使用《中国统计年鉴》中的国民收入核算的资金流量表（实物交易）数据，这不能不说是一种缺憾。

与大多数中国学者不同的是，一些国外学者对中国居民的消费（或储蓄）行为进行了计量分析，其中最有代表性的是世界银行驻中国代表处的高路易（Louis Kuijis, 2005、2006）对中国高储蓄原因的研究。在洛易扎（Norman Loayza）、施密特－赫伯尔（Klaus Schmidt-Hebbel）和瑟温（Luis Serven）（2000）运用世界银行建立的包含 150 国家、横跨 1965—1994 年储蓄及其相关宏观经济变量数据库对私人储蓄变动原因进行研究的基础上，高路易专门对中国的高储蓄现象进行了经验研究。他得出的结论是，中国的高储蓄首先是由于企业的储蓄水平高，其次是政府的储蓄水平高，中国居民的储蓄水平虽然高于 OECD 国家，但是低于诸如印度这样的国家。言下之意，中国的消费需求不足的主要原因是企业储蓄过多。高路易进一步指出，中国居民储蓄水平高的部分原因是居民需要承担在其他国家由政府支付或者由保险涵盖的支出，譬如医疗和教育，中国居民还要把将近一半的储蓄花在住房投资上。因此，高路易对中国居民消费需求不足的解释其实和本文前面概括的中国学者的第三种观点是接近的。

高路易对中国储蓄的研究除了使用上面提到的世界银行储蓄及其相关宏观经济变量数据库中的相关数据以外，还使用了2006年以前的历年《中国统计年鉴》中的国民收入核算数据和他的研究助手估算出来的数据。但是，他对中国储蓄（或消费）行为的计量分析，既没有使用分省数据，也没有对中国城乡居民的储蓄（或消费）行为分别进行研究。并且，本文下面将会说明，用企业收入和企业储蓄增长过快来解释中国居民的消费需求不足只适合2004年的情形，并不适合2004年以前的情形。

▶ 二、数据来源与处理

本文使用1995—2005年中国分省城乡面板数据（panel data）。之所以选择1995—2005年的数据，是由于两个原因：其一，为了观察国民收入分配格局在企业、政府和居民三者之间的变化，以及这种变化对居民消费需求的影响，我们必须使用《中国统计年鉴》中的资金流量表（实物交易）；但是，到目前为止，中国国家统计局只编制了1992—2004年的资金流量表。也就是说，要研究中国国民收入分配格局的变化，现在可以使用的数据只有1992—2004年的数据。其二，中国经济中的有效需求不足始于1997—1998年，居民消费需求增长缓慢自2001年开始。我们选择的数据完全覆盖了这个时间阶段。

由于西藏的有关数据不完整，我们没有把西藏纳入模型分析。为了获得足够的数据点支持，我们使用了1995—2005年这11年中国除西藏外30个省、自治区和直辖市的分省数据。直觉告诉我们，中国城乡居民消费（或储蓄）行为是有差别的，因此，我们在使用分省数据的基础上，又进一步分别使用了各省的城镇数据和农村数据，以便对决定城镇居民和农村居民消费需求的相关因素分别进行估算。

本文的数据来源是中国国家统计局编写的相关年份的《中国统计年鉴》和《中国人口统计年鉴》、中华人民共和国教育部编写的相关年份的《中国教育统计年鉴》、中华人民共和国卫生部编写的相关年份的《中国卫生统计年鉴》、中国人民银行公布的相关年份的金融机构一年期人民币存款基准利率。

本文模型的被解释变量是扣除了医疗和学费支出以后的城镇居民的人均消费支出和农村居民的人均消费支出，解释变量有8个：（1）未成年人口负担率；（2）老年人口负担率；（3）居民人均医疗支出；（4）居民人均教育支出；（5）居民人均可支配收入（农村居民纯收入），或简称人均收入；（6）住房制度改革；（7）通货膨胀率；（8）利息率。

为了使数据具有可比性，我们以1995年的CPI作为基期的CPI，对1995—2005年的分省城乡名义数据进行了调整，形成以1995年为基期的实际数据。

我国住房制度改革始于1998年下半年，所以本文把"住房制度改革"设为虚拟变量，1998年以后为1，其他年份为0。

三、面板数据模型设定原理

由于本文数据是1995—2005年的30个省、自治区和直辖市的横截面数据，它们既可以看作混合数据（pooled data）结构，也可以看作面板数据结构。混合数据假设各横截面之间相互独立但不同分布，而面板数据是指在一定时间跨度内对相同的个体每年进行重复测量得到的数据，它允许各横截面之间存在一定的相关性（Wooldridge，2002）。由于中国各省、自治区和直辖市之间的消费、收入等数据不可能相互独立，所以决定建立面板数据模型，并使用Eviews5.1软件进行估计。

研究居民消费需求，既需要考虑短期因素，如可支配收入（农民纯收入）、通货膨胀、利息率，也需要考虑长期因素，如未成年人口负担率和老年人口负担率，还需要考虑中国特有的影响居民消费需求的因素，如1998年前后我国的教育、医疗和住房制度改革。因此，我们不能简单地套用凯恩斯（John Maynard Keynes，1936）的绝对收入假说、莫迪尼安利（Franco Modigliani，1954）的生命周期假说，或弗里德曼（Milton Friedman，1957）的持久收入假说，应当在前人研究成果的基础上，结合我国现阶段的实际，重新构造中国居民的消费函数。本文构建的模型包含8个解释变量，一方面，说明本文借鉴了国内外学者对中国居民消费需求研究的有用成果，把影响中国居民消费需求的主要因素尽可能纳入模型；另一方面，也说明本文不是简单地重复国内外已有的研究成果。本文模型所包含的解释变量以及所使用的数据是不同于现有的国内外研究成果的。

面板数据模型的基本表述为

$$y_{i,t} = C + \alpha_i + \gamma_t + x'_{i,t}\beta + \varepsilon_{i,t}, \ i = 1, \cdots, N, \ t = 1, \cdots, T \qquad (1)$$

其中，y 表示被解释变量，x 为 K 维解释变量向量，i 表示横截面数据，t 表示时间序列数据（在本文中 $i = 1, 2, \cdots, 30, t = 1995, 1996, \cdots, 2005$），$\beta$ 为回归系数向量；截距项为 $C + \alpha_i + \gamma_t$，其中 C 为常数，α_i 度量个体间的差异，γ_t 度量时间上的差异；随机误差项 $\varepsilon_{i,t}$ 代表模型中被忽略的随横截面和时间而变化的因素的影响。

面板数据模型有三种基本回归类型（Anderson & Cheng Hsiao，1982）：

1. 普通混合回归模型。这类模型假设截距 α_i 和 γ_t 不随时间 t 和个体 i 变化，这时模型（1）可变为

$$y_{i,t} = C + \alpha + x'_{i,t}\beta + \varepsilon_{i,t} \qquad (2)$$

2. 固定效应模型。这类模型假设截距 α_i，γ_t 随时间 t 和个体 i 变化，但认为 α_i 或 γ_t 与解释变量 $x_{i,t}$ 相关，具体可分为如下三种情况。（a）个体固定效应模型。即截距项 α_i 在个体 i 上变化，而 γ_t 在时间上无变化。（b）时期固定效应模型。即截距项 α_i 在个体 i 上无变化，而 γ_t 在时间上变化。（c）个体和时期固定效应模型。即截距项 α_i 在个体 i 上变化，且 γ_t 在时间上变化。

3. 随机效应模型。这类模型假设 $\alpha_i \sim N(0, \sigma_c)$，$\gamma_t \sim N(0, \sigma_u)$，$\varepsilon_{it} \sim N(0, \sigma_\varepsilon)$，$\alpha_i$，$\gamma_t$，$\varepsilon_{js}$ 互不相关，即各自分别不存在截面自相关、时间自相关和混合自相关，α_i 或 γ_t 与解释变量 $x_{i,t}$ 不相关。令 $v_{it} = \alpha_i + \gamma_t + \varepsilon_{it}$，则随机效应模型可以记为

$$y_{i,t} = C + x'_{i,t}\beta + v_{i,t} \qquad (3)$$

随机效应模型和固定效应模型相比较，相当于把固定效应模型中的截距项看成两个随机变量：一个是截面随机误差项 u_i，一个是时间随机误差项 v_t。如果这两个随机误差项都服从正态分布，对模型估计时就能够节省自由度，因为此条件下只需要估计两个随机误差项的均值和方差。

▶ 四、模型设定分析

对于上述三种回归模型的选择，可采用下面的检验方法进行判断和选择：（Wooldridge，2002）

1. 固定效应检验（F 检验）。可以具体分为三种情况。

（a）个体固定效应检验。原假设为：$\alpha_1 = \alpha_2 = \cdots = \alpha_N = 0$，即认为各个体之间的截距项没有变化。如果原假设成立，那么如下 F 统计量服从 F 分布：

$$F = \frac{(RRSS - URSS) \; / \; (N-1)}{URSS / \; (NT - N - K)} \sim F \; (N-1, \; NT - N - K)$$

其中 $RRSS$ 是模型（2）中的残差平方和，$URSS$ 是个体固定效应模型中的残差平方和。当 F 大于临界值时，拒绝原假设，即认为存在个体固定效应。在城镇居民计量模型中，F 统计量等于 21.38，大于 1% 的临界值，说明可建立固定效应。在农村居民计量模型中，F 统计量等于 31.65，大于 1% 的临界值，也说明可建立个体固定效应模型。

（b）时期固定效应检验。原假设为：$\gamma_1 = \gamma_2 = \cdots = \gamma_T = 0$，即认为各时期之间的截距项没有变化。仍然构造以上 F 统计量，只是 $URSS$ 现在是时期固定模型中的残差平方和。当 F 大于临界值时，拒绝原假设，即认为存在时期固定效应。但是在本文城镇和农村的计量模型中，由于奇异矩阵的存在，都无法建立时期固定效应模型，因此也无法进行检验和判断。

（c）个体和时期固定效应检验。原假设为：$\alpha_1 = \alpha_2 = \cdots = \alpha_N = 0$，$\gamma_1 = \gamma_2 = \cdots = \gamma_T = 0$，即认为各时期之间的截距项没有变化。仍然构造 F 统计量，$URSS$ 现在是回归模型（1）中的残差平方和。当 F 大于临界值时，拒绝原假设，即认为存在个体和时期固定效应。由于无法建立时期固定效应模型，因此本文不进行此检验。

2. 随机效应检验（LM 检验）。LM 检验的原假设为：不存在随机效应，即 $\sigma_c^2 = 0$。构造统计量

$$LM = \frac{NT}{2 \; (T-1)} \left[\frac{T^2 \bar{e}' \bar{e}}{e'e} - 1 \right]^2$$

其中 e 表示模型（2）的回归残差。在原假设下，LM 服从自由度为 1 的 χ^2 分布。如果 LM 大于临界值，则拒绝原假设，即认为存在随机效应。在城镇居民的计量模型中，LM 统计量的值为 459.66，远大于 1% 的临界值，因此，可建立随机效应模型。在农村居民的计量模型中，LM 统计量的值为 603.81，远大于 1% 的临界值，因此，可建立随机效应模型。

3. Hausman 检验。根据固定效应检验和随机效应检验结果可知，在城镇和农村居民的计量模型中，既可建立固定效应模型，也可建立随机效应模型。到底哪种模型更合适，可通过 Hausman 检验来分析。Hausman 检验的原假设为：

应该建立随机效应模型；对立假设为：应该建立固定效应模型。构造统计量

$$W = [b - \hat{\beta}]' Var (b - \hat{\beta}) [b - \hat{\beta}]$$

其中 b 是 β 的广义最小二乘估计，$\hat{\beta}$ 是时期固定效应模型中 β 的最小二乘估计。在原假设下，W 服从 $\chi^2 (K)$ 分布。如果 W 大于临界值，则拒绝原假设，应该建立固定效应模型，否则应建立随机效应模型。对于 Hausman 检验无法判定的模型，亦采用随机效应模型。在使用 Eviews 对城镇和农村居民计量模型进行 Hausman 检验时，结果显示 Hausman 检验无法判定，综合 LM 检验结果和本文的研究目的，决定采用随机效应模型。

▶ 五、计量结果

基于上述检验结果，分别建立我国城镇居民和农村居民的消费函数，面板数据模型的随机效应回归结果如表 2 和表 3 所示。被解释变量为城镇和农村居民人均消费支出，解释变量为未成年人口负担率、老年人口负担率、人均医疗支出、人均教育支出、人均可支配收入、住房制度改革、通货膨胀率、利息率。两个回归方程的 F 统计量的 P 值均接近于 0，说明方程整体上是显著的。

表 2　城镇居民消费函数的随机效应模型回归结果

被解释变量：城镇居民人均消费

样本区间：1995—2005 年

解释变量	系数估计值	标准误差	T 统计量	P 值
常数	504.9075	122.7642	4.112825	0.0000
未成年人口负担率	-4.765873	2.644667	-1.802069	0.0725
老年人口负担率	13.90501	6.636314	2.095291	0.0369
人均医疗支出	-0.187659	0.167144	-1.122738	0.2624
人均教育支出	-0.980010	0.054382	-18.02091	0.0000
人均可支配收入	0.629021	0.015440	40.74035	0.0000
住房制度改革	98.13781	53.36024	1.839156	0.0668
通货膨胀率	-898.6767	420.1189	-2.139101	0.0332
利息率	38.99151	14.71640	2.649528	0.0085
R^2	0.967300	残差平方和		6875202
回归的标准误差	146.3492	DW 统计量		0.936428
F 统计量	1186.944	F 统计量的 P 值		0.000000

表 3　农村居民消费函数的随机效应模型回归结果

被解释变量：农村居民人均消费

样本区间：1995—2005 年

解释变量	系数估计值	标准误差	T 统计量	P 值
常数	143.3281	83.07870	1.725209	0.0855
未成年人口负担率	−5.329257	1.830215	−2.911821	0.0038
老年人口负担率	11.75096	4.107683	2.860727	0.0045
人均医疗支出	1.557025	0.282708	5.507541	0.0000
人均教育支出	0.218464	0.213023	1.025544	0.3059
人均可支配收入	0.417984	0.027414	15.24733	0.0000
住房制度改革	28.19913	34.23740	0.823635	0.4108
通货膨胀率	−256.4557	254.8712	−1.006217	0.3151
利息率	41.32221	8.929008	4.627862	0.0000
R^2	0.868822	残差平方和		2932924
回归的标准误差	95.58679	DW 统计量		0.675536
F 统计量	265.7575	F 统计量的 P 值		0.000000

由上述计量结果我们发现：

1. 居民人均收入对居民人均消费需求的影响在统计上是非常显著的（显著水平均为 1%），其中对城镇居民人均消费需求的影响大于对农村居民人均消费需求的影响。这种影响度的差异可能是农村居民的消费还有一部分是自给自足的缘故，这部分消费在官方统计上反映不出来。

2. 无论是城镇还是农村，未成年人口负担率与居民人均消费需求分别在 10% 和 1% 的显著水平下呈现负相关，未成年人口负担率提高会显著减少居民的消费需求。

3. 无论是城镇还是农村，老年人口负担率提高对居民的人均消费需求影响显著正相关。

4. 医疗卫生费用提高对城镇居民的人均消费支出的影响是不确定的。但是医疗卫生费用与农村居民的人均消费支出在 1% 的显著水平下呈正相关。这种正相关的一种可能的解释是：由于农村居民人均收入较低，有些地方还相当贫困，当医疗价格提高时，一些农村居民干脆减少医疗消费，而代之以增加其他消费，例如吃得好一些，穿得暖一些，以便减少生病。

5. 个人负担的学杂费提高对城镇居民人均消费需求的影响是负相关的，

但是对农村居民的消费需求的影响是不确定的。这可能是由于城镇的学杂费大大高于农村，也可能是城镇居民对学杂费的提高比较敏感，或者他们比农村居民更重视对子女的教育培养。

6. 住房制度改革对城镇居民人均消费需求的影响在1%的显著水平下是正相关的，对农村居民的消费需求影响是不确定的。农村居民向来居住的都是自建房，因此，住房制度改革（住宅商品化）对农村居民的消费需求不会产生明显的影响。对于城镇居民来说，他们购买商品房一般也不是通过节衣缩食——一个工薪族即便不吃不喝，把全部工资攒起来，也需要20年以上才能买得起房，如果光靠节约生活消费来买房，那不知要到猴年马月才能买得起房。但是，随着住房制度的改革，城镇居民的住房费用（如物业费、房屋维修费）却大大增加了，而这些费用是居民消费支出的一部分，所以我们的计量结果显示出住房制度改革对城镇居民人均消费需求的影响是正相关的。

7. 通货膨胀对城镇居民人均消费需求的影响在5%的显著水平下是负相关的，对农村居民的消费需求影响是不确定的。这说明主要依靠货币工资生活的城镇居民对物价上涨是高度敏感的。

8. 利率变化对城镇和农村居民的消费需求影响在1%的显著水平下都是显著正相关的。这个结果说明，利率的变化对中国居民来说是收入效应大于替代效应；从总体上看，实际利率提高有增加居民消费（或减少居民储蓄）的作用，即中国居民的储蓄供给曲线可能在某一利率水平上是向后弯曲的。

综合以上的计量结果，我们可以进一步对中国居民的消费行为得出以下几点新的认识：

1. 关于赡（抚）养负担与消费需求的关系：中国居民的消费行为具有"重小轻老"倾向。为了养育好培养好未成年人口，中国居民宁可节衣缩食，减少当前消费支出。这也反映了这样一种现实：中国目前给未成年人口提供的社会福利比较少，养育未成年人口主要是依靠家庭自身。由于城镇老年人口基本上都有退休金或养老金，农村老年人口消费水平低，所以老年人口负担率与居民的人均消费需求是显著正相关的。

2. 关于福利制度改革对居民消费需求的影响：除了个人负担的学杂费提高对城镇居民人均消费需求有负向影响以外，我们没有发现住房、医疗和教育制度改革有明显减少中国城乡居民消费需求的作用。因此，把现阶段中国居民消费需求不足或增长缓慢归因于中国福利制度改革似乎缺乏足够的证据。我们的计量结果没有证实前述的中国居民消费需求不足的"福利制度改革"说。

3. 关于人均收入与消费需求的关系：无论是城镇居民还是农村居民，其人均消费需求都是高度依赖于人均收入的。由图3和图4我们可以进一步看出，在1995—2005年，随着可支配收入（农民纯收入）的增长，中国居民的消费支出与收入的关系基本上呈线性关系。城镇居民的人均可支配收入与人均消费支出之间的关系不但相关程度高于农村居民，而且城镇居民的消费函数也比农村居民的消费函数更稳定。

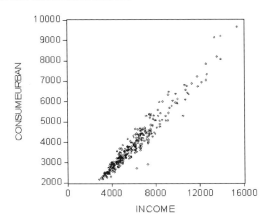

图3　城镇居民收入与消费散点图

资料来源：国家统计局编：《2007 中国统计年鉴》。

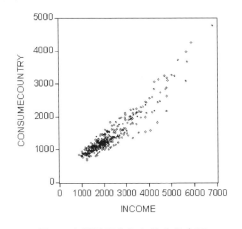

图4　农村居民收入与消费散点图

资料来源：国家统计局编：《2007 中国统计年鉴》。

六、收入分配与居民消费

根据我们的估算结果，虽然中国城镇居民人均消费和农村居民人均消费对人均收入的依存度有些差别，但是人均收入都是这两类居民消费需求的主要决定因素；中国居民的消费函数是相当稳定的；凯恩斯的消费函数理论（绝对收入假说）对中国居民的消费行为有较强的解释力。我们认为，这是因为在经济起飞和制度转轨时期，中国居民的消费习惯和消费行为还没有发生大的变化，消费函数的形式基本稳定，人均收入的变化是居民消费支出变化的主要决定因素。

那么，为什么中国经济自 1997—1998 年开始出现居民消费需求不足呢？要找出这个问题的答案，我们可以沿着平均消费倾向（APC）和收入这两条线索来进行分析。因为，根据消费函数理论，在消费函数基本稳定的经济中，消费需求就由消费倾向和收入二者决定。

根据 1993—2004 年中国国民收入核算的资金流量表（实物交易），我们计算出中国居民的消费倾向的变化，见表 4。

由表 4 我们不难看出，1992 年到 2004 年，我国居民的平均消费倾向总体上是不断上升的；如果从居民消费需求不足开始出现的 1997—1998 年作为起点来看，1997 年到 2004 年，居民消费倾向先是不断上升，2001 年达到最高点以后又不断向 1997—1998 年的水平回落。这说明，在这个时期，对于中国居民来说，不存在随着收入的增加，平均消费倾向不断递减的情况。因此，我们有理由认为，中国居民消费需求不足不是由消费倾向递减造成的。

表 4　中国居民的消费倾向

年份	1992	1993	1994	1995	1996	1997	1998	1999	2000	2001	2002	2003	2004
APC	67.39	66.57	67.50	70.88	69.23	69.54	70.07	72.37	74.55	74.63	71.41	71.11	68.35

数据来源：根据国家统计局编《2007 中国统计年鉴》相关数据计算得出。

现在我们只能从收入变化上来寻找居民消费需求不足的原因了。

改革开放以来，随着我国体制活力和经济活力不断增强，我国经济实现了持续的高增长，人均国民收入（人均 GDP）和居民可支配收入都保持了稳步增长的态势。如果以 1978 年为基期，到 2005 年，城镇居民人均可支配收入增长了 5.1 倍，农村居民人均纯收入增长了 5.2 倍；在我们研究的 1995—

2005 年这个时间段里，城镇居民人均可支配收入由 4283 元增长到 10493 元，增长了 1.45 倍，农村居民人均纯收入由 1577.7 元增长到 3254.9 元，增长了 1.06 倍。

从纵向上看，1995 年到 2005 年，我国居民人均收入都翻了一番以上。但是，居民人均收入的增长速度却又是另一种景象。图 5 显示的是城乡居民人均收入增长与 GDP 增长的比较。

我们由图 5 可以看出，1997—1998 年正好是城乡人均收入增长与经济增长对比关系发现逆转的转折点：1995—1996 年城乡人均收入增长速度均大大高于经济增长速度，而 1997—1998 年城乡人均收入增长速度均低于经济增长速度；此后，城镇居民人均收入增长速度大体上与经济增长速度持平，但是农村居民人均收入在 2004 年以前一直明显低于经济增长率。所以，我们认为，我国经济在 1997—1998 年开始出现居民消费需求不足不是偶然的，而是由于居民人均收入增长落后于 GDP 增长导致的。

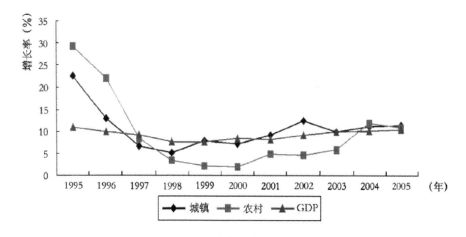

图 5　1995—2005 年人均收入增长与 GDP 增长的比较

进一步的问题是，为什么居民人均收入增长落后于经济增长呢？这需要从国民收入分配上去寻找原因。

中国的国民收入分配在 1997—1998 年前后究竟发生了什么样的变化？通过对 1992—2004 年中国国民收入核算的资金流量表（实物交易）进行计算和分析，我们发现：自 1996 年开始，中国的国民收入分配一直是向政府倾斜的，自 2004 年开始，收入分配又开始向企业倾斜。在中国 GDP 的初次分配中，1995 年政府占有的份额最低，为 15.14%，1996 年上升到 15.53%，此后不断上升，到 2001 年达到 18.36%，6 年之间上升了将近 3 个百分点，2002 年和 2003 年分别维持在 17.48% 和 17.98%；1996 年到 2003 年，中国居民的收入在 GDP 初次分配中占有的份额由 67.23% 下降到 63.2%，下降了 4 个百分点；2004 年由于企业收入在 GDP 初次分配中的比重上升过快，居民收入的比重大幅下降到 57.68%，比上一年降低了 5.5 个百分点；也就是说，1996 年到 2004 年，中国居民的收入在 GDP 初次分配中占有的份额由 67.23% 下降到 57.68%，下降了近 10 个百分点（见表 5）。

表 5　中国国民收入初次分配（1992—2004 年）

年份	企业收入（%）	政府收入（%）	居民收入（%）
1992	19.06	15.53	65.41
1993	20.61	16.83	62.56
1994	19.65	16.26	64.10
1995	20.12	15.14	64.74
1996	17.24	15.53	67.23
1997	18.12	16.17	65.71
1998	17.53	16.87	65.61
1999	18.07	16.95	64.98
2000	18.94	16.69	64.36
2001	18.11	18.36	63.53
2002	17.25	17.48	65.28
2003	18.82	17.98	63.20
2004	24.48	17.84	57.68

资料来源：根据 1994—2007 年《中国统计年鉴》中的资金流量表（实物交易）计算得出。

在中国的国民收入再分配（即全部可支配收入分配）中，政府占有的份额上升得更快，由 1996 年的 17.15% 上升到 2003 年的 21.85%，上升了 4.7 个百分点，而同期居民可支配收入在其中占有的份额则由 69.29% 下降到 62.68%，下降了 6.61%。在 2004 年中国的国民收入再分配中，企业（可支配）收入、政府（可支配）收入和居民（可支配）收入所占的比重分别是 21.79%，20.38% 和 57.83%。总起来看，1996 年到 2004 年，居民可支配收入在全部可支配收入（DI）中所占的份额由 69.29% 下降到 57.83%，下降了 11.46%（见图 6）。居民收入在国民收入再分配中的比重比在国民收入初次分配中的比重下降得更多。这说明，通过财政政策（主要是税收政策），政府将更多的收入集中在自己手里，或者说，在经济蛋糕不断扩大的过程中，政府和企业获得的份额越来越大，而居民获得的份额在不断缩小。

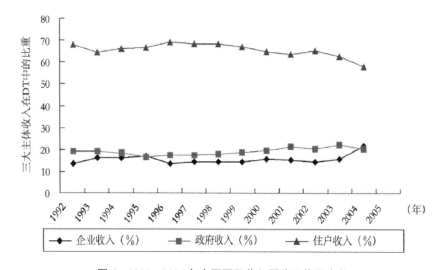

图 6　1993—2004 年中国国民收入再分配格局变化

资料来源：根据 1994—2007 年《中国统计年鉴》中的资金流量表（实物交易）计算得出。

我们看到，中国国民收入分配的变化与有效需求不足以及居民消费需求不足在时间序列上只滞后 1 年，这不应看作是一种巧合。消费需求变化比收入分配变化滞后 1 期是和相关的经济理论相吻合的。通过表 1、表 5 和图 5 的数据进一步计算和比较分析后我们又发现，居民消费与政府消费在全部最终消费中所占比重的此消彼长是和居民收入与政府收入在国民收入分配中所占比重的此消彼长在方向上是完全一致的；并且，如果撇开 2004 年国民收入分配向企业倾斜不论，我们还能够看到一个有趣的现象：1996 年到 2003 年，居民消费在全部最终消费中所占比重下降的百分数差不多等于居民收入在国民收入初次分配中所占比重下降的百分数，而政府消费在全部最终消费中所占比重上升的百分数接近于政府收入在国民收入再分配中所占比重上升的百分数。也就是说，居民消费占比的变化不但和居民收入占比的变化在方向上是一致的，而且在数量上也是基本一致的，见表 6。

表6   消费占比变化与收入占比变化的一致性

年 份	居民收入占比变化(%)		居民消费占比变化(%)	政府收入占比变化(%)		政府消费占比变化(%)
	初次分配	再分配		初次分配	再分配	
1996—2003	↓4.03	↓6.61	↓3.9	↑2.45	↑4.70	↑3.9
1996—2004	↓9.55	↓11.46	↓4.0	↑2.31	↑3.23	↑4.0

注：表中数字前面箭头的方向表示该比重变化的方向。

资料来源：根据《2007 中国统计年鉴》相关数据计算得出。

▶ 七、结论及政策涵义

我们通过使用1995—2005年中国分省、分城乡的面板数据进行计量分析发现，人均可支配收入水平是中国居民人均消费需求的最主要决定因素；由于1996以来，中国国民收入分配的格局不断向政府倾斜（2004年又向企业倾斜），居民收入与政府收入在国民收入分配结构中呈现此消彼长的变化，由此导致中国居民的消费需求自1998年以来增长缓慢。

我们要强调的是，我们用收入分配变化来解释中国居民消费需求不足与本文开头所说的"居民之间的收入分配不公"的观点不同。我们所说的收入分配主要是指政府与居民之间的收入分配，而不是居民之间的收入分配。我们认为，居民之间的收入差距扩大可能也是中国居民消费需求不足的原因，因为低收入者（尤其是农村居民）有消费需要（欲望），但是支付手段不足，从而导致消费需求不足，而居民之间的收入差距扩大使得低收入者规模相对扩大；但是我们的计量分析发现，中国居民的消费需求不足的主要原因是国民收入分配格局不断向公部门（政府）倾斜，居民收入在国民收入分配中的比重不断降低。因此，要寻找中国居民的消费需求不足或增长缓慢的原因，既需要关注居民之间的收入分配变化，更需要关注政府与居民之间的收入分配变化。

我们这个研究结果的政策涵义是明显的：由于在国民收入初次分配过程中，居民收入占比提高一个百分点，居民消费占比也提高一个百分点，所以要提高居民消费在总的最终消费中所占的比重，就需要提高居民收入在国民收入分配中所占的比重；居民通过初次分配获得的收入主要是来自劳动者报酬（工资及工资性收入）、财产收入和经营性收入，其中劳动者报酬大约占居民初次分配收入的80%，因此，提高居民收入的主要途径从短期来看主要是提高劳动者报酬，从长期来看主要是增加居民的财产收入和经营性收入。因此，如果说当前和今后我国经济要保持稳定、健康和和谐发展需要通过提高我们国内消费率尤其是居民消费占比的话，我们的政策重点应当着力于：（1）改善国民收入分配格局，使广大城乡居民获得更多的经济增长的成果；（2）积极发展资本市场，拓展投资渠道，不断增加居民的财产收入；（3）鼓励居民创业，为居民创业提供政策支持和体制环境保障，增加居民的经营性收入。考虑到我国农民收入普遍较低，农村人口占总人口的56%，增加农民收入对于提高居民消费需求就具有特别重要的意义。

由于中国居民特别重视未成年人口的养育和培养，个人负担的学杂费提高对城镇居民人均消费需求的影响是负相关的，这就提示我们：建立和完善社会保障制度，扩大这些方面的政府支出，将会减少居民的"后顾之忧"，从而有助于提高居民的消费倾向，扩大居民的消费需求。

我们欣喜地看到，自2005年以来，党中央和国务院出台了一系列改革举措和政策来改善国民收入分配结构，采取了许多措施来提高居民收入，尤其是低收入者和农村居民的收入，这使得居民消费自2007年以来有了较快增长的势头。但是，与我国经济快速增长和长期发展战略目标的要求相比，我国居民收入和居民消费的增长速度还偏低。尤其是，我国经济进入起飞阶段和人均收入达到低中等发达国家水平以后，有效需求不足尤其是消费需求不足将是经济持续发展所面临的主要问题，因此，通过增加居民收入来提高消费需求不应是一种权宜之计，而应当是一种长期发展战略。

▶ 参考文献

[1] 李实、赵人伟，1999：《中国居民收入分配再研究》，《经济研究》第4期。

[2] 藏旭恒、孙文祥，2003：《城乡居民消费结构：基于ELES模型和AIDS模型的比较分析》，《山东大学学报（哲学社会科学版）》第6期。

[3] 藏旭恒、刘大可，1999：《我国消费需求态势分析及政策选择》，《南开经济研究》第1期。

[4] 藏旭恒、裴春霞，2004：《预防性储蓄、动性约束与中国居民消费计量分析》，《经济学动态》第12期。

[5] 朱国林、范建勇、严燕，2002：《中国的消费不振与收入分配：理论与数据》，《经济研究》第5期。

[6] 刘文斌，2000：《收入差距对消费需求的制约》，《经济研究》第9期。

［7］余永定、李军，2000：《中国居民消费函数：理论与验证》，《中国社会科学》第1期。

［8］袁志刚、朱国林，2002：《消费理论中的收入分配与总消费》，《中国社会科学》第2期。

［9］马强，2004：《我国居民消费需求不足的成因与对策》，《宏观经济管理》第5期。

［10］陶传平，2001：《我国消费市场低速的原因及对策》，《山东社会科学》第5期。

［11］李宗华，2004：《我国目前消费需求不足的原因与对策》，《山东大学学报（哲学社会科学版）》第5期。

［12］田秋生，2001：《1990年代后期中国居民消费需求萎缩的原因》，《兰州商学院学报》第3期。

［13］Kuijis，Louis，2005，"Investment and saving in China"，The World Bank Policy Research Working Paper，No. 3633，June.

［14］Kuijis，Louis，2006，"How will China's saving – investment balance evolve？"，The World Bank China Research Paper，No. 5，May.

［15］钟宏，2006：《采取多种措施扩大居民消费》，《中国统计》第4期。

［16］严先溥，2006：《中国消费市场运行现状与发展趋势分析》，《金融与经济》第2期。

［17］李军，2003：《收入差距对消费需求影响的定量分析》，《数量经济与技术经济研究》第9期。

［18］王青，2005：《收入差距对居民消费需求影响的实证分析》，《社会科学辑刊》第3期。

［19］藏旭恒、张继海，2005：《收入分配对中国城镇居民消费需求影响的实证分析》，《经济理论与经济管理》第6期。

［20］Loayza，Norman，Klaus Schmidt – Hebbel & Luis Serven，2000，"What drives private saving around the world？"，The World Bank Policy Research Working Paper，No. 2309，March.

［21］Anderson，T. W.，& Cheng，H.，1982，"Formulation and estimation of dynamic models using panel data"，Journal of Econometrics，vol. 18（1），pp. 47 – 82.

［22］Greene，William H.，2000，"Econometric Analysis：Fourth Edition"，Prentice Hall，Inc.

［23］Wooldridge，Jeffrey M.，2002，"Econometric Analysis of Cross – section and Panel Data"，Cambridge，Mass：MIT Press.

［24］Modigliani，Franco and Richard Brumberg，1954，"Utility Analysis and the Consumption Function"，In Post – Keynesian Economics，edited by Kenneth Kurihara，New Brunswick, Rutgers University Press.

　　[25] Friedman, Milton, 1957, "A Theory of the Consumption Function", Princeton University Press.

　　[26] 中国国家统计局编, 1994—2007:《中国统计年鉴》, 中国统计出版社出版。

　　[27] Keynes, John Maynard , 1936, "The General Theory of Employment, Interest and Money", London: Macmillan and Co.

A Study of Inadequate Consumer Demand among Chinese Residents

——Based on Data for Urban and Rural Areas in Different Provinces

Abstract: Using panel data from both urban and rural areas in China's thirty provinces, autonomous regions and municipalities (Tibet excluded) from 1995 to 2005 , and applying the random effects model, we conducted an econometric analysis of factors influencing consumer demand among urban and rural residents . The results are as follows: the per capita disposable income of Chinese residents is highly correlated with their per capita consumption expenditure , and the consumption function of urban and rural residents has been relatively stable over the eleven years under study; reforms in medical care, education and housing systems have had varying impacts on consumption demand in urban and rural areas; and some popular ideas are not confirmed by our econometric results. Based on the above findings and flow of funds accounts (physical transactions) in China during 1992 – 2004, this paper further explains one of the reasons for the continuing under – consumption of Chinese residents since 1997 – 1998: in the course of national income distribution and redistribution, governments have occupied an ever increasing share of gross income and disposable income, while the share of Chinese residents has shown a continuous decline

Key words: Random Effects Model; Chinese Residents' Consumption; Residents' Income; Governments' Income

贸易开放、国内市场一体化与中国省际经济增长：1985—2008 年①

盛　斌　毛其淋

　　盛斌，南开大学经济学院院长，教授，博士生导师。系教育部"长江学者"特聘教授、国务院学位委员会学科评议组（理论经济学）委员，入选"国家百千万人才工程"并获"国家有突出贡献中青年专家"称号，享受政府特殊津贴专家。曾获全国优秀博士学位论文奖、教育部高等学校科学研究（人文社科）优秀成果奖、中国安子介国际贸易研究奖、霍英东教育基金会高校青年教师奖、中国世界经济学会会长奖（浦山奖）等，在《中国社会科学》《经济研究》《管理世界》《经济学（季刊）》《世界经济》等权威期刊上发表论文 30 余篇，主要代表性著作为《中国对外贸易政策的政治经济分析》（上海三联书店和上海人民出版社，2002 年）。

---

① 本文原载于《世界经济》2011 年第 11 期。

摘要： 本文基于我国 1985—2008 年的省际面板数据，采用工具变量 GMM 方法对贸易开放、国内市场一体化与经济增长的关系进行了深入的经验检验。研究克服了变量内生性问题，纠正了传统研究中贸易开放和国内市场一体化因素对省际经济增长影响的低估。实证分析表明，贸易开放和国内市场一体化对人均 GDP 的平均贡献度分别为 7.2% 和 17.9%，并且前者的作用随时间增强，而后者的影响有所减弱。此外，二者之间在促进增长方面存在替代关系，并表现出明显的地域差别，即：贸易开放对沿海地区经济增长的作用更大，而国内市场一体化对内陆地区的影响更重要。这对后金融危机时代中国统筹国内外市场，实现内外需平衡增长，从而转变经济发展方式具有重要的政策启示意义。

关键词： 贸易开放；国内市场一体化；经济增长；工具变量 GMM

➤ 一、导 言

改革开放 30 多年来，中国经济以年均近 10% 的速度保持快速增长，从而创造了"中国奇迹"。在这其中，市场规模的扩大与专业分工的深化是成就奇迹的关键因素之一，而一般认为对外贸易与国内市场的一体化又是形成这一因素的两个重要源泉。在对外贸易方面，中国的贸易总额以年均 18% 的速度迅猛扩张[①]，超过同一时期世界贸易 6% 的平均增长速度。对于贸易促进增长的作用文献鲜有争议，大量研究（如沈坤荣和李剑，2003；郭熙保和罗知，2008）从经验上证实了贸易开放显著地促进了中国总体经济增长和省际经济发展。但另一方面，在经过数年的渐进性市场化改革之后，中国国内市场是否日趋整合以及这种趋势对中国的经济增长有何影响却颇有争议。一些学者认为改革开放以来中国的地方保护和市场分割程度趋于上升（Young，2000；Poncet，2003；郑毓盛和李崇高，2003）；而另外一些学者则认为尽管中国目前仍然存在地方保护和市场分割现象，但从总体趋势上看是下降的，即国内市场一体化程度在不断上升（Naughton，1999；白重恩等，2004；桂琦寒等，2006；陈敏等，2007；陆铭和陈钊，2009）。此外，近些年来的研究

---

① 根据《中国统计年鉴》（2009 年）的相关数据测算得到。

开始关注市场分割对中国经济绩效的影响。例如，Poncet（2003）较早地考察了市场分割对中国经济增长的影响，发现市场分割与实际人均农业 GDP 和人均 GDP 之间都具有显著的负向关系，从而得出市场分割不利于经济增长的结论。但在该研究中，市场分割指数只是基于 7 种农产品的价格数据计算的，因此具有一定的局限性。与此不同的是，赵永亮和刘德学（2008）以我国 12 个样本城市 6 大类商品价格为考察对象证明了地方保护壁垒造成的省际市场分割不利于实施保护的省份自身的经济绩效的提高。而陆铭和陈钊（2009）还进一步研究了邻省之间商品市场的分割对省级经济增长的影响，他们发现分割市场对经济增长具有"倒 U 形"的影响，即：对于超过 96% 的观察点来说，市场分割有利于本地的经济增长，并且对于经济开放程度更高的观察点来说，分割市场更可能有利于当地的增长。但即便如此，该研究强调在加总的意义上并不能得出市场分割有利于总体经济增长的结论。

同时，还有一些学者专门对市场分割的影响因素进行了实证研究。如白重恩等（2004）以国有企业的产出比重和行业利税率来衡量地方保护程度，考察了地方保护与规模经济、外部经济性与专业化程度的关系。范爱军等（2007）利用 1985—2005 年的国内商品零售价格指数测度了市场分割程度，并发现地区经济发展水平、政府财政支出、国有企业就业比重、对外开放程度皆以不同程度影响着国内商品市场的整合趋势。陈敏等（2007）也利用商品零售价格指数数据来构造市场分割程度指标，但他们发现在经济开放水平较低时，经济开放加剧了国内市场的分割，而进一步的经济开放能够促进国内市场一体化，从而使经济开放与市场分割呈现出"倒 U 形"的关系，此外，研究还发现国有企业就业比重和政府消费的相对规模是加剧市场分割的重要因素。

本文将在新的国内市场分割指数测算的基础上，考察中国国内市场一体化以及与国际市场一体化两个因素（即国内外两个市场）对中国省际经济增长的影响。本文试图在以下几个方面有所贡献：（1）以往研究在考察中国的市场分割时只是考虑相邻省份，因此存在较大的局限性和偏差性，作为一个改进，本文将市场分割的测算范围扩展为整个国内市场，并在此基础上构建了新的国内市场一体化指标；（2）以往的研究很少关注贸易开放和国内市场一体化的内生性问题，而严重的内生性会导致估计结果出现偏误，本文则采用多工具变量进行 IV-GMM 估计有效地克服了内生性问题，从而纠正了传统研究中贸易开放和国内市场一体化因素对省际经济增长影响的低估；（3）为了保证结论的可靠性，本文从多个角度进行稳健性检验，并从分时段和分地区两个方面比较研究贸易开放和国内市场一体化影响省际经济增长的时空差异性；（4）本文在回归结果的基础上还对中国省域经济增长进行了结构因素分解，从而得到贸易开放和国内市场一体化因素对经济增长的贡献度，也进一步认识了两者之间的关系，这对后金融危机时代中国统筹国内外市场，实现内外需平衡增长，从而转变经济增长方式具有重要的政策启示意义。

本文以下结构安排为：第二部分构建了国内市场一体化和贸易开放指标，并对其典型事实进行统计描述；第三部分为计量模型设定以及对变量和数据的说明；第四部分为计量检验结果和相关分析；第五部分是对基本模型和结果的扩展分析，包括时间子样本、地区子样本和增长来源的因素分解测算；最后是结论和政策启示。

二、中国贸易开放与国内市场一体化的典型化事实

（一）国内市场一体化指标的构造

为了考察国内市场一体化的程度，我们需要构建和测算市场分割指数。目前，文献研究对市场分割指数的测度方法主要有贸易流量法（Naughton，1999）、生产法（Young，2000）、经济周期法（Xu，2002）、专业指数法（白重恩等，2004）和价格指数法（Parsley 和 Wei，1996，2001）5 大类。相比较而言，前 4 种方法都有其内在的缺陷①，而价格指数法则能够更为准确地反映各相邻省份的市场分割程度。有鉴于此，本文将遵循 Parsley 和 Wei（1996，2001）的方法来测算我国各个省份 1985—2008 年与其他省份之间的市场分割指数。

价格指数法的核心思想是利用地区之间商品价格的差异来分析市场分割的状况。它来源于"冰山成本"模型（Samuelson，1954），按照该理论，由于存在交易成本（如运输成本等），商品价值在运输过程中会像冰川一样融

---

① 例如在使用贸易流量法时，除了两地之间市场整合度的变化外，要素禀赋、规模经济等的变化也会导致贸易流量的改变，此外，商品替代弹性也会显著地影响贸易流量，如果不能较好地控制这些因素，那么就会给测算结果带来偏差。有关这些方法的比较可参见桂琦寒等（2006）。

化掉一部分，而只有部分到达目的地。这样，即使两地之间市场完全整合，没有套利机会，相对价格 $\dfrac{p_i}{p_j}$（其中 i 和 j 表示地区）也不必趋于 1。因此，只要相对价格 $\dfrac{p_i}{p_j}$ 在某个给定的特定区间内波动，就可以认为地区 i 和 j 之间的市场是整合的。

为了测算相对价格方差首先需要构造 3 维（$t \times m \times k$）的面板数据集，其中，t 为年份，m 为地区，k 为商品。原始数据来自 1986—2009 年《中国统计年鉴》中 28 个省份的环比价格指数数据[①]。出于保持数据的连贯性，我们选取 8 类从 1985 年开始有连续统计的商品，包括：粮食、服装鞋帽、饮料烟酒、文化体育用品、药品、书报杂志、日用品及燃料。在 1987 年以后商品类别划分发生了一些变化，借鉴陆铭和陈钊（2009）的方法进行了如下处理：1985 和 1986 年的服装鞋帽以衣着代替，文化体育用品以文化娱乐用品代替，药品以药及医疗用品类代替。此外，在 2003 年以后，文化体育用品分为文化用品和体育用品两类分别统计，我们取二者价格指数的平均值来代替相应年份的文化体育用品价格指数。

在测算市场分割指数时，鉴于原始数据是商品零售价格的环比指数，本文采用价格比的对数一阶差分的形式来度量相对价格，表示为：

$$\Delta Q_{ijt}^k = \ln\left(\frac{p_{it}^k}{p_{jt}^k}\right) - \ln\left(\frac{p_{it-1}^k}{p_{jt-1}^k}\right) = \ln\left(\frac{p_{it}^k}{p_{it-1}^k}\right) - \ln\left(\frac{p_{jt}^k}{p_{jt-1}^k}\right) \tag{1}$$

此外，为了避免因两个地区的置放顺序不同而影响到相对价格方差 var（ΔQ_{ijt}^k），对相对价格取绝对值，进而得到：

$$\left|\Delta Q_{ijt}^k\right| = \left| \ln\left(\frac{p_{it}^k}{p_{it-1}^k}\right) - \ln\left(\frac{p_{jt}^k}{p_{jt-1}^k}\right) \right| \tag{2}$$

与桂琦寒等（2006）、陆铭和陈钊（2009）仅仅考虑相邻省市的情形不

---

① 海南、重庆和西藏的环比价格指数的统计分别始于 1988、1997 和 1999 年，数据较短或缺失较多，在研究中予以剔除。

同，本文则考虑整个国内市场的情况，这种处理也更加符合中国"政治锦标赛"① 的特征。由此，根据（2）式，由样本中的 1985—2008 年（共 24 年）378 对省市组合以及 8 类商品的数据可以计算得到 72576 个差分形式的相对价格 $|\Delta Q_{ijt}^k|$。

此外，考虑到地区间商品价格的变动可能是由商品自身的某些特性导致的，即 $|\Delta Q_{ijt}^k|$ 并非全部是由地区间的市场环境差异所引起的，其中还可能包含商品异质性导致的不可加效应，进而可能将高估由贸易壁垒形成的实际市场分割指数。为此，我们采用 Parsley 和 Wei（2001）提出的去均值（de-mean）法进行处理：假定 $|\Delta Q_{ijt}^k| = a^k + \varepsilon_{ijt}^k$，其中 a^k 为第 k 类商品自身的某些特性所引起的价格变动，而 ε_{ijt}^k 与 i、j 两地区特殊的市场环境相关。若要消除固定效应 a^k，就应在给定年份 t，给定某类商品 k，对 378 对省市组合间的相对价格 $|\Delta Q_{ijt}^k|$ 求得均值 $|\Delta \overline{Q}_t^k|$，再分别用这 378 个 $|\Delta Q_{ijt}^k|$ 减去该均值。由此可得：

$$q_{ijt}^k = \varepsilon_{ijt}^k - \overline{\varepsilon}_{ijt}^k = |\Delta Q_{ijt}^k| - |\Delta \overline{Q}_t^k| = (a^k - \overline{a}^k) + (\varepsilon_{ijt}^k - \overline{\varepsilon}_{ijt}^k) \tag{3}$$

其中，上式中 q_{ijt}^k 就是最终用以计算方差的相对价格变动部分，它仅仅与地区间的市场分割因素和一些随机因素有关。接下来，计算每两个地区之间 8 类商品的相对价格波动 q_{ijt}^k 的方差 var（q_{ijt}），进而计算样本期间 378 对省市组合的相对价格方差，并将它们按照省市合并②，从而得到各省市与全国其他地区之间的市场分割指数 var（q_{nt}）$= \dfrac{\sum_{i \neq j} \text{var}（q_{ijt}）}{N}$，其中，$n$ 表示地区，N 表示合并的省市组合数目。上述测算过程共得到 672（$= 28 \times 24$）个观测值。

最后，在市场分割指数的基础上，构造本文的国内市场一体化指数（以 integ 表示）如下，显然，市场分割指数与国内市场一体化程度之间呈反向关系。

$$integ_{it} = \sqrt{\frac{1}{\text{var}（q_{nt}）}} \tag{4}$$

---

① "政治锦标赛"是一项相对绩效考核制度，它是通过竞争选拔优胜者并以相对次序决定最终胜负。在中国，同一行政级别的地方政府和官员都处于政治锦标赛（周黎安，2007）之中，即为了获得更高的晋升机会，地方政府和官员不仅仅与相邻省份的地方政府和官员进行竞争，而且还会与全国其他省份的地方政府和官员进行竞争。

② 如浙江的市场分割指数就是浙江与全国其余各省市组合的相对价格方差的均值。

（二）贸易开放度指标的构造

根据文献的普遍做法，本文采用外贸依存度来衡量贸易开放度（open），用公式表示为：

$$open_{it} = \frac{EX_{it} + IM_{it}}{GDP_{it}} \tag{5}$$

其中，EX_{it} 和 IM_{it} 分别表示地区 i 第 t 年的出口贸易额和进口贸易额，GDP_{it} 表示地区 i 第 t 年的国内生产总值。在测算时，进、出口贸易额均用当年的美元和人民币汇率的中间价折合成以人民币为单位，并用 1985 年为基期的 GDP 平减指数予以缩减。

一般而言，规模较大（以 GDP 或人口来衡量）的国家或地区，由于其内部需求也较大，从而使对外贸易量会相对较小；同样的，具有较高人均 GDP 的国家或地区，其外贸依存度会存在向下的偏差①（Patrick 等，1998）。为了控制经济规模和发展水平因素的影响，采用 Patrick 等（1998）的方法对贸易开放度指标进行修正。首先对以下模型进行混合 OLS 回归：

$$\ln open_{it} = \eta_0 + \eta_1 \ln GDP_{it} + \eta_2 \ln GDP_{it}^2 + \eta_3 \ln POP_{it} + \eta_4 \ln POP_{it}^2 +$$

$$\eta_5 \ln\left(\frac{GDP_{it}}{POP_{it}}\right) + \eta_6 \ln\left(\frac{GDP_{it}}{POP_{it}}\right)^2 + \mu_{it} \tag{6}$$

其中，i 和 t 分别表示地区和年份，$open_{it}$ 表示原始的贸易开放度；GDP_{it} 表示国内生产总值，反映地区的经济规模；POP_{it} 表示人口规模；$\frac{GDP_{it}}{POP_{it}}$ 表示人均国内生产总值，反映经济发展水平；μ_{it} 表示随机误差项。根据上述回归结果，可以得到贸易开放度的拟合值 $\hat{open}_{it} = \exp[\ln open_{it} - \mu_{it}]$，由此得到的 $\hat{open}_{it}$ 反映的是在控制 GDP、人口数和人均 GDP 之后一个地区"正常"的贸易开放程度。最后在此基础上构建修正的贸易开放度指数为：

$$adjopen_{it} = \frac{open_{it}}{\hat{open}_{it}} \tag{7}$$

$adjopen_{it}$ 的经济含义是一个地区的实际贸易开放相对于"正常"贸易开放水平的偏离程度。如果 $adjopen_{it} > 1$，说明地区 i 的贸易开放度高于平均水平，且数值越大说明该地区的贸易开放水平越高，反之则低于平均水平，且

---

① 随着一个国家或地区经济的发展，其服务部门在经济中的比重会上升，而大部分服务部门属于非贸易部门。

数值越小说明该地区的贸易开放水平越低。

（三）国内市场一体化与贸易开放的描述性分析

图 1 描绘了经测算得到 1985—2008 年我国国内市场一体化指数的时间序列。可以看出，其进程大致可划分为 3 个阶段：第一阶段为 1985—1990 年，国内市场一体化整合较为缓慢，基本保持平稳的态势；第二阶段为 1991—1996 年，市场一体化进程明显加快，除了 1993 年出现小幅下降外，其余年份保持逐年上升的趋势；第三阶段为 1997—2008 年，这期间国内市场一体化程度在剧烈波动中趋于上升，并于 2005 年达到了历史的最高点。本文的估算表明，从总体上来看，1985 年以来我国的国内市场一体化程度是在不断提高的，这一点与 Naughton（1999）和桂琦寒等（2006）的结论较为相似，而并非像 Young（2000）和 Poncet（2003）所揭示的那样地区间的市场分割程度愈演愈烈。不过确实值得注意的是，近年来的市场一体化指数波动很大，并有下降趋势。此外，我们还将样本划分为沿海和内陆①两类地区分别进行考察，如图 1 所示，其各自的国内市场一体化程度及其变化趋势基本相同，也与全国的情形基本相似。同时，从 1992 年开始在大部分年份中，内陆地区的国内市场一体化程度相对更高。

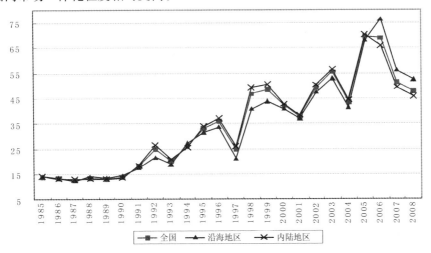

图 1　中国省际国内市场一体化程度变化趋势（1985—2008 年）

---

① 本文的沿海地区是包括北京、天津、山东、上海、江苏、浙江、福建和广东 8 个省市，其余省市归为内陆地区。

图 2 描绘了 1985—2008 年间我国全国、沿海和内陆地区的贸易开放度的变化趋势。从中可以看出，我国贸易开放水平在总体上保持稳步上升的趋势，从 1985 年的 0.229 上升至 2008 年的 0.392，提高了近 71%。其中，沿海地区的贸易开放度远远高于内陆地区，而且二者之间的差距不断扩大。

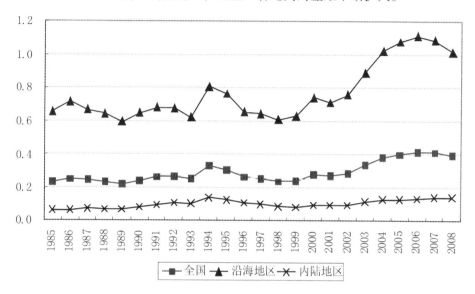

图 2　中国省际贸易开放度变化趋势（1985—2008 年）

上述加总数据的分析可能掩盖了地区间的差异性特征，为此，我们还测算了 28 个省市的贸易开放度（*open*）和国内市场一体化指数（*integ*）在 1985—2008 年间的均值及其变化率，列于表 1 中。结果表明，贸易开放度较高的省市基本来自东部沿海地区，其中北京、上海和天津 3 个直辖市的贸易开放度分别高居第一、第三和第四位。除了北京出现负增长外，其余省市的贸易开放度均保持强劲的上升态势，其中江苏、浙江和甘肃 3 个省份的年均增长率超过 10%。此外，同期内大部分省市的国内市场一体化程度也有了显著提高，16 个省市的 *integ* 年均增长率大于 10%，但它们之间也存在显著的差异。有意思的是，3 个直辖市的市场一体化程度却居于末位。①

①　这与陈敏等（2007）的发现较为类似，其原因可能为直辖市的特殊身份使这些地区所实施的政策不同于其他省份或者这 3 个省市经济较发达而且面积相对较小，从而便于直接实施政府干预。

表1 1985—2008 年中国省际贸易开放度（open）和国内市场一体化指数（integ）

地区	open	排名	变化率（%）	integ	排名	变化率（%）
北京	1.874	1	-2.17	31.39	25	21.29
广东	1.298	2	6.08	36.36	5	11.55
上海	0.860	3	7.88	29.56	27	9.60
天津	0.635	4	6.65	27.61	28	10.00
福建	0.478	5	7.63	36.01	8	12.41
江苏	0.420	6	11.48	36.45	4	12.31
浙江	0.328	7	10.72	35.25	14	13.55
辽宁	0.310	8	2.23	38.03	1	11.42
山东	0.234	9	4.25	38.00	2	8.60
新疆	0.144	10	8.62	31.51	24	8.88
吉林	0.144	11	5.67	35.38	13	9.96
广西	0.111	12	3.82	35.03	15	9.43
黑龙江	0.108	13	8.46	36.13	6	10.79
河北	0.108	14	3.22	36.08	7	9.48
宁夏	0.102	15	5.83	33.15	21	10.15
安徽	0.095	16	7.85	32.46	22	8.73
内蒙古	0.093	17	5.00	34.97	16	9.53
湖北	0.092	18	5.26	34.63	18	9.74
陕西	0.092	19	6.82	37.44	3	12.03
云南	0.084	20	6.80	34.63	19	10.60
江西	0.080	21	6.61	35.79	9	9.35
山西	0.079	22	7.36	35.76	10	12.29
湖南	0.068	23	4.58	31.14	26	11.09
甘肃	0.066	24	10.54	31.90	23	7.59
四川	0.065	25	8.45	35.46	12	8.99
青海	0.059	26	5.63	34.51	20	11.02
贵州	0.053	27	7.43	35.62	11	11.09
河南	0.049	28	4.92	34.97	17	10.07

　　注：open 和 integ 为各省份 1985—2008 年贸易开放度和国外市场一体化指数的平均值，变化率为各省份贸易开放度和国内市场一体化指数在 1985—2008 年的平均增长率。

三、计量模型、变量与数据

从理论上讲，一个国家或地区对外越开放，就越容易接触到国际前沿技术和先进的管理经验，也更有利于外部融资，并激励制度创新，从而促进经济增长；而国内市场一体化程度越高则在一定程度上说明该地区面向的国内市场潜力越大，越有利于发挥规模经济效应与产业关联，从而促进经济增长。在已有研究经济增长文献（如 Barro，2000；Frank，2005）的基础上，本文引入贸易开放度和国内市场一体化指数作为自变量，构建如下解释经济增长的计量模型：

$$y_{it} = \alpha + \beta \cdot open_{it} + \gamma \cdot integ_{it} + \varphi \cdot open_{it} \times integ_{it} + \vec{\lambda} \cdot \vec{X_{it}} + f_i + \mu_t + \varepsilon_{it} \quad (8)$$

其中，下标 i 表示地区，下标 t 表示年份，y 为经济增长率，$open$ 为贸易开放度，$integ$ 表示国内市场 体化水平，$\vec{X_{it}}$ 代表影响经济增长的其他若干控制变量的向量，f_i 和 μ_t 分别代表非观测的地区和时间特定效应，ε_{it} 表示随机误差项。此外，还借鉴了 Alcalá 和 Ciccone（2003）的做法①，引入贸易开放和国内市场一体化的交互项分析它们对经济增长的共同影响。如果交互项的估计系数 $\hat{\varphi} < 0$，则表明在影响经济增长方面，国外市场和国内市场之间是相互替代的，反之则是互补关系。

对于因变量，遵循 Frank（2005）的方法采用人均实际 GDP 的对数值表示经济增长率，数据来自于《新中国六十年统计资料汇编》，并用 GDP 平减指数以 1985 年为基期进行折算。

对于解释变量，贸易开放度（$open$）和国内市场一体化（$integ$）的指标与数据如前文所述。控制变量 $\vec{X_{it}}$ 包括：（1）人均实物资本（$pcapital$）。采用"永续盘存法"来测算资本存量，计算公式为：$capital_t = \dfrac{I_t}{P_t} + (1 - \delta) \cdot capital_{t-1}$，其中，$capital_t$ 和 $capital_{t-1}$ 分别为 t 和 $t-1$ 期的实际资本存量，P_t 为固定资产投资价格指数，I_t 为名义固定资产投资，δ 为资产年折旧率。样本期初（1985 年）的资本存量采用张军等（2004）的数据，取 δ 为 9.6%，固定资产投资价格指数根据张军和章元（2003）测算的 1985—2001 年数据并与经调

---

① 两位作者在研究贸易和市场规模对经济增长影响时，在模型中加入了二者的交互项以考察它们的交互作用对经济增长的影响效应。

整后的 2002—2008 年数据相结合。最后，把实际资本存量与劳动力相比得到人均实物资本存量。增长理论证明资本积累对经济增长将有重要的正向影响。（2）人力资本（*human*）。采用 6 岁以上人口平均受教育年数来衡量人力资本。具体地，把小学、初中、高中、大专以上程度的受教育年限分别记为 6 年、9 年、12 年和 16 年，则人力资本水平为 *human* = 6 × *prime* + 9 × *middle* + 12 × *high* + 16 × *university*，其中 *prime*、*middle*、*high* 和 *university* 分别表示小学、初中、高中、大专以上程度教育人数占 6 岁以上人口的比重。（3）政府支出规模（*govscal*）。用政府财政支出占 GDP 的比重来表示，该指标可以反映一个地区的政府对经济活动的干预程度。它对经济增长的影响具有两面性：当政府把财政支出用于教育、卫生、医疗等投入和改善基础设施等方面时将有利于经济增长，而当把财政支出主要用于冗员低效的行政管理时，则可能会导致资源配置扭曲。（4）国有化程度（*state*）。以国有企业职工数占所有职工数的比重来表示，用来衡量一个地区的市场化水平，如果该比重越高则说明市场化水平越低。市场化水平越高，经济激励与活力也越强，经济增长速度也更快。（5）产业结构（*struc*）。用第三产业就业人口占总就业人口的比重来度量，如果该比重越高则说明服务业发展水平越高。目前中国的城镇化进程正在加快，越来越多的第一产业劳动力正在向第二和第三产业转移，产业结构升级成为促进我国经济增长的重要动力之一（刘生龙和胡鞍钢，2010）。（6）人口密度（*popden*）。以每平方公里的人口数来度量。根据 Alcalá 和 Antonio（2003），该指标表明市场规模的大小，将对经济增长将产生预期的积极影响。

本文的样本为 1985—2008 年 28 个省份的面板数据。上述变量中，小学、初中、高中、大专以上程度教育人数占 6 岁以上人口的比重的数据来自1986—2009 年的《中国劳动统计年鉴》，各地区的面积数据来自中华人民共和国中央人民政府网站（http：//www. gov. cn/test/2005 – 08/11/content_27116. htm），其余相关数据均来自《新中国六十年统计资料汇编》。

▶▶ 四、实证结果及分析

（一）面板普通最小二乘法（OLS）的估计结果

表 2 的第（1）～（3）列报告了面板普通最小二乘法的估计结果，其中，第（1）列为混合最小二乘法（pooled least square），第（2）和（3）列

分别考虑了固定效应（fixed effect）和随机效应（random effect）。为了克服各省市间可能存在而又无法识别的异方差，所报告的标准误都经过了怀特（White）异方差修正。面板设定的 F 检验结果表明个体效应十分显著，Breusch-Pagan LM 检验进一步说明随机效应模型比混合 OLS 更合适。最后，为了比较固定效应和随机效应模型的适用性，还进行了 Hausman 检验，发现在1%显著性水平上拒绝零假设，说明选用固定效应模型更适宜。因此，我们以第（2）列的固定效应估计结果作为分析的基础。计量检验表明：贸易开放度（open）和国内市场一体化（integ）对经济增长的影响是正向的，并且都在1%水平上显著。它们的交互项的估计系数为负且显著，表明对外开放和国内市场整合在促进省际经济增长方面具有一定的替代性，这一点与黄玖立和李坤望（2006）在研究出口贸易和地区市场规模对中国经济增长影响所得到的结论具有相似之处。对于其他控制变量，人均实物资本（pcapital）、人力资本（human）、产业结构（struc）、人口密度（popden）变量的影响均与预期符号相同，且具有显著性；国有化程度（state）的系数为负（但没有显著性），表明国有化程度越高的地区，市场垄断力量较强，有碍于经济增长；政府支出规模（govsca）对经济增长的影响是负向的，这可能是由于部分省际政府支出的配置扭曲和效率低下造成的。

表 2 基本模型估计结果

估计方法	OLS			IV-GMM			包含工具变量的回归
	混合 OLS	FE	RE	open 为内生变量	integ 为内生变量	open 和 integ 为内生变量	
模型	(1)	(2)	(3)	(4)	(5)	(6)	(7)
open	$0.26435^{\dagger}$	$0.24279^{\dagger}$	$0.19974^{\dagger}$	$0.71592^{\dagger}$	$0.36623^{\dagger}$	$0.76554^{\dagger}$	$0.20489^{\dagger}$
	(0.0407)	(0.0869)	(0.0264)	(0.0857)	(0.0761)	(0.1045)	(0.0280)
integ	$0.00377^{\dagger}$	$0.00610^{\dagger}$	$0.00534^{\dagger}$	$0.00677^{\dagger}$	$0.00773^{\dagger}$	$0.00804^{\dagger}$	$0.00290^{\dagger}$
	(0.0006)	(0.0010)	(0.0005)	(0.0010)	(0.00129)	(0.0012)	(0.0007)
open × integ	$-0.00510^{\dagger}$	$-0.00689^{\dagger}$	$-0.00533^{\dagger}$	$-0.00853^{\dagger}$	$-0.00801^{\dagger}$	$-0.00996^{\dagger}$	$-0.00640^{\dagger}$
	(0.0011)	(0.0016)	(0.0008)	(0.0018)	(0.0027)	(0.0022)	(0.0011)
pcapital	$0.16566^{\dagger}$	0.10231^{**}	$0.11220^{\dagger}$	$0.17507^{\dagger}$	$0.18812^{\dagger}$	$0.18262^{\dagger}$	$0.21784^{\dagger}$
	(0.0216)	(0.0496)	(0.0182)	(0.0294)	(0.0256)	(0.0287)	(0.0151)

续表

估计方法	OLS			IV-GMM			包含工具变量的回归
	混合 OLS	FE	RE	open 为内生变量	integ 为内生变量	open 和 integ 为内生变量	
模型	(1)	(2)	(3)	(4)	(5)	(6)	(7)
human	0.06400**	0.14024**	0.12993†	0.08384†	0.06073**	0.06929**	0.02719
	(0.0276)	(0.0611)	(0.0319)	(0.0273)	(0.0276)	(0.0285)	(0.0250)
govsca	−2.34882†	−2.74312†	−2.84973†	−2.14868†	−2.40468†	−2.21625†	−2.37828†
	(0.2109)	(0.6119)	(0.2739)	(0.2278)	(0.2137)	(0.2348)	(0.1821)
state	−0.56808†	−0.04702	−0.12048	−0.43196†	−0.68332†	−0.41926†	−0.53135†
	(0.1041)	(0.2639)	(0.1278)	(0.1211)	(0.1591)	(0.1341)	(0.1042)
struc	2.42449†	2.47478†	2.82906†	1.33601†	2.10306†	1.14606†	2.16414†
	(0.2433)	(0.4145)	(0.2120)	(0.3956)	(0.2449)	(0.3768)	(0.2130)
popden	2.09641†	16.28223	3.64884†	1.64218†	1.79030†	1.62483**	1.89200†
	(0.5151)	(9.7561)	(0.8710)	(0.6250)	(0.5711)	(0.6431)	(0.2438)
常数项	6.94487†	5.92610†	6.44496†	6.86979†	7.09499†	6.90191†	7.05942†
	(0.1017)	(0.3952)	(0.1271)	(0.1341)	(0.1447)	(0.1421)	(0.0922)
fmarate							−0.03077
							(0.0894)
YCD1975rate							0.32764
							(0.6281)
laginteg							−0.00043
							(0.0007)
fmarate_ laginteg							−0.00037
							(0.0035)
YCD1975rate_ laginteg							0.00868
							(0.0257)
R^2 或 Centered R^2	0.8749	0.8672	0.8634	0.8336	0.8748	0.8373	0.8896

续表

估计方法	OLS			IV-GMM			包含工具变量的回归
	混合 OLS	FE	RE	*open* 为内生变量	*integ* 为内生变量	*open* 和 *integ* 为内生变量	
模型	(1)	(2)	(3)	(4)	(5)	(6)	(7)
面板设定 *F* 检验		187.68†					
Breusch-Pagan LM 检验		2146.10†					
Hausman 检验		25.51†					
Pagan-Hall 异方差检验				6.191**	4.965**	4.463**	
D-W-H 内生性检验				50.000†	17.342†	43.694†	
最小特征值统计量				110.957	357.209	71.8795	
Kleibergen-Paap rk LM 统计量				17.45†	31.14†	13.01†	
Kleibergen-Paap Wald rk F 统计量				40.98	10.52	23.16	
Anderson-Rubin Wald 统计量				147.72†	42.23†	139.72†	
Sargan-Hansen 统计量				[0.2581]	–	[0.2462]	
观测值	672	672	672	672	644	644	644

注：①（ ）内数值为系数的异方差稳健标准误，［ ］内数值为相应检验统计量的 p 值，最小特征值统计量中的 ｜｜ 内数值为 Wald 检验 10% 水平上的临界值，Kleibergen - Paap 中的 ｜｜ 括号内数值为 Stock - Yogo 检验 10% 水平上的临界值；②†、** 和 * 分别表示 1%、5% 和 10% 的显著性水平；③FE 和 RE 分别表示固定效应和随机效应，面板设定 F 检验的零假设是个体效应不显著，Breusch - Pagan LM 检验的零假设是误差项独立同分布，若拒绝零假设则说明存在随机效应，Hausman 检验的零假设是 FE 和 RE 的估计系数没有系统性差异；④Pagan - Hall 异方差检验的零假设是原分布是同方差分布，这里报告的是被解释变量拟合值的检验结果；⑤Durbin-Wu-Hausman（D-W-H）内生性检验的零假设是回归元为外生，若拒绝零假设则说明回归元是内生的；⑥最小特征值统计量检验的零假设是工具变量是弱工具变量，若拒绝零假设则说明工具变量是合理的；⑦Kleibergen-Paap rk LM 检验的零假设是工具变量识别不足，若拒绝零假设则说明工具变量是合理的；Kleibergen-Paap Wald rk F 检验的零假设是工具变量为弱识别，若拒绝零假设则说明工具变量是合理的；Anderson-Rubin Wald 检验的零假设是内生回归元的系数之和为零，若拒绝零假设则说明工具变量是合理的；Sargan-Hansen 检验的零假设是工具变量为过度识别，若接受零假设则说明工具变量是合理的。

（二）内生性问题及工具变量 GMM 估计结果

我们研究所关注的两个自变量——贸易开放度（*open*）和国内市场一体化（*integ*）与经济增长之间很可能存在高度的双向因果关系，这得到了许多文献研究的支持（如 Frankel 和 Romer，1999；Wei 和 Wu，2001 等），同时也与中国改革开放的历程相符。此外，遗漏某些随时间变化而又共同影响两个自变量和经济增长的非观测因素也可能会导致内生性。严重的内生性将导致 OLS 估计结果有偏或非一致，因此，为了降低偏误，需要对上述估计模型存在的内生性问题进行处理。

我们采用工具变量法（IV）解决内生性问题。首先，选用海外市场接近度（*fma*）作为贸易开放度的一个工具变量，借鉴黄玖立和李坤望（2006）的做法，取各省区省会城市到海岸线距离的倒数再乘以 100 作为海外市场接近度。该变量的具体构造方法如下：记沿海省份到海岸线距离为其内部距离 d_{ii}[①]，而内地省份到海岸线距离为其到最近的沿海省区的距离加上该沿海省区的内部距离，此外，假定 Y 为沿海省份的集合，则第 i 省份的海外市场接近度表示为：

$$fma_i = \begin{cases} 100 \times d_{ii}^{-1}, & i \in Y \\ 100 \times (mind_{ij} + d_{jj})^{-1}, & i \notin Y, j \in Y \end{cases} \qquad (9)$$

其中，省会城市之间的距离按照公式 across（cos（$\alpha_m - \alpha_n$）cos$\beta_m$cosβ_n + sin$\beta_m$sinβ_n）$\times R$ 计算得到，α_m、α_n 分别为第 m 和 n 个省会城市的经度，β_m、β_n 分别为第 m 和 n 个省会城市的纬度，R 为地球大圆半径。

由于在大样本的条件下增加工具变量通常会得到更加有效的估计结果（Wooldridge，2002），我们还选取 1975 年各省市的外贸依存度（*YCD*1975）作为贸易开放度的另一个工具变量。由于海外市场接近度 *fma* 和 *YCD*1975 两个变量都不随时间变化，为了使其具有动态特征使用 1985—2008 年的人民币对美元的名义汇率分别与两个变量相乘[②]，分别得到交互项 *fmaexrate* 和 *YCD*1975*exrate*，并将它们作为贸易开放度的工具变量。

---

① 根据 Redding 和 Venable（2004）的方法，各省份的内部距离取地理半径的 2/3，即 $d_{ii} = \frac{2}{3} \sqrt{\frac{S_i}{\pi}}$，其中 S_i 为第 i 个省份的陆地面积。

② 名义汇率的贬值有利于扩大出口，并且汇率制度由中央决策者控制，对各个地方来说可以视为外生给定的。

之所以选取上述两个工具变量作为贸易开放度的工具变量，主要是基于以下考虑：一是从外生性的角度来看，海外市场接近度是由自然地理因素决定的，而1975年的外贸依存度是历史数据，它们显然都是外生的，不会对当前经济增长产生影响；二是从与内生自变量的关系看，接近国际市场可以降低运输成本，从而有利于出口，而历史上外贸依存度高的地区往往具有更好的发展贸易的基础设施与技能经验。综上，*fma* 和 *YCD*1975 是 *open* 较理想的工具变量。此外，国内市场一体化与经济增长之间也可能存在双向因果关系，为此，我们选取 *integ* 的一阶滞后项作为它的工具变量。

表2第（4）~（6）列报告了使用工具变量法进行的两阶段 GMM 估计结果。由于 Pagan-Hall 异方差检验在5%水平上拒绝误差项是同方差的零假设，相对于一般的最小二乘法，GMM 方法对误差项的假设较少，而且还可以产生具有异方差的稳健标准误（Hall，2005），因此，我们采用两阶段 GMM 方法进行估计。考虑到工具变量的有效性会直接影响到估计和推断的一致性，因此，我们采用多种统计检验进行评判：（1）为了考察工具变量与内生变量的相关性，计算了 Stock 和 Yogo（2005）的最小特征值统计量[①]（minimum eigenvalue statistic），由于最小特征值统计量为110.957，大于其对应10%水平上的临界值19.93，因此拒绝"弱工具变量"的零假设，这说明所选取的工具变量与内生变量之间具有较强的相关性；（2）Kleibergen-Paap rk LM 检验在1%水平上拒绝工具变量识别不足的零假设，Kleibergen-Paap Wald rk F 统计量大于 Stock-Yogo 检验10%水平上的临界值，因此拒绝工具变量是弱识别的假定，而 Anderson-Rubin Wald 统计量在1%水平上拒绝内生回归系数之和等于零的零假设，这进一步说明了工具变量与内生变量之间具有较强的相关性；（3）最后，Sargan-Hansen 过度识别检验的相伴随概率为0.2581，即不能在10%的显著性水平上拒绝工具变量是过度识别的零假设，因此，我们所选取的工具变量是外生的。

第（4）列只考虑了 *open* 为内生时的情况，通过 Durbin-Wu-Hausman 检验，发现在1%的显著性水平上拒绝贸易开放度是外生的零假设。在通过引

[①] 在只有一个内生解释变量的情况下，最小特征值统计量与第一阶段 F 统计量相等，此时可以根据 Staiger 和 Stock（1997）建议的经验法则，即当第一阶段的 F 值大于10就表明工具变量和内生变量之间具有较强的相关性。

入 *fma* 和 *YCD*1975 工具变量有效控制内生性问题之后，估计结果中贸易开放
度的估计系数大为提高，是 OLS 的估计系数（第 2 列）的 3 倍，这说明内生
性使得 OLS 法严重低估了贸易开放因素在促进中国省际经济增长中应有的重
要性。此外，交叉项 *open* × *integ* 估计系数的绝对值相比 OLS 法也有一定幅度
的提高，这说明在控制内生性后贸易开放与对内开放的替代性有所增强。第
（5）列报告了 *integ* 为内生时的 IV-GMM 估计结果。同样，Durbin-Wu-Haus-
man 检验在 1% 水平上拒绝国内市场一体化为外生的零假设。在控制 *integ* 的
内生性之后，国内市场一体化的估计系数比 OLS 方法略有上升。最后，第
（6）列进一步报告了 *open* 和 *integ* 同时为内生变量时的估计结果。Durbin-Wu-
Hausman 检验在 1% 显著性水平上拒绝零假设，因此确应将 *open* 和 *integ* 同时
进行内生化处理，即选取 *fmaexrate* 和 *YCD*1975*exrate* 作为 *open* 的工具变量，
integ 的滞后一期项作为其工具变量。由此所进行的回归表明：贸易开放度的
估计系数比 OLS 方法的估计相比高出约 215%，国内市场一体化的估计系数
提高了约 32%，交互项 *open* × *integ* 的估计系数的绝对值上升了 45%。这个结
论更加准确地反映了贸易开放与国内市场一体化两个因素对中国省际经济增
长的重要影响以及两者之间的相互替代关系，矫正了以往研究的低估倾向。

最后，为了进一步说明本文所选取工具变量的合理性，即工具变量对被
解释变量（经济增长）的影响通过且只通过内生解释变量这一途径，我们把
海外市场接近度（*fmarate*）、1975 年外贸依存度（*YCD*1975*rate*）、*integ* 的滞
后一期项（*laginteg*）、海外市场接近度和 *integ* 滞后一期项的乘积（*fmarate_
laginteg*）以及 1975 年外贸依存度和 *integ* 滞后一期项的乘积（*YCD*1975*rate_
laginteg*）都作为外生解释变量纳入模型进行估计。检验的基本思路为：如果
这些工具变量还会通过本文内生变量之外的其他途径来影响经济增长，那么
这些工具变量的系数估计值就应该具有统计显著性；而如果仅仅通过内生解
释变量来影响经济增长，那么在控制内生变量后，这些工具变量的系数估计
值就应当没有显著性。表 2 第（7）列报告了包含工具变量的 OLS 回归结果，
从中可以看出，所有工具变量都未能通过 10% 的显著性水平检验，这就印证
了本文的工具变量影响经济增长的途径仅仅是通过被辅助的变量，因此是合
格的工具变量。

（三）稳健性检验

为了保证本文估计结果的可靠性，将从以下四个方面进行稳健性分析。

1. 使用修正的贸易开放度。我们把计量模型中的 $open_{it}$ 替换为修正的贸易开放度 $adjopen_{it}$，并采用工具变量 GMM 方法进行估计，结果报告在表 3 的第（1）列中。从中可以看出，修正的贸易开放度系数仍为正，并且在 1% 水平上显著，这说明在控制地区经济规模和发展水平因素之后，贸易开放对省际经济增长仍然具有积极的促进作用。国内市场一体化变量的估计系数也显著为正，而且交互项的系数显著为负，其他控制变量的系数符号和显著性水平与基本 IV-GMM 估计结果[①]相比都比较一致。因此可见，回归结果不会因核心变量的测度而出现较大的变化。

2. 使用国内市场一体化的另一种度量。如前所述，现有的大部分文献（桂琦寒等，2006；陆铭和陈钊，2009）在测算市场分割时只考虑相邻省份的情况，作为一种对照，我们也采用桂琦寒等（2006）的方法测算了只考虑邻省价格波动情形下的国内市场一体化指标，并以此替换原先的指标进行稳健性检验，结果报告在表 3 第（2）列中。回归结果显示，在只考虑邻省价格波动的情形下，国内市场一体化的估计系数有所上升，并且它与贸易开放之间的替代性也有所增强，贸易开放的估计系数依然显著为正。此外，其他控制变量的系数符号和显著性水平也与基本 IV-GMM 估计结果非常接近。这就说明了回归结果也不会因国内市场一体化的测量方法不同而出现显著的差异。

3. 剔除异常样本。从前文的描述性分析可以看出，像北京、上海和天津这样的地区的贸易开放度较高，而国内市场一体化水平却很低，这样的"特殊性"会不会影响模型的估计结果呢？为了剔除异常样本点的影响，我们首先分别计算出在样本期内各省市贸易开放度和国内市场一体化指数的均值以及它们的 10% 和 90% 分位数值，然后把样本中均值低于各自指标 10% 分位数值和高于 90% 分位数值的省市予以剔除，最终得到 23 个省市样本[②]。对这些新样本再次进行 IV-GMM 估计，结果如表 3 第（3）列所示，我们关注的贸易开放度、国内市场一体化以及交叉项的系数符号和显著性与表 2 第（6）列相比没有发生明显变化，控制变量的估计结果也基本相同，只是人口密度

---

① 同时考虑 open 和 integ 的内生性，即表 2 第（6）列的估计结果，以下同。
② 被剔除掉的异常样本包括北京、上海、天津、广东和河南等 5 个省市。

的系数符号发生了变化，但不显著。[1] 因此，总体而言，异常样本点并未给估计带来实质性的影响，说明回归结果是稳健的。

4. 动态面板估计。一个地区的经济增长可能与过去的经济增长水平有关，为了反映这种增长的"惯性"与时序特征以及其他未考虑到的因素，我们在计量模型（8）的基础上引入被解释变量的滞后一期项 y_{it-1}，从而将回归方程扩展为具有以下形式的动态模型：

$$y_{it} = \alpha + \zeta \cdot y_{it-1} + \beta \cdot open_{it} + \gamma \cdot integ_{it} + \varphi \cdot open_{it} \times integ_{it} + \vec{\lambda} \cdot \vec{X}_{it} + f_i + \mu_t + \varepsilon_{it} \tag{10}$$

本文采取动态面板 GMM 方法对模型（10）进行估计，由于差分 GMM（diff-GMM）较易受弱工具变量和小样本偏误的影响，因此选择两步系统 GMM（sys-GMM）估计方法。在估计中，把 y_{it-1}、$open_{it}$、$integ_{it}$ 以及交互项 $open_{it} \times integ_{it}$ 看作内生变量，并且将内生变量的两阶及更高阶的滞后项作为工具变量。由于在有限样本条件下，传统两步法容易导致估计系数的标准误产生向下偏倚，因此采用 Windmeijer（2005）的方法对两步法标准差的偏差进行了矫正，结果［表 3 第（4）列］表明与基本的 IV-GMM 估计结果相比，贸易开放、国内市场一体化及交叉项的估计系数的符号没有发生变化，且通过至少 5% 的显著性检验。个别控制变量的显著性略有下降，但对省际经济增长的影响方向仍然是一致的，而且都至少在 10% 水平上显著。

此外，Sargan-Hansen 统计量不能拒绝"工具变量为外生变量"的零假设，Arellano-BondAR（1）检验拒绝零假设，而 AR（2）检验接受零假设，表明原方程的残差序列不相关，这说明工具变量是有效的。考虑到在运用系统 GMM 方法进行估计时，如果工具变量过多，会降低 GMM 估计量的效能并减弱 Sargan-Hansen 检验的有效性，根据 Bond 等（2001）的检验方法[2]，对模型（10）分别进行混合 OLS 和固定效应方法估计，得到滞后因变量 y_{it-1} 的估计值分别为 0.99678 和 0.91429，而系统 GMM 的估计值（0.97952）处于二者之间。因此，本文的系统 GMM 估计是有效的。

---

① 一个可能解释是，由于被剔除的异常样本点包含了北京、上海和天津 3 个直辖市，它们的地区面积较小，人口密度相对较为集中，进而形成了强劲的市场规模，从而有效地促进了经济增长，而其余省市的人口因素尚未形成足够大的市场规模，不能对经济增长产生强大的影响。

② Bond 等（2001）提出的检验方法认为，如果滞后因变量的 GMM 估计值介于固定效应估计值和混合 OLS 估计值之间，那么 GMM 估计是有效的。

表3　稳健性检验结果

变量	（1）	（2）	（3）	（4）
open	0.07887[†]	0.74469[†]	0.49759[†]	0.25504[†]
	（0.0264）	（0.0935）	（0.0599）	（0.0702）
integ	0.00229[*]	0.01024[†]	0.00822[†]	0.00060^{**}
	（0.0013）	（0.0016）	（0.0016）	（0.0003）
open × integ	− 0.00268[†]	− 0.01152[†]	− 0.00659[†]	− 0.00051^{**}
	（0.0008）	（0.0024）	（0.0014）	（0.0003）
pcapital	0.17767[†]	0.17494[†]	0.32426[†]	0.02114[*]
	（0.0217）	（0.0272）	（0.0216）	（0.0110）
human	0.11686[†]	0.06781^{**}	0.02264	0.05084[†]
	（0.0302）	（0.0293）	（0.0249）	（0.0183）
govsca	− 2.42180[†]	− 2.16382[†]	− 1.83029[†]	− 1.61672[†]
	（0.2239）	（0.2377）	（0.2315）	（0.1999）
state	− 0.14570	− 0.39821[†]	− 0.81961[†]	− 0.17729[*]
	（0.1315）	（0.1310）	（0.1265）	（0.0971）
struc	2.43201[†]	1.21572[†]	3.45182[†]	0.40030[*]
	（0.2378）	（0.3459）	（0.2518）	（0.2165）
popden	2.57903[†]	1.69241[†]	− 1.46571	3.7592[*]
	（0.5208）	（0.6207）	（1.0997）	（2.0771）
fdi L. y				0.97952[†]
				（0.0619）
常数项	6.60500[†]	6.86331[†]	7.02591[†]	0.75377[†]
	（0.1311）	（0.1369）	（0.1409）	（0.1151）
Centered R^2	0.8608	0.8374	0.8237	
Sargan-Hansen 统计量				［0.904］
Arellano-Bond AR（1）检验				［0.040］
Arellano-Bond AR（2）检验				［0.129］
观测值	644	644	529	616

注：①（　）内数值为系数的异方差稳健标准误，［　］内数值为相应检验统计量的 p 值；②[†]、^{**}和[*]分别表示 1%、5% 和 10% 的显著性水平；③Sargan-Hansen 检验的零假设是"工具变量为过度识别"，若接受零假设则说明工具变量是合理的；Arellano-Bond AR（1）和 AR（2）检验的零假设分别是分别为模型不存在一阶和二阶自相关。

五、对基本模型的扩展分析：子样本考察和因素分解

（一）基于不同时间段的分析

由于在 1997 年之前，我国的国内市场一体化或趋于稳定或平稳上升，波动幅度较小，而在 1997 年以及随后的年份出现了剧烈波动，因此，我们以 1997 年作为分界点把样本分为 1985—1996 年和 1997—2008 年两个时间段，并采用 IV-GMM 方法考察贸易开放度和国内市场一体化对省际经济增长影响的结构性差异，结果报告在表 4 第（1）和第（2）列中①。通过观察两组回归结果，不难发现：1997 年后贸易开放对经济增长的促进作用显著提高，而国内市场一体化的影响大为下降，两者之间的替代关系也有所下降。与 1997 年之前相比都有所下降。不过，由于存在交互项，我们不能只根据贸易开放度和国内市场一体化程度的回归系数来判断对省际经济增长的影响，两个因素完整的边际效应为：$\frac{\partial y_{it}}{\partial open_{it}} = \hat{\beta} + \hat{\varphi} \times integ_{it}$，$\frac{\partial y_{it}}{\partial integ_{it}} = \hat{\gamma} + \hat{\varphi} \times open_{it}$，两个时期的测算结果报告在表 5 中。它反映出 1997—2008 年贸易开放度对经济增长的边际效应为 0.43，大于 1985—1996 年间的 0.29，与此相反的是，国内市场一体化对经济增长的边际效应则由 1985—1996 年间的 0.014 下降为 1997—2008 年间的 0.004。

表 4 分时段和地区的 IV-GMM 估计结果

变量	1985—1996 年	1997—2008 年	沿海地区	内陆地区
	（1）	（2）	（3）	（4）
open	0.65888[†]	0.82679[†]	0.96126[†]	0.61135[†]
	（0.1321）	（0.3025）	（0.2308）	（0.0549）
integ	0.01878[†]	0.00679[*]	0.00618	0.00917[†]
	（0.0048）	（0.0036）	（0.0040）	（0.0015）
open × integ	− 0.01828[†]	− 0.00806[**]	− 0.006325[†]	− 0.00561[†]
	（0.0053）	（0.0041）	（0.0021）	（0.0016）

---

① 在 2001 入世之后，中国对外开放水平也有明显上升，为此我们还把样本分为 2001 年前和 2001 年后进行 IV-GMM 估计，得到的结果与表 4 相似，限于篇幅没有列出。

续表

| 变量 | 1985—1996 年 | 1997—2008 年 | 沿海地区 | 内陆地区 |
	（1）	（2）	（3）	（4）
pcapital	0.37712†	0.29315†	0.13072†	0.23150†
	(0.1103)	(0.0157)	(0.0312)	(0.0341)
human	0.12304**	0.05005	0.21737**	0.02709
	(0.0616)	(0.0381)	(0.1078)	(0.0243)
govsca	0.80759*	-1.14316†	-6.8148†	-1.37865†
	(0.4438)	(0.2352)	(1.3207)	(0.1874)
state	-1.49423†	-0.70476†	-0.97078**	-0.36812**
	(0.3388)	(0.1589)	(0.3767)	(0.1685)
struc	2.90957†	2.77891†	1.85533**	3.57227†
	(0.5804)	(0.2799)	(0.7764)	(0.2310)
popden	4.85537†	1.54840†	6.95200†	-5.42096†
	(0.5066)	(0.4999)	(1.0638)	(1.0545)
常数项	6.61264†	6.98157†	8.17423†	6.62461†
	(0.2043)	(0.1913)	(0.3911)	(0.1638)
Centered R^2	0.8449	0.8457	0.7701	0.8329
观测值	308	336	184	460

注：（ ）内数值为系数的异方差稳健标准误；†、** 和 * 分别表示 1%、5% 和 10% 的显著性水平。

表5　贸易开放度和国内市场一体化对经济增长的边际效应

变量	全样本	1985—1996 年	1997—2008 年	沿海地区	内陆地区
贸易开放度（*open*）	0.422199	0.293612	0.432155	0.747283	0.416522
国内市场一体化（*integ*）	0.005148	0.014086	0.004178	0.001336	0.008608

（二）基于不同地区的分析

考虑到我国区域经济发展的差别，本文还将样本划分为沿海地区和内陆地区两类子样本分别进行估计，列于表4的第（3）和第（4）列。从中可以看出，两个地区的贸易开放度的系数都显著为正，国内市场一体化系数对于沿海地区不显著（但符号依然为正），而对于内陆地区则较大且非常显著，此外，交互项的系数都依然显著为负。类似地，表5的第（4）和第（5）列测算了贸易开放与国内市场一体化对经济增长的边际效应，结果表明沿海地区的贸易开放对经济增长的边际影响比内陆地区高出约80%，而前者国内市场一体化对经济增长的边际影响只有后者的约15%，这充分反映出两个地区在经济增长来源上的显著差异。

（三）省际经济增长来源的因素分解

最后，我们可以根据表2和表4的参数估计以及各变量的实际数据（均值）对中国省际经济增长的来源进行因素分解，结果报告于表6中。它表明在整个样本期内，贸易开放度和国内市场一体化对省际经济增长的贡献率分别为7.19%和17.91%，但在时间和空间上存在很大的差异。从时间上看，1997—2008 年期间贸易开放度对经济增长的贡献率较大（为16.73%），而国内市场一体化的贡献率在1985—1996 年期间较高（为39.84%）；从空间上看，贸易开放度对沿海地区经济增长的贡献率远远大于内陆地区，分别为20.71%和3.14%，而国内市场一体化的贡献率在两类地区则恰好相反，分别为3.95%和24.69%。

表6　中国省际经济增长的因素分解（%）

变量	①全国样本	②1985—1996 年	③1997—2008 年	④沿海地区	⑤内陆地区
贸易开放度（open）	7.19	1.20	16.73	20.71	3.14
国内市场一体化（integ）	17.91	39.84	22.33	3.95	24.69
人均资本存量（pcapital）	20.46	19.78	22.59	22.01	19.31
人力资本（human）	1.84	−0.30	2.65	4.33	0.51
政府支出规模（govsca）	−12.46	−5.37	−37.69	−22.46	−5.31
国有化水平（state）	10.44	−1.76	21.49	24.98	4.16
产业结构（struc）	40.67	29.27	43.41	31.20	50.62
人口密度（popden）	2.32	2.83	1.54	9.93	−2.05
未解释因素	11.63	14.52	6.95	5.35	4.92

注：①～⑤分别对应表2第（6）列以及表4第（1）至第（4）列，在测算贸易开放度和国内市场一体化这两个变量对经济增长的贡献率时所用的估计参数是表5中的边际效应系数。

▶ 六、结论

本文利用中国 28 个省市 1985—2008 年的面板数据，采用工具变量 GMM 方法考察了贸易开放与国内市场一体化对经济增长的影响效应，结果表明两个因素都显著促进了中国省际人均 GDP 的提高，它们对增长的贡献度分别为 7.2% 和 17.9%。但同时这种影响也存在着时间与地域上的差别，具体表现为：随着时间的推移，贸易开放对经济增长的影响增强，而国内市场一体化的作用有所减弱；贸易开放对沿海地区经济增长的促进作用远远大于内陆地区，而国内市场一体化对内陆地区的影响则更大。同时，经验检验还表明，在促进省际增长方面，贸易开放与国内市场一体化之间是相互替代的，表明不同省份可依据自身的实际情况选择性地利用国际市场和国内市场发展地区经济。本文在计量方法上使用工具变量有效控制了贸易开放和国内市场一体化变量的内生性，纠正了以往研究中存在的系数低估问题，同时通过多维度的稳健性检验也证明我们的检验是可靠的。

在国际金融危机的冲击下，中国传统经济增长模式下"不稳定、不平衡、不协调、不可持续"的问题充分暴露出来，实现经济发展方式的转变已迫在眉睫。其中纠正贸易不平衡、扩大内需、刺激消费是战略转变的重要环节。本文的研究结果表明，为了又好又快转变经济发展方式，应该统筹兼顾促进对外开放和加速国内市场一体化进程。特别是长期实行出口导向型增长模式的东部沿海地区在面临日益加大的外部市场约束和风险的情况下，需更多地转向潜力广阔的国内市场以维持经济的稳定和可持续增长。这就要求继续深化市场一体化的改革进程，打破地方行政保护和垄断，消除市场分割，降低物流等交易成本，寻求建立更加统一的国内大市场。

▶ 参考文献

［1］白重恩、杜颖娟、陶志刚、仝月婷，2004：《地方保护主义及产业地区集中度的决定因素和变动趋势》，《经济研究》第 4 期。

［2］陈敏、桂琦寒、陆铭、陈钊，2007：《中国经济增长如何持续发挥规模效应？——经济开放与国内商品市场分割的实证研究》，《经济学（季刊）》第 7 卷第 1 期。

［3］范爱军、李真、刘小勇，2007：《国内市场分割及其影响因素的实证分析——以我国商品市场为例》，《南开经济研究》第 5 期。

［4］国家统计局，2010：《新中国六十年统计资料汇编》，中国统计出版社。

［5］桂琦寒、陈敏、陆铭、陈钊，2006：《中国国内商品市场趋于分割还是整合：基于相对价格法的分析》，《世界经济》第 2 期。

［6］郭熙保、罗知，2008：《贸易自由化、经济增长与减轻贫困——基于中国省际数据的经验研究》，《管理世界》第 2 期。

［7］黄玖立、李坤望，2006：《出口开放、地区市场规模和经济增长》，《经济研究》第 6 期。

［8］刘生龙、胡鞍钢，2010：《基础设施的外部性在中国的检验：1988—2007》，《经济研究》第 3 期。

［9］陆铭、陈钊，2009：《分割市场的经济增长——为什么经济开放可能加剧地方保护?》，《经济研究》第 3 期。

［10］沈坤荣、李剑，2003：《中国贸易发展与经济增长影响机制的经验研究》，《经济研究》第 5 期。

［11］张军、吴桂英、张吉鹏，2004：《中国省际物质资本存量估算：1952—2000》，《经济研究》第 10 期。

［12］张军、章元，2003：《对中国资本存量 K 的再估计》，《经济研究》第 7 期。

［13］赵永亮、刘德学，2008：《市场歧视、区际边界效应与经济增长》，《中国工业经济》第 12 期。

［14］郑毓盛、李崇高，2003：《中国地方分割的效率损失》，《中国社会科学》第 1 期。

［15］周黎安，2007：《中国地方官员的晋升锦标赛模式研究》，《经济研究》第 7 期。

［16］Alcalá, F. and Antonio, C., 2003, "Trade, Extent of the Market, and Economic Growth 1960—1996", Mimeo, University of Pompeu Fabra.

［17］Barro, R. J., 2000, "Inequality and Growth in a Panel of Counties", Journal of Economic Growth, 5 (1), pp. 5 – 32.

［18］Bond, S., Hoeffler, A. and Temple, J., 2001, "GMM Estimation of Empirical Growth Models", CEPR Discussion Papers No. 3048.

［19］Naughton, B., 1999, "How Much Can Regional Integration Do to Unify China's Markets?", Conference for Research on Economic Development and Policy Research, Stanford University.

［20］Frank, M. W., 2005, "Income Inequality and Economic Growth in the U. S. : A Panel Co-integration Approach", Sam Houston State University Working Paper.

［21］Frankel J. and Romer, D., 1999, "Does Trade Cause Growth?", American Economic Review, 89 (3), pp. 379 – 399.

［22］ Hall, R. A. , 2005, "Generalized Method of Moments", Oxford University Press.

［23］ Parsley, D. C. and Shang-jin Wei, 1996, "Convergence to Law of One Price without Trade Barriers or Currency Fluctuations", Quarterly Journal of Economics, 111 (4), pp. 1211 – 1236.

［24］ Parsley, D. C. and Shang-jin Wei, 2001, "Limiting Currency Volatility to Stimulate Goods Markets Integration: A Price Approach", NBER Working Paper No. 8468.

［25］ Patrick, L. , Marcel, O. and Javier, S. , 1998, "Does Globalization Causes a Higher Concentration of International Trade and Investment Flow?", WTO Staff Working paper ERAD – 98 – 08.

［26］ Poncet, S. , 2003, "Measuring Chinese Domestic and International Integration", China Economic Review, 14 (1), pp. 1 – 21.

［27］ Redding, S. and Venables, A. J. , 2004, "Economic geography and international inequality. ", Journal of International Economics, 62 (1), pp. 53 – 82.

［28］ Samuelson, P. , 1954, "Theoretical Note on Trade Problem. " Review of Economics and Statistics, 46 (2), pp. 145 – 164.

［29］ Wei, Shang-Jin and Yi, Wu. , 2001, "Globalization and Inequality: Evidence from Within China", NBER Working Paper No. 8611.

［30］ Windmeijer, F. , 2005, "A Finite Sample Correction for the Variance of Linear Efficient Two-step GMM Estimators", Journal of Econometrics, 126 (1), pp. 25 – 51.

［31］ Wooldridge, J. M. , 2002, "Econometrics Analysis of Cross Section and Panel Data", Cambridge: Massachusetts MIT Press.

［32］ Xu, Xinpeng, 2002, "Have the Chinese Provinces Become Integrated under Reform?", China Economic Review, 13 (2), pp. 116 – 133.

［33］ Young, A. , 2000, " The Razor's Edge: Distortions and Incremental Reform in China", Quarterly Journal of Economics, 115 (4), pp. 1091 – 1135.

富国之路：长期经济增长的一致理论[①]

陈昆亭　周　炎

　　陈昆亭，武汉大学经济学博士，北京大学博士后，先后到美国、韩国留学访问，现任浙江工业大学经贸管理学院教授，理论经济学科负责人，高级经济研究中心主任，2008 年入选教育部新世纪优秀人才支持计划。在《经济研究》《经济学（季刊）》《管理世界》《世界经济》等期刊发表论文百余篇。主持多项国家社科基金和国家自科基金项目，曾获得山东省社科优秀成果二等奖 2 次，山东省高校社科优秀成果三等奖 1 次。

[①]　本文原载于《经济研究》2008 年第 2 期。

摘要： 长期经济增长的一致理论已成为宏观经济学的一个新方向。现有的研究多重视模型结构的构造，而忽视对多种因素的兼容考虑，特别是对文化社会环境的考虑。本文拟建立兼顾多种因素的一致理论模型，研究长期经济增长的内在机制，系统解释现代增长和大分流的形成过程，并对穷国的发展提出一些建议。本文基本结论是：东西方文化差异是形成大分流的基本原因；单一因素不足以形成分流；文艺复兴激励重商主义的形成以及新大陆在同一历史时期的巧合，使欧洲工业革命的初始条件变得成熟，并最终形成分流。

关键词： 工业革命；大分流；一致理论

▶ 一、引言

穷国如何变富？富国会不会变穷？长期经济增长问题一直是人们最关注的问题之一，经济学家自不必说，政治家，甚至一般民众都很有兴趣。人们都希望能够找到影响经济长期增长的原因，从而使自己的国家长期繁荣，或者使人类总体生活水平不断提高。因此关于长期增长的理论可以说是经济学中研究最多的领域之一。研究人类长期的经济发展历程，人们发现（见图1），在人类漫长的发展道路上，人均产出水平和人口增长在大部分时间内都几乎是零（经济学家把这一阶段称为 Malthusian 时代），人类经历人口和产出的高速增长只是最近两百多年的事情（一般称之为现代增长时代）。在不同时代，经济学家们提出了可以解释各自时代观察到的经济现象的理论。古典的 Malthusian 理论解释了早期经济长期平稳的事实，但无法解释现代增长。以 Solow 模型、Ramsey 模型、Diamond 模型等为代表的新古典模型，以及后现代的内生增长模型，如 P. Romer（1990）的知识增长模型，Lucas（1988）的人力资本模型，Aghion & Howitt（1992）、Segerstrom et al.（1990）等的创新模型等，对现代增长现象给出了合理的解释，但不能解释古典经济增长现象。于是 Lucas（1998）、Galor & Weil（2000）相继提出了内生人口增长模型下的一致理论（Unified Growth Theory），希望能够同时解释工业革命前后显著不同的经济增长现象。但 Lucas 的策略是在不同时期不断调整具体模型的结构和参数（总体模型思想不变），因而，严格讲来，有违一致性的初衷。而且，这两个模型都没有考虑到贸易等其他因素在增长过程中的贡献。然而，关于现代增长的一般理论认为，贸易、客观地理条件、文化社会背景（包括社会制度），以及技术进步都是非常关键的因素。因此，本文拟建立一致模型综合多种因素影响，从促使现代增长的基本诱因开始，系统地解释和分析工业革命产生的原因、发展过程，以及逐渐形成的国际经济体之间的大分流等经济现象，并最终探索性地研究穷国变富之路，全球和谐发展之路。

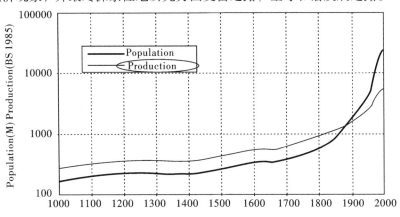

图1　人口与收入水平的历史发展

资料来源：引自 Lucas（1998）。

本文的基本思想是：社会文化背景的差异是最初导致东西方经济近代发展不平衡的初始原因。最初，农业经济是社会经济的主体，工业发展和资本积累水平处于很低的水平（在东西方都一样）。但14—16世纪欧洲发生的文艺复兴运动大大推动了欧洲社会文化的变革，直接激励了重商主义（用 Max Weber 的术语，即资本主义精神）的兴盛。资本主义精神的增强，（在本文模型中）辅以外部客观条件，成为推动西方经济原始资本积累的初始动力。当西方经济资本积累达到较高水平后，技术进步持续增长和国际贸易充分发展的基础条件逐渐成熟。因为，只有资本积累达到充分的水平，相应的人力资本投资（如高等教育、医疗卫生等），以及对技术研发的大力投资才有可能；另一方面，也只有在充分的资本积累下，公路、铁路、大型轮船等交通设施的建设才有可能。因而，技术和贸易的基本条件都依赖于初始资本的充分积累。当西方经济资本积累达到较高水平之后，技术进步的持续增长推动了西方经济走向工业化道路。与此同时，贸易的作用是双向的，它促使具有工业化倾向的国家进一步走向高技术型发展的工业现代化道路，使具有农业化倾向的国家进一步走向低技术发展和高劳动密集的农业贫困化道路。相比之下，东方文化背景不激励资本主义精神或重商主义，因而，在相当长的时期内一直未能形成足够的初始资本。此后在世界贸易基础条件逐渐成熟之后，西方工业品的输入进一步摧残了本土工业的发展，从而使东方经济陷入愈加贫困的农业化劳动密集型道路。东西分流由此越来越远。

在后工业时代，发达工业化国家客观上逐渐形成需求高技术劳动力的趋势，劳动成本的提高促使家庭人口生育的优化，从而人口数量减少但人口质量提高的事实。相反，在劳动密集型的农业国家，客观上对低标准劳动需求增高，对高标准劳动需求不高，从而导致人口增长但人均收入下降的局面。因而，导致越穷越生，人口众多的情形（Galor & Mountford，2006）。

随着经济的进一步发展和全球经济体的进一步分化，富国人口的供给将不能支持其劳动需求，吸收发展中国家的优秀劳动成为发达国家的首选政策（低成本）。富国人口减少，且自身农业现代化水平随工业技术进步而不断提高，逐渐形成自身农产品已有剩余，无需再进口农产品。另一方面，可以预期，随着人口的不断增长，而固有土地资源有限，穷国终将无法供给其人口充足食物，人口增长达到极限，除了自然资源，穷国已经没有可贸易的物品。这样必将导致世界进一步动荡不安。

本文将模型化分析上述思想，并通过模型化分析，探讨后进国家致富之路，以及全球和谐发展之路。本文所建立的两部门模型，吸收了 Peter Howitt 等熊皮特主义的创新型内生增长理论的思想。同时，基于东西方文化背景的基本差异，模型可以演化出从 Maithusian 经济到现代增长型经济的整体过程。本文下面的安排为：第二部分建立模型，并分析模型结论。第三部分是东西方比较，分析分流的形成机制。第四部分简单给出一些文化对于经济影响的证据。最后，在第五部分中给出一些基于模型结论的发展建议（有些已经是我国发展的成功经验）。

▶ 二、模 型

（一）基本模型

本节建立基本模型。假定经济中代表性家庭同时参与农业和工业（最初是家庭手工业）生产。总经济人口为 N，分配于两个部门：农业劳动 N_a，工业劳动 N_m。用 n_a 和 n_m 分别表示劳动份额，则有：

$$n_a + n_m = 1 \tag{1}$$

（1）农业生产。农业生产包括两种要素投入，土地 L_a 和劳动 $n_a N$，$l_a \equiv L_a / N$。农业产出为 Y_a，农业生产函数：

$$Y_a = B (L_a)^\beta (n_a N)^{1-\beta} \tag{2}$$

其中 B 表示农业技术测度。假定农业技术水平正比于社会工业总技术水平 A，使 B/A 是常数 ξ。

将（2）表示为人均量形式：

$$y_a = \xi (l_a)^\beta n_a^{1-\beta}. \tag{3}$$

（2）工业生产。工业生产以及下面关于创新的描述和处理[①]，都采用类似于 Aghion & Howitt（1992，1998）和 Ha（2002）的方法，假定单一终端产出利用连续的中间产品产出：

$$Y = (n_m N)^{1-\alpha} \int_0^1 A_i x_i^\alpha \mathrm{d}_i \tag{4}$$

其中 x_i 是第 i 个中间产品，A_i 是 i 产品的生产技术。中间产品由创新垄断公司生产，生产函数为 $x_i = k_i / A_i$。效益函数为 $\pi_i = p_i x_i - rk_i$，r 为利率，中间产品的均衡价格等于其边际产品 $p_i = (n_m N)^{1-\alpha} A_i \alpha x_i^{\alpha-1}$。最大化效益流为 $\pi_i = (1 - \alpha)(n_m N)^{1-\alpha} A_i \alpha x_i^\alpha$。定义 A 为平均技术水平，K 为总资本：$A = \int_0^1 A_i \mathrm{d}_i$，$K = \int_0^1 A_i x_i \mathrm{d}_i$。由中间产品的对称性，均衡时，所有中间产品生产相同的量 x，从而有：

$$r = \alpha^2 (K / A n_m N)^{\alpha-1}. \tag{5}$$

因此，总生产函数为 $Y_m = (n_m N)^{1-\alpha} \int_0^1 A_i x_i^\alpha \mathrm{d}_i = K^\alpha (A n_m N)^{1-\alpha}$，垄断利润为 $\Pi_m = \alpha(1 - \alpha) K^\alpha (A n_m N)^{1-\alpha}$，用生产力调整的人均项表示为：

$$\pi_m = \alpha(1 - \alpha) k^\alpha (n_m)^{1-\alpha} \text{ and } y_m = k^\alpha (n_m)^{1-\alpha} \tag{6}$$

（3）创新。中间产品生产者由创新激励来增加其竞争能力。创新出现服从 Possion 到达率 λn，使得技术进步率为 $\bar{A}/A = \lambda n \equiv g$，其中 λ 是关于研发的生产力参数，n 为研发投入强度，定义为 G/A，G 表示研发花费。

创新的价值决定于资产定价方程：

---

① 限于篇幅，工业生产和创新过程部分，公式推导和说明从简。公式（4）到（8）类似于 Agihon & Howitt（1998）原文中推导过程。不便之处，还请读者原谅。

$$rV = \pi_m - \lambda n V \tag{7}$$

其中 V 表示创新的价值。上式的含义为：创新的预期收入等于新创新技术下效益流减去被下一个创新替代时的期望损失。被替代的概率为 λn，解之得到：

$$V = \frac{\pi_m}{r + \lambda n} \tag{8}$$

按照 Howitt（1999，2000）的思想，$R\&D$ 的最优供给决定于无套利条件：每单位额外 $R\&D$ 的边际成本等于其边际期望效益。如果研究花费的贴补/资助率为 ψ，增加一单位研发投入强度的边际成本就是 $d(1-\psi)G/dn = (1-\psi)A$，边际期望收益为 λV。从而有

$$1 - \psi = \lambda \frac{\widetilde{\pi}}{r + \lambda n} \tag{9}$$

其中 $\widetilde{\pi} = \pi/A$。消去负的 $R\&D$ 的可能性，结合（5），（6），（9）有

$$g = \lambda n = \max\left\{0, \frac{\widetilde{\pi}_m}{1 - \psi} - r\right\} = \max\left\{0, \ \alpha \left(\frac{k}{n_m}\right)^{\alpha-1} \left(\frac{\lambda(1-\alpha)}{1-\psi}k - \alpha\right)\right\} \tag{10}$$

（10）表明存在门限水平 $\bar{k} = \alpha(1-\psi)/[\lambda(1-\alpha)]$。当 $k < \bar{k}$ 时，没有 $R\&D$ 发生。

引理 1（Ha，2002）：$R\&D$ 发生，当且仅当 $k > \tilde{k}$。

（4）贸易。农产品假定为易腐的。农产品不足可以用工业品交换。人均农产品消费以及农产品进口分别表示为 c_a 和 i_a，从而有

$$c_a = y_a + i_a \tag{11}$$

贸易假定为依边际福利改进的。简单存在固定参数 $\tau \in [0, 1]$,[①]使

$$x_m = (1 - \tau) i_a. \tag{12}$$

其中 x_m 是用以交换不足的农业品的出口工业品。对于农业经济，这里的进出口项改变符号，并替换为表示出口，进口即可。

（5）资本积累。资本积累方程为：

$$\bar{k} = y_m - x_m - (\delta + \nu + g)k - c_m - g/\lambda \tag{13}$$

其中 δ 是资本折旧率，ν 是人口增长率，$g/\lambda = n$ 是 $R\&D$ 消耗的物质财

---

① 这一假设引自 Stokey（2002），其中 τ 表示贸易增值率。

富。

（6）偏好。类似于 Cole et al.（1992）、Bakshi & Chen（1996）和 Zou（1994，1995，1998）等把财富重视引入偏好函数中，本文把 Max Weber（1958）的思想："Individuals accumulate wealth not only for consumption, but also for its own sake"，转化为代表性个人对资本积累的关注引入偏好函数中，$u(c_a, c_m, k)$，表示农产品消费 c_a，工业产品消费 c_m，和资本财富积累 k，共同影响偏好，将其定义为：

$$u(c_a, c_m, k) = \ln c_a + T_1 \ln c_m + T_2 \ln k \tag{14}$$

其中 T_1 表示代理人对工业品相比于农产品的重视程度，T_2 表示对资本积累的相对重视程度，即表示资本主义精神的强度。

（二）模型动态

代表性个人最优化问题为：

$$\max \int_0^\infty e^{-\rho t} u(c_a, c_m, k)\, dt$$

subject to（3）（6）（11）～（13）及初始条件。

最优条件：

$$u'_1 - (1-\tau)\lambda_1 = 0 \tag{15}$$

$$u'_2 - \lambda_1 = 0 \tag{16}$$

$$u_1'(1-\beta)\xi(l_a)^\beta n_a^{-\beta} = \lambda_1(1-\alpha)k^\alpha n_m^{-\alpha} \tag{17}$$

$$\dot{\lambda}_1 = -u_3' + \lambda_1(\rho - \alpha k^{\alpha-1} n_m^{1-\alpha} + (\delta+v+g)) \tag{18}$$

其中 λ_1 是 Hamiltonian 乘子。整理（14）～（18），得到

$$c_m = (1-\tau)T_1 c_a = (1-\tau)T_1(i_a + y_a) \tag{19}$$

$$(1-\tau)(1-\beta)\xi(l_a/n_a)^\beta = (1-\alpha)(k/n_m)^\alpha \tag{20}$$

$$\frac{\bar{c}}{c} = \alpha\left(\frac{n_m}{k}\right)^{1-\alpha} - (\delta+v+\rho+g) + T_2\frac{c_m}{k} \tag{21}$$

由（13）得

$$\frac{\bar{k}}{k} = \left(\frac{n_m}{k}\right)^{1-\alpha} - (\delta+v+g) - \left(1+\frac{1}{T_1}\right)\frac{c_m}{k} - g/\lambda k + (1-\tau)\frac{n_a}{k}\left(\frac{l_a}{n_a}\right)^\beta \tag{13'}$$

（1）均衡稳态。稳态时 $\bar{k} = \bar{c} = 0$，由（21）和（13'）有

$$0 = \alpha \left(\frac{n_m}{k}\right)^{1-\alpha} - (\delta + v + \rho + g) + T_2 \frac{c_m}{k} \tag{22}$$

$$0 = \left(\frac{n_m}{k}\right)^{1-\alpha} - (\delta + \nu + g) - \left(1 + \frac{1}{T_1}\right) \frac{c_m}{k} - g/\lambda k + (1-\tau) \frac{n_a}{k} \left(\frac{l_a}{n_a}\right)^{\beta} \tag{23}$$

注意到 $n_m = 1 - n_a$，（2.20）成为

$$k = s_1 \left(\frac{l_a}{n_a}\right)^{\beta/\alpha} (1 - n_a) \equiv k(l_a, n_a) \tag{24}$$

其中 $s_1 = \left(\frac{(1-\tau)(1-\beta)\xi}{1-\alpha}\right)^{1/\alpha}$。

把（24）代入（22），得到

$$c_m = \frac{1}{T_2}[\delta + v + \rho + g - r(l_a, n_a)]k(l_a, n_a) \tag{25}$$

其中 $r(l_a, n_a) \equiv \alpha \left(\frac{1-n_a}{k(l_a, n_a)}\right)^{1-\alpha}$。

然后把（24）（25）代入（23），得到关于 n_a 的方程

$$0 = \left(\frac{1-n_a}{k(l_a, n_a)}\right)^{1-\alpha} - (\delta + \nu + g) - \left(1 + \frac{1}{T_1}\right) \frac{c_m(l_a, n_a)}{k(l_a, n_a)}$$

$$- \frac{g}{\lambda k(l_a, n_a)} + (1-\tau) \frac{n_a}{k(l_a, n_a)} \left(\frac{l_a}{n_a}\right)^{\beta} \tag{26}$$

$l_a = L/N$，稳态时，假定 N 是常数，则 l_a 是常数，从而 n_a 可以由（26）解出。进而（24）解出 k^*，（25）解出 c_m^*。最后，由（10）得到均衡技术增长率

$$g^* = \max\left\{0, \alpha \left(\frac{k^*}{1-n_a^*}\right)^{\alpha-1} \left(\frac{\lambda(1-\alpha)}{1-\psi}k^* - \alpha\right)\right\} \tag{27}$$

按照引理 1，我们得到：

命题 1：模型均衡技术进步率水平为 $g^* = \begin{bmatrix} > 0 \ when \ k^* > \tilde{k} \\ = 0 \ when \ k^* \leq \tilde{k} \end{bmatrix}$。

（2）动态分析。重写（21）（13′）为

$$\frac{\bar{c}}{c} = \alpha \left(\frac{n_m}{k}\right)^{1-\alpha} - (\delta + v + \rho + g) + T_2 \frac{c_m}{k} \tag{21′}$$

$$\bar{k} = k^{\alpha} (n_m)^{1-\alpha} - (\delta + \nu + g)k - \left(1 + \frac{1}{T_1}\right) c_m - g/\lambda + (1-\tau) y_a \tag{13″}$$

当 $T_2 = 0$，（21）退化为 Ramsey 模型中 Eular 方程。模型动态如图 2 所示。

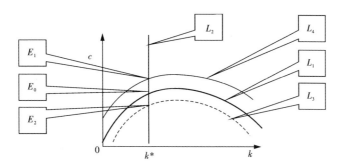

图 2 工业部门在没有资本主义精神偏好引入时的均衡动态变化情况

图 2 中，L_2 是 $\bar{c} = 0$，L_1 是 $\bar{k} = 0$。E_0 是 Ramsey 均衡。如在教科书中经常说的那样，长期均衡稳定在永远不可能超过黄金率点的水平。各种冲击可能从上下或左右改变均衡的位置，但都仅有水平效应，没有长期增长效应。

相比之下，当 $T_2 \neq 0$，消费平衡方程 $\bar{c}_{new} = 0$ 为一个抛物线，如图 3 所示。从而新的均衡 E_3 从 k^* 跳到了 k^{**}。这是一个飞越，超越了 Ramsey 模型中的黄金律水平。

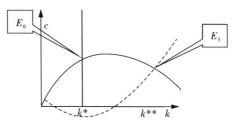

图 3 工业部门在有资本主义精神偏好引入时的动态均衡

下面命题是上述分析结论的一个正式的表述，证明将在附录中给出，结论如下：

命题 2：当初始均衡资本积累水平相对较低时，即当 $k^* < \bar{k}$ 时，有：如果农业劳动边际产出

$$w_a > \frac{1-\alpha}{1-\tau}\left(T_2\frac{\alpha}{\delta+\rho}\right)^{\alpha/(1-\alpha)} \tag{28}$$

则 $\frac{dk^*}{T_2} > 0$，反之，$\frac{dk^*}{T_2} \leq 0$，其中 $w_a \equiv (1-\beta)(\frac{l_a}{n_a})^\beta$。

命题 2 意味着，当存在的资本积累水平尚处于较低水平时，农业劳动的

边际产出水平高于一个确定的固定水平时，资本主义精神对于资本积累是正效应的，越强的资本主义精神，意味着越高的均衡资本积累水平。但同时，由（28）注意到，过强的资本主义精神会逆转对资本积累的影响方向，因而并不意味着，资本主义精神不断增强就一定会导致资本积累的无限膨胀。

由条件（28）我们可以做出进一步分析。假定工业革命之前，农业经济经过长时间的发展，达到人口与产出的相对饱和的均衡/极限状态，土地人口密集度较高，从而农业劳动的边际产出充分低，比如说为 0，则此时如果没有资本主义精神，经济处于 Malthusian 均衡状态；即便有资本主义精神出现，如果（28）不满足，仍不能形成资本积累的正效应，仍然不会出现资本积累持续增长的局面，从而，经济仍将约束于 Malthusian 状态。这一结果解释了为什么历史悠久的中国经过漫长的封建农业经济时代，一直没有发展到资本主义经济时代的经济方面的深层原因，同时也给出了世界经济在工业革命之前，长期处于 Malthusian 经济状态的原因。

技术进步和贸易条件的均衡效应很容易从（13′）中看出，技术进步率 g 的提高和贸易条件 τ 的改善，都会推动均衡资本方程右端开口扩张，从而推动均衡资本存量水平提升。其中，贸易条件是指对于工业国是正效应的。反过来，对于农业国，恰恰是负效应的。从而，我们有：

引理 2：技术进步提高对于长期资本积累有正效应；贸易条件改善对于工业国长期资本积累有正效应，对于农业国则有负效应。

（三）东西差别与穷富分流

Pomeranz（2000）研究认为，工业革命之前的 14 世纪前后，中国的江南同当时的英国基本经济发展状况几乎没有任何差异。英国的优势主要为外部条件，如新大陆的发现，促使它走向工业革命之路。实际上，Pomeranz 只说对了一半，单纯的外部条件优势是不充分的，我们将证明这一点。

首先，社会文化环境会影响偏好。东西方文化有很大差异。欧洲 14—16 世纪的文艺复兴运动被认为是对欧洲产生重大影响的新文化运动，使欧洲社会文化发生了重大变革，特别是在新教徒中，重商主义日益兴盛，资本主义精神增强。但在东方文化中，在形而上为特征的价值背景下，对商业发展的重视相对不足，因而我们做以下假设：

假设 1：西方经济中有比东方更强的资本主义精神，即 $T_2^w > T_2^e$。

其次，早期经济中，资本积累水平是很低的，而且英国同中国江南最初的繁荣程度也差不多，为研究方便，我们假定：

假设 2：东西方经济的初始资本水平有：$k_0^w = k_0^e = k_0 < \bar{k}$。

另外，新大陆的发现和开发，的确帮了英国很大的忙，本来同中国江南同样的劳动密集、土地承载负荷沉重的局面，一下子改观了。大批移民来到新大陆，空前减少了本土的人口土地比例，这使得英国的农业劳动边际产出来了一个跳跃性增加。由于新大陆非常大，因此我们有理由相信农业劳动边际产出的增加幅度也是足够大的，从而我们假定：

假设 3：新大陆的发现，使得在英国条件（2.28）被满足。

下面讨论东西代表经济分流的过程。我们把这一过程依技术进步率是否为零分为两个阶段：原始资本积累阶段（技术进步率为零）和现代增长阶段（技术进步率大于零）。

1. 原始资本积累阶段。

在这一阶段，按照假设 2 和命题 1，最初两个经济中都没有技术增长[1]，即技术进步率为 0。在没有技术进步的情况下，经济运行在长期稳定的 Malthusian 均衡：生产增长率接近于 0，从而人口增长接近于 0。人类经历这种经济状态已经很久，而且，当时的经济学家们相信，这将是一种永恒的状态。但是两件事情的发生使得情况有了根本的变化：一个是欧洲的文艺复兴（大约 14—16 世纪）后重商主义的盛行，一个是新大陆的发现（1492）。这两件事的发生是各自独立的偶然事件，但凑巧的是大约发生在同一历史时期的同一个地区——西欧。这两件事情的结合，产生了本质的变化。前者被广泛认为有利于资本主义精神的形成和加强，后者是促使资本主义精神有均衡资本积累正效应的条件。即在假设 3 的条件下，欧洲的重商主义开始形成促进资本原始积累的原动力。资本主义精神的增强导致资本积累水平的大大提高（如图 3 所示，也是命题 2 结论的内涵）。此后我们将会阐述，原始资本积累对于促进向现代增长阶段的飞跃是非常必要的。为什么说这两件事同时发生很重要呢？因为，单独任何一件事情都不足以使资本积累达到更高的水平，下文将推证此观点。

东西方经济代表的差异表现在两个方面：一是文化社会环境方面的，一

---

[1] 这里主要是理论意义，并非说绝对没有发明创造发生，而是说，社会平均生产力水平没有显著增长，这是符合工业革命前实际情况的。

是外部条件的差异。文化环境的不同具体体现在资本主义精神的强弱。由假设 1 以及命题 2，可以推出：谁能够满足条件（28），谁就可以发展到更高资本积累水平的均衡。

情况 1：如果两个代表性国家都不能满足（28），则资本主义精神是负效应的，因而都无法实现高水平资本积累而只能停留在 Malthusian 经济状态。

情况 2：如果两个代表经济都满足（28），但因为假设 1，西方经济会更早实现高水平资本积累。

所以，综合 1，2 有：

命题 3：在只有文化差异而其他条件相同的情况下，东方经济不会先于西方经济跨入现代经济增长阶段（即工业革命不会首先发生在东方）。

命题 3 否定了 Pomeranz（2000）的一个推测：如果没有新大陆以及其他外部条件，中国有可能先于欧洲进入工业革命时代。实际上，这里问题的关键是（2.28）如何被满足，即农业劳动边际产出水平如何超越一个特定的门限水平，我们把这一水平理解为保证基本生活（即温饱问题）的平均社会均衡条件。只有在这一问题得到解决的基础上，工业和资本积累的发展才有可能。这是易于理解的。由 w_a 的定义可以知道，两种办法可以导致 w_a 的提高：一是农业劳动份额 n_a 的减少，另一是人均土地的增加。前者容易找到证明，如很多国家或地区经济在工业化过程中都会经历人口从农业向工业转化的过程，另外 Lucas（2007）的最新研究也支持这一观点。后者的实例则很少。但新大陆的开发对英国显然是一个很好的例子。新大陆的影响是两个方面的，一是直接增加了人均总体土地量，同时由于人口迁移，直接减少本土人口。

接下来的一个问题是：如果没有资本主义精神，结果会怎样？实际上，由图 2，我们可以清楚看到，在没有资本主义精神的情况下，即便幸运地有新大陆的帮助，经济仍将停留在不超过黄金水平的稳态状态下，没有充分的资本积累。根据命题 1，均衡技术进步率就不会为正，因而就不可能达到现代增长的阶段。另外，如果没有新大陆的出现，条件（2.28）就很难实现，因为根据以 Pomeranz、黄宗智等为代表的加州学派的典型结论指出，没有外部条件，英国只能重复"内卷"式的农业发展之路。从本文命题 2，如果（2.28）不满足，也无法实现资本积累。综合上面分析，我们有：

命题 4：资本主义精神和外部条件（如新大陆）都是实现现代增长的必要条件，各自都不是充分条件；但他们的结合是充分的。

2. 现代增长阶段。

本节研究欧洲经济向现代增长阶段转化的过程。现代增长阶段的主要特征是：技术进步、资本积累、产出和人口都有显著正的增长率，经济持续增长，人均生活水平大大提高。

根据命题1，只有当原始资本积累水平超越门限水平 $\bar{k}$，技术进步率才会大于0。上一节，我们已经证明，英国作为工业革命的领袖，已经具备充分积累资本的条件。当它实现充分资本积累之后，最终超越门限水平而跳跃到现代增长阶段——正的技术进步率。

2.1 技术进步。

按照 Galor[①]等的研究，在工业革命初期，物质资本是经济增长的主要引擎，早期工业技术含量低，技术研发和人力资本投入效益不明显，因而得不到有效发展。但在工业革命后期，人力资本和知识技术进步成为主导经济增长的动力源。因而，在工业革命中后期，技术进步和人力资本投入开始变得划算（cost-effective），从而得到持续发展。这也一致于本文模型的分析结论，即早期阶段技术进步是零，后期阶段大于零。实际上也给出了本文模型结论的一个良好的经济学解释。关于技术进步如何驱动现代经济增长的研究太多了，几乎所有宏观教科书上都有详尽分析，所以，这一过程不再赘述。本文的引理2也给出了技术进步的简单长期均衡效应结论。

2.2 贸易。

现在来考虑贸易的影响。首先，我们假定没有贸易发生，则代表性个人最优化问题退化为：

$$\max \int_0^\infty e^{-\rho t} u(c_a, c_m, k) \, dt$$

$$s.t.: \bar{k} = k^\alpha (n_m)^{1-\alpha} - (\delta + v + g)k - c_m - g/\lambda$$

$$c_a = y_a = l_a^\beta n_a^{1-\beta} \geqslant \tilde{c}_a \equiv l_a^\beta n_a^{1-\beta}$$

下面分两种情况讨论：

（1）不等式约束非紧的情况：此时的均衡条件为

$$0 = \alpha \left(\frac{n_m}{k}\right)^{1-\alpha} - (\delta + v + \rho + g) + T_2 \frac{c_m}{k} \tag{29}$$

---

① Galor & Moav（2004）和 Galor（2005）。

$$0 = \left(\frac{n_m}{k}\right)^{1-\alpha} - \left(\delta + \nu + g\right) - \frac{c_m}{k} - g / (\lambda k) \tag{30}$$

$$c_m = T_1 \frac{1-\alpha}{1-\beta} \left(\frac{k}{n_m}\right)^{\alpha} n_a \tag{31}$$

由这些条件得到：

$$k = n_m \left(\frac{\alpha + T_1 T_2 \frac{1-\alpha}{1-\beta} n_a n_m^{-1}}{\delta + v + \rho + g}\right)^{1/(1-\alpha)} \tag{32}$$

$$k^{\alpha} n_m^{1-\alpha} = s_2 k + g / \lambda \tag{33}$$

$$s_2 \equiv \left(1 + \frac{1}{T_2}\right)^{-1} \left[\left(1 + \frac{1}{T_2}\right)\left(\delta + v + g\right) + \rho\right]$$

由（32）（33）知均衡解不唯一，但资本积累与劳动分配唯一对应。

（2）不等式约束紧的情况：这种情况下，$n_a = \tilde{n}_a$，从而 n_m 也确定。此时，代理人没有劳动分配选择问题，均衡条件完全由（29）（30）确定，所以资本同样由（33）确定。

所以两种情况下都会出现两个均衡资本积累水平。假定均衡劳动份额已确定，由（33）可确定资本，左边为实际均衡工业产出（定义为 l_2：$y = k^{\alpha} n_m^{1-\alpha}$），被分配为右端所示的调整后的两种用途，前者是 Break-even 资本积累需求，后者是技术研发投入消耗（右端定义为 l_1：$y = s_2 k + g / \lambda$）。如下图4所示，对应两个均衡水平，其中低均衡是不稳定的。要么发展到较高的均衡状态，要么趋向于 0（极度贫困的状态）。

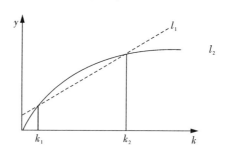

图4　在没有贸易条件下，工业部门双均衡动态

在没有贸易条件下，工业国既不能出口本国过剩工业品，也不能进口农产品。因而其食品就只能自己生产。这样就不能集中发展工业。同时，在土地有限的条件下，农业产出在每个经济中都会成为制约人口充分增长的条件。

因而，在没有贸易的条件下，工业化国家发展到高水平均衡状态的条件部充分。这样最终也只能退化到贫困均衡状态。这一演化过程可以更直观地表述为如下流程所示：

$$N \uparrow$$
$$(1) \Rightarrow l_a \downarrow$$
$$(2) \Rightarrow n_a \uparrow$$
$$(3) \Rightarrow n_m \downarrow$$
$$(4) \Rightarrow n_m = 0$$
$$(5) \Rightarrow N = \tilde{N}, \ c_a = \tilde{c}_a, \ c_m = y_m = k = 0.$$

（1）自然的人口增长导致人均土地占有下降；（2）人均食品消费不能低于最低生存线水平 $\tilde{c}_a$，为此，唯一途径是增加农业劳动份额 n_a；（3）这直接导致工业劳动投入 n_m 下降；（4）最终导致工业劳动份额下降到 0；（5）当 $n_m = 0$ 时，农业产出达到极限，人口无法进一步增长，长期均衡保持在稳态人口水平 $\tilde{N}$，边界的人均食品消费水平 $\tilde{c}_a$，工业产出、消费和资本积累为 0。这是典型的 Malthusian 经济状态。

在没有贸易条件的情况下，上述流程可以解释长期 Malthusian 经济现象。但在有外部条件的情况下，情形则不同，如新大陆的发现使得农业劳动边际产出水平大增，从而农业劳动剩余充分，同时上述流程过程（1）（2）中箭号方向就会反转。由此导致（3）中箭号方向反转，进而出现工业繁荣的局面，因此存在导致高资本积累的可能性。

在有贸易的条件下，在工业国，工业化发展会得到更好的激励而发展更快（见引理 2）。因而综合地，我们有

命题 5：贸易是资本主义经济进行原始资本积累的辅助条件，但非必要条件。[①]

2.3　一致解释。

工业革命之前的大部分时间，手工业和早期工业相对落后，人们主要从事农业劳动，商业、工业以及知识创新等不受重视，经济长期徘徊于 Malthu-

---

① 这一结论不同于存在的一些研究的观点，如 Galor（2004）等人为贸易对大分流有非常重要的贡献。但本文模型预测贸易仅起辅助作用。

sian 均衡状态。工业生产和资本积累水平低下，因而国际贸易所需的基础设施得不到发展（铁路、公路、飞机、轮船的建设和制造都需要耗费巨大社会资本，在资本积累不充分时，没有可能）。没有贸易条件，农产品需求只能自己解决，不能靠发展工业品交换不足的食物，从而发展工业的激励不足，进而导致技术进步的动力不足。同时，资本积累不足时，社会对于教育、科技进步等的投入低下，因而技术进步发展缓慢。

欧洲文艺复兴之后，重商主义兴盛，同时，新大陆的发现使得农业劳动边际产出水平空前提高，农业剩余劳动充分，资本主义经济开始蓬勃发展，资本积累日益增高，社会公共产品（如教育、医疗、道路、研发等）的投资不断增加，社会生产力水平不断提高，工业发展迅速，技术进步实现正的持续增长，贸易条件日益成熟。

当欧洲经济进一步繁荣，贸易条件逐渐成熟，用工业品交换农业品得以实现。垄断创新的工业品具有比农业产品更高的利润，因此早先具有工业优势的国家更加倾向于工业生产，而逐渐依赖进口农产品来补充不足，这刺激了欧洲国家工业化程度的进一步提高。另一方面，东方国家，如中国，其当时的土地人口密度其实并不严重，向其他地方迁移的空间还是存在的。但其传统文化价值观不激励重商主义，所以一直在劳动密集的以农业为主的经济中发展，西方工业产品的进入，使本土弱小的工业受到打击，进而陷入停滞状态。从而，东西方分流发生，并且差距逐渐加大。

进入工业革命后期，工业化国家客观上需要的劳动是高技术的，因而，劳动供给部门——家庭——在子女培养方面重视高等教育培养（否则没有工作或出路），这样自然形成少育优育的倾向，从而形成人力资本积累水平不断提高，人口下降的趋势。相比之下，农业倾向的国家，劳动密集型生产客观需要更多的劳动，但不需要很高的技术含量，因此以科技水平计量的人力资本水平落后，人口众多。另一方面，由于工业化国家人口下降，且农业工业化水平提高，自给农产品剩余，而农业国人口过多，土地承载超负荷，自身农产品供给不足，从而造成贸易特征不同，工业国不再需要进口粮食，而农业国除了自然资源，已无物可以用于交换工业品和不足的粮食。

本文模型结论支持上述东西分流形成过程的系统解释，因而，本文提供了一个解释分流问题的一致性理论框架。

四、文化影响的证据

实际上，文化对经济发展有重要影响的观点已被广泛接受，但这种观点却没有在实证上得到有力地支持，尽管对此进行的实证研究有很多，如Thompson（2001），Chang、Chan Sup（1998），Harrison L. E.（1992）及 Hofstede、Geert（1997，2001）等。

关于大分流的一种理论认为，两个方面的发展对欧洲早期发展有重要影响：一个是源于被称为 movable type 的打字技术的进步基础上的标准写作范本的流行，这使得低成本信息流通成为现实；另一个是一系列旨在改革文化（rising literacy）的革命。这据说引导了非合作到合作的均衡。至少，很多学者相信印刷技术对于欧洲文艺复兴起到了关键的促进作用。相比之下，东方文字系统的不同，限制了 movable type 的流行和应用。

不少研究认为西方早期很多方面的创新，如经济、信息、金融等领域，都直接受到文化发展的影响。现有的实证研究指出，经济发展同价值观的转移有显著关系：从绝对的规范和价值观（absolute norms and values）向更加理性、宽容、信任、合作（rational, tolerant, trusting, and participatory）的价值取向的转移（Inglehart，1994，1996）。

关于东方经济文化关系也有不少研究，如 Weber 的 Confucianism and Taoism（1951）指出伦理系统，它重视裙带关系（"sib" or kinship）作为基本的社会关系，诱发经济的无效性（See also F. Fukuyama，2001）。

近期关于文化影响的研究还有一些如 Marcus Noland（2003）及 Chang, Chan Sup（1998）等都研究了文化对于经济的影响。

五、结论与引申——富国之路

本文基于内生增长理论而构建的模型，可以系统地解释长期经济增长，特别是大分流的演化过程，是对长期增长一致理论的一个补充。本文研究认为，社会文化背景对长期经济增长有重要影响，它同其他几个因素——外部条件、贸易、技术进步一起决定了现代经济进化的过程。

本文研究与几个方面存在的研究有紧密的联系：（1）如 Zou（1994，1995，1998）等关于资本主义精神长期增长效应方面的研究；（2）Pomeranz

（2000）等关于大分流问题的外部性效应研究；（3）Galor 等（2002）关于贸易对于大分流贡献的研究；（4）关于技术进步对于长期增长的经典研究，如 Aghion & Howitt（1992，1998）等。存在的上述几个方面的研究都就各个因素的影响作了良好的论述，但都是对单一因素贡献的研究。本文则重视各种因素的综合作用，并通过一个两部门模型，系统分析各种因素对于长期增长和大分流的作用，指出了各自重要性的不同和发生作用的先后顺序，同时，本文系统描绘了现代经济发展以及大分流现象的形成机制。

根据本文模型的预测分析结论，我们粗略地提出穷国的发展建议（中国虽然近年发展快速，但人均产出和实际人民生活水平仍很落后，很大程度上仍属于穷国范畴，至少还不是富国）。

穷国发展之路在于：（1）促进传统落后文化的变革，使社会环境向有利于经济发展的方向发展。改革开放之后，我国民众价值观发生了很大变化，特别在发达地区，传统观念已有很大改变，这也为我国近年的高速发展创造了良好的社会文化背景条件，但文化发展不平衡的问题严重，部分地区仍有待发展。（2）大力促进农村劳动力转移以提高本国农业边际劳动产出（即本国劳动工资收入），同时控制人口增长，实现优生优育（这已是中国的成功经验），走科技强国之路。根据本文模型结论，实现向现代增长飞跃的过程中，一个重要条件就是，农业劳动边际产出的充分提高，劳动输出和人口生育控制都是有效实现这一条件的举措。（3）大力发展特色民族出口工业，逐步缩小同发达国家工业化差距，提升工业化水平。发达国家在工业升级换代、结构调整的过程中，把落后的、低效益产业推向落后国家，成为新时期贸易的一个新特征。穷国在接受对本国而言技术含量仍有引进价值的低端工业时，应注重技术引进，重在改造提高，努力促进本国技术水平的快速进步。日本的早期发展即是很好的例子，引进之后发展出更好的东西，再卖回引进国，最终实现技术反超。（4）走科技强国之自强之路。贸易的作用是双刃的，总引进别人的好东西，并非好事，这限制了自身能力的发展。反过来说，别人的技术封锁也未必是坏事，关键是要有决心走依赖自我的自强之路。

附录：命题 2 的证明

当 $k^* < \bar{k}$，由命题 2，得到 $g^* = 0$，没有技术进步，经济停留在稳态。为简单起见，我们假定人口增长为零（这不影响结论证明）。

由（24）有：$\dfrac{dk}{dn_a} = -s_1 \left(\dfrac{l_a}{n_a}\right)^{\beta/\alpha} \left[1 + \dfrac{\beta}{\alpha}\left(1 - n_a\right)\right] < 0$. （A.0）

利用（20）则（21）和（13′）成为：

$$0 = \alpha \left(\dfrac{n_m}{k}\right)^{1-\alpha} - \left(\delta + \rho\right) + T_2 \dfrac{c_m}{k} \qquad\qquad (A.1)$$

$$0 = \left(1 + \tilde{t}\right)\left(\dfrac{n_m}{k}\right)^{1-\alpha} - \delta - \left(1 + \dfrac{1}{T_1}\right)\dfrac{c_m}{k} \qquad\qquad (A.2)$$

其中 $\tilde{t} \equiv \dfrac{1 - \alpha n_a}{1 - \beta n_m}$。解（22）和（23），得到：

$$\dfrac{c_m}{k} = \dfrac{\left(1 + \tilde{t}\right)\left(\delta + \rho\right) T_2 - \alpha\delta}{\left(1 + \tilde{t}\right) T_2 + \alpha \left(1 + 1/T_1\right)} \qquad\qquad (A.3)$$

$$\left(\dfrac{n_m}{k}\right)^{1-\alpha} = \dfrac{\left(1 + 1/T_1\right)\left(\delta + \rho\right) - T_2\delta}{\left(1 + \tilde{t}\right) T_2 + \alpha \left(1 + 1/T_1\right)} \qquad\qquad (A.4)$$

再由（20），得到 $\left(\dfrac{k}{n_m}\right)^{1-\alpha} = \left(\dfrac{\left(1 - \tau\right)\left(1 - \beta\right) \xi}{1 - \alpha}\right)^{(1-\alpha)/\alpha} \left(\dfrac{l_a}{n_a}\right)^{\beta(1-\alpha)/\alpha}$，代

入（A.4）并注意到 $n_m = 1 - n_a$，得到关于 n_a 的方程。关于 T_2 微分得到

$$\dfrac{dn_a}{dT_2} = -\left(1 + \dfrac{1}{T_1}\right)\dfrac{1}{\Delta}\left(\dfrac{\delta + \rho}{T_2}\left(\dfrac{1 - \tau}{1 - \alpha} w_a\right)^{(1-\alpha)/\alpha} - \alpha\right) \qquad\qquad (A.5)$$

其中 $\Delta = \left(1 + \dfrac{1 - \alpha}{1 - \beta}\dfrac{n_a}{n_m}\right) T_2 \left(n_a\right)^{-\beta(1-\alpha)/\alpha} + \beta\left(1 - \alpha\right)\left(1 + \dfrac{1}{T_1}\right)\dfrac{1}{n_a} +$

$T_2 \dfrac{1 - \alpha}{1 - \beta} n_m^{-2} > 0$，$w_a \equiv \left(1 - \beta\right)\left(\dfrac{l_a}{n_a}\right)^{\beta}$，是农业劳动边际产出。由（A.5），当

$w_a > \dfrac{1 - \alpha}{1 - \tau}\left(T_2 \dfrac{\alpha}{\delta + \rho}\right)^{\alpha/(1-\alpha)}$，则 $\dfrac{dn_a}{dT_2} < 0$。结合（A.0），结论得到证明。

▶▶ 参考文献

［1］Aghion, P. and P. Howitt, 1998, "Endogenous Growth Theory", Cambridge：MIT Press.

［2］Aghion, Philippe, and Peter Howitt, 1992, "A Model of Growth Through Creative Destruction", Econometrica, 60（2）, pp. 323－51.

［3］Bakshi, G., and Chen, Z., 1996, "The Spirit of Capitalism and Stock-Market Prices", American Economic Review, 86, pp. 133－157.

［4］Chang, Chan Sup, 1998, "Confucian capitalism: Impact of culture and the management system on economic growth in South Korea", The Journal of Third World Studies, fall, 1998.

［5］Cole, H., Mailath, G., and Postlewaite, A., 1992, "Social Norms, Savings Behavior, and Growth", Journal of Political Economy, 100: 1092 – 1125.

［6］F. Fukuyama, 2001, "Culture and Economic Development: Cultural Concerns", in N. J. Smelser and Paul B. Baltes, eds., International Encyclopedia of the Social and Behavioral Sciences (Oxford: Pergamon, 2001).

［7］Galor, Oded & David N. Weil, 2000, "Population, Technology, and Growth", American Economic Review, Vol. 90, No. 4.

［8］Galor Oded and Andrew Mountford, 2004, "Trading Population for Productivity", working paper 2004.

［9］Galor Oded and Andrew Mountford, 2006, "Trade and the Great Divergence· The Family Connection", American Economic Review, 96 (2), pp. 229 – 303.

［10］Galor Oded and Omer Moav, 2004, "From Physical to Human Capital Accumulation: Inequality and the Process of Development", Review of Economic Studies, 71 (4), pp. 1001 – 1026.

［11］Galor Oded, 2005, "From Stagnation to Growth: Unified Growth Theory", (Handbook of Economic Growth, North-Holland.

［12］Galor Oded, Omer Moav and Dietrich Vollrath, 2006, "Inequality in Land Ownership, the Emergence of Human Capital Promoting Institutions and the Great Divergence", Major Revision: May 31, 2006.

［13］Galor Oded and Omer Moav, 2006, "Das Human Kapital: A Theory of the Demise of the Class Structure", Review of Economics Studies, 73, pp. 85 – 117 (January 2006).

［14］Ha, Joonkyung, 2002, "Eassays one conomic growth through creative destruction", working paper.

［15］Harrison L E, 1992, "Who Prospers? How Cultural Values Shape Economic and Political Success", Basic Books, New York.

［16］Hofstede, Geert, 1997, "Cultures and Organizations" (revised edition), New York: McGraw Hill.

［17］Hofstede, Geert, 2001, "Culture's Consequences: Comparing Values, Behaviors, Institutions, and Organizations Across Nations" (second edition), Thousand Oaks, CA: Sage Publications.

[18] Howitt, Peter, 2000, "Endogenous Growth and Cross—Country Income Differences", American Economic Review, 90 (9), pp. 829 – 46.

[19] Inglehart, R. , 1994, Codebook for World Values Surveys, Ann Arbor, Mi, Institute for Social Research.

[20] Inglehart, R. , 1996, "Trust, Well-being and Democracy", Paper presented at the Georgetown University Conference on Trust and Democracy.

[21] Lucas, R. E, 2007, Trade and the diffusion of the Industrial Revolution, NBER working paper, No. 13286.

[22] Lucas, R. E, 1998, "The Industrial Revolution: Past and Future", Department of Economics, University of Chicago, Working paper.

[23] Lucas, R. E, 1988, "On the Mechanics of Economic Development", Journal of Monetary Economics, 22, pp. 3 – 42.

[24] Marcus Noland, 2003, "Religion, Culture, and Economic Performance", working paper, 8.

[25] Rawski and Lillian M. Li. Berkeley, CA: University of California Press.

[26] Weber M, 1958, "The Protestant Ethic and the Spirit of Capitalism", Charles Scribner's Sons, New York.

[27] Segerstrom Paul S. , 1990, " T. C. A. Anant & Elias Dinopoulos", AER, Vol. 80, No. 5.

[28] Stokey, N. L, 2002, "A Quantitative Model of the British Industrial Revolution, 1780—1850", Department of Economics, University of Chicago, Working paper.

[29] Thompson Herb, 2001, "Culture And Economic Development: Modernisation To Globalisation", Theory & Science (2001), ISSN: 1527 – 5558.

[30] Tawney, Richard H. 1926/1964, "Religion and the Rise of Capitalism", London: John Murray.

[31] Zou, Heng-fu, 1994, "The Spirit of Capitalism and Long-Run Growth", European Journal of Political Economy, 10, pp. 279 – 93.

[32] Zou, Heng-fu, 1995, "The Spirit of Capitalism and Savings Behavior", Journal of Economic Behavior and Organization, 28, pp. 131 – 143.

[33] Zou, Heng-fu, 1998, "The Spirit of Capitalism, Social Status, Money, and Accumulation", Journal of Economics, 68, pp. 219 – 233.

Path to Richness: A Unified Theory for Long Run Economic Growth

Abstract: The unified theory of long run economic growth has become a new research field. However, existing researches on this field focus mostly on model structure, but they didn't integrate most enough factors into their model, which are usually believed to be very important in explanation of the modern economic growth, especially the factor of social ambience. This paper establishes a multi-factor model on unified theory to explain the evolvement process of both modern growth and the Great Divergence. Some suggestions based our model are given for the development of undeveloped and developing countries. We claim that: any one factor was not enough to trigger the Great Divergence; the common present of the mercantilism motivated by Renaissance and the exploitation of the New World became a sufficient condition for the Industrial Revolution in Europe, which formed the Great Divergence increasingly.

Keywords: Industrial Revolution; Great Divergence, Unified Theory.

大国效应、交易成本和经济结构[①]
——国家贫富的一般均衡分析

李君华　欧阳峣

李君华，华中科技大学经济学博士，现任湖北经济学院经济与环境资源学院副教授。主要研究区域经济和大国经济，主持国家社会科学基金项目 2 项、湖南省社科重点项目 1 项，在《经济研究》《经济学（季刊）》《中国软科学》等期刊发表论文 10 余篇。

[①]　本文原载于《经济研究》2016 年第 10 期。

摘要： 人口规模和国土面积是大国两个最主要的自然特征，从这两个自然特征出发可推导出"大国效应"是否存在以及存在的条件。研究表明，大国效应确实存在，但它的出现依赖于一定的条件。通常，土地面积与国家人均收入有正向关系，而人口规模与国家人均收入呈倒 U 形关系。在土地面积和其他条件给定的情况下，若一国人口规模适度偏大，该国人均收入将会高于小国；但是，若该国人口规模超出一定限度，该大国会因拥挤而丧失其优势。进一步的研究表明，市场交易成本、经济结构差异和国家之间的开放程度都有可能显著地减弱和逆转大国效应。可见，大国效应的形成需要一定条件，国家规模与贫富差距并非简单的线性关系。

关键词： 大国效应；交易成本；经济结构；国家之间的贫富差距

一、引言

大国因其"大"而成为一种优势，这句话表面上看起来有点使人难以置信，但实际上包含着一系列有趣和深刻的经济学原理。经济学家的直觉和灵感已经意识到"大国效应"的存在性，他们从多个层面对此进行研究。一些学者从实证研究中观察到了明显的大经济体现象（Kremer，1993）。20 世纪80 年代以来，中国、印度、俄罗斯、巴西等新兴大国经济几乎同时崛起，这绝不可能是偶然的事情。为此，对大国经济发展之谜进行系统研究看来是很有必要的。发展经济学家张培刚（1992）提出，发展经济学应以发展中大国为主要研究对象，重点探讨"大国发展的问题，包括大国的特征、大国发展的难题和大国的特殊道路"。然而，如果要对大国经济现象进行系统研究，我们不得不考虑的一个问题是：我们是重新建立一套经济学范式来思考大国发展现象，还是在已有的经济学研究范式下将大国经济理论纳入古老的新古典一般均衡框架？目前，大多数学者的做法是以经验研究方式对大国经济现象进行诸多解释。经验研究固然重要，但若缺乏理论的支撑，则仍难以使人信服。笔者认为，就大国经济理论而言，更重要的是夯实理论基础；现代经济学最主流的研究框架是一般均衡，我们应当运用现代经济学的研究方法，从纯理论角度对"大国效应"进行严谨的数学证明，使大国经济理论融入一般均衡框架，然后从经验层面进行检验。只有在理论与经验两个层面同时证明"大国效应"的存在性，大国经济理论的基础才可以称得上是坚实的。

对于大国经济优势来源的研究，最早可以追索到亚当·斯密（1776），他认为分工是经济增长的唯一源泉，资本积累仅仅为分工提供保障，而分工则要受市场广狭或市场容量的限制。斯密关于"分工受市场容量限制"的思想后来被阿尔文·杨（1928）所发展，杨小凯对这一思想给予数学化的处理（Yang and Ng, 1993）。哈里斯（1954）开发了以市场潜力指数来测量本国或区域市场规模的方法，并对市场潜力如何影响企业区位选择进行研究。尽管斯密的分工理论、哈里斯的市场潜力指数和杨小凯的分工模型并没有直接表明大国效应与分工经济的关系，但是，他们证明了本地市场规模与分工经济的依存关系。考虑到大国通常有较大的市场潜力，我们可以认为，杨小凯的分工模型实际上已经潜在包含大国效应、分工经济和国际贸易的关系问题。马歇尔对于大国经济研究的贡献，主要是提出"外部规模经济"的概念，并试图以此解释大工业区的形成与发展（1890）。"规模经济"概念的提出直接导致了不完全竞争经济学的产生。通过引入产品差异化和多样化，张伯伦（1962）在垄断竞争框架下将规模报酬递增纳入主流经济学，并提出一种全新的价值理论。迪克西特和斯蒂格利茨（1977）在一般均衡框架下，将张伯伦模型进行数学化。虽然此前经济学家并未直接提出有关大国经济的任何理论，但是，与大国理论有关的一些基本概念已经被提出来，并且得到较为充分的论证。

20世纪八九十年代，经济学理论发生了一次重要的变革。以克鲁格曼、藤田昌久为代表的新经济地理学家在基于垄断竞争的一般均衡框架下将规模报酬递增、运输成本和消费者对产品的差异化需求引入空间分析（Krugman, 1991; Fujita, Krugman and Vensbles, 1999）。新经济地理对大国经济有一定的解释力。大国通常都拥有较大的市场潜力和本地市场效应（钱学锋和梁琦，2007；黄玖立和黄俊立，2008），由此可以支持大量规模经济程度较高的行业在本国实施专业化，在本国推动工业产品的多样化，并在国家之间获得贸易分工的好处（彭向和蒋传海，2011）。考虑到企业之间可能存在相互的投入产出关系，大国通常拥有相对完整和互补的产业体系（欧阳晓，2011），这些企业可以在本地购买到较多的中间产品，从而将大幅度降低生产成本，使大国获得某种产业关联的优势。由于在劳动者之间和生产企业之间总是存在各种各样的知识溢出和学习效应，这些效应典型地具有距离衰减（Hägerstrand, 1953）特征，而大国在劳动人口和企业数目上都拥有一定的优势，这将有利于大国内部的知识溢出和知识创新，进而有利于该国的新产品创造和产品种类数的增加，使大国在技术创新方面占据优势。

尽管新经济地理学可以在一定程度上解释大国经济现象，但是这些理论并未直接针对"大国效应"的存在性进行建模和证明。本文提出的大国效应，是从人口规模和国土规模这两个自然特征出发形成的积极效应，大国在人口规模和土地面积上的优势会通过本地市场效应和分工经济转化为国民收入的增加效应。从理论上看，对"大国效应"存在性的证明应遵循这样的逻辑：如果大的国在所有其他方面均与小国相同，唯独拥有某些大国特征，仍然可以凭借这些特征获得竞争优势。欧阳峣（2011）将大国特征概括为幅员辽阔、人口众多、资源储量丰富、国内市场巨大、具有价格控制力。这五个特征中前三个为自然特征，后两个为推定特征。从大国特征中寻求大国优势，就能使大国特征研究延伸为大国优势研究（欧阳峣，2011）。如果我们可在一般均衡框架下，从纯自然的大国特征推断出大国居民人均收入和福利水平相对高于小国，则可以证明"大国效应"确实存在。不过，目前极少有学者进行这种尝试。

本文拟运用现代经济学研究方法，从大国的纯自然特征出发，在瓦尔拉斯一般均衡框架下对"大国效应"的存在性及存在的条件进行证明。考虑到数学模型处理的局限性，我们将大国的三个自然特征减缩为两个：人口规模和土地面积。由于资源储量总是指分布在土地上各种资源的数量，因此，土地面积实际上包含幅员辽阔和资源储量两个大国特征。由于其他大国特征多为大国的推定特征，因此，这些特征也可以被认为潜在包含在两个自然特征之中。

二、大国效应模型的设定与求解

本文在非对称的空间一般均衡框架下构建大国效应模型。假定在一片均质的空间中有两个土地面积和人口规模均不相等的国家（大国记为 r，小国记为 s），大国土地面积和人口数量分别为 R_r 和 L_r，小国土地面积和人口数量分别为 R_s 和 L_s，所有人口都不可以在各个国家之间自由地流动，各国土地在该国人口中平均分配，经济系统中存在大量的潜在产品。劳动者可以自由地选择不同产品的生产。虽然劳动力被黏结于本国，但他们生产的产品可以在不同国家之间自由地贸易和移动，假定商品在本国内部和在国家之间移动都必须支付运输成本。对于运输成本，我们采用冰山成本技术进行处理（Samuelson，1954），并按照"数量折损法"进行计算。假定所有消费者都拥有完全相同的效用函数，代表性消费者（以大国为例）的效用函数和预算约束可写为：

$$\max \ U_r = \left(\left[\int_0^{\lambda n} \left(\frac{Z_{rii}}{t} \right)^\rho di + \int_0^{(1-\lambda)n} \left(\frac{Z_{risj}}{T} \right)^\rho dj \right]^{\frac{1}{\rho}} \right)^\gamma B_{riR}^{\ 1-\gamma}, \ \lambda \in [0,1], \ \gamma,$$

$\rho \in (0,1)$

$$st. \ w_{ri} + \frac{R_r}{L_r} p_{rR} = \lambda n p_{ri} Z_{rii} + (1-\lambda) n p_{sj} Z_{risj} + p_{rR} B_{riR}$$

式中，Z_{rii} 表示在大国劳动者对本国所生产产品 i 的消费数量，Z_{risj} 表示大国劳动者对小国所生产产品的购买数量,B_{riR} 为大国劳动者对土地的消费量。以上各变量下标中的第一、二个字母表明行为人的身份,第三、四个字母表明活动内容,积分号针对活动内容。若下标只有三个字母,表明该产品来自本国,显示来源地的标识被省略了。同理,w_{ri} 和 U_{ri} 分别代表大国劳动者获得的工资收入(名义收入)和效用水平(实际收入)。p_{ri} 和 p_{sj} 分别表示不同国家产品的生产价格,p_{rR} 为大国的土地租金价格。T 和 t 分别为商品在国家之间和在大国国内的贸易成本系数(小国的国内交易成本系数我们可假设为 t_0)。λ 表示在大国生产的产品种类数的比重,$1 - \lambda$ 为在小国生产的产品种类数的比重,n 为系统的内生变量,它表示经济系统中产品种类的总数。γ 为消费者在制造产品中的消费支出比重,它反映了消费者对制造品的偏爱程度。$1 - \gamma$ 为消费者对土地消费的支出比重,它反映消费者对土地的偏好程度,也间接反映了发生人口拥挤效应的强度。ρ 为消费者对产品多样性和差异化的偏好程度,ρ 值越小,意味着消费者对差异化产品的消费愿望越强烈。

生产部门中有三种投入要素,其一为劳动力,其二为系列中间品,其三为土地。对于任何产品的生产,除投入劳动力和土地之外,还必须投入多样化的中间品。对于中间品的处理方法是,我们参照藤田等(1999)的做法,简单地假设制造业将各种产品(包括自身)作为其中间投入品,消费者所需的各种产品同时又是企业所需的投入品,各种产品之间实际上存在相互投入的关系。假定 i 产品生产企业的生产函数、成本函数和预算约束条件分别为:

$$\max q_{ri} = \left(\left[\int_0^{\lambda n} \left(\frac{X_{rii}}{t} \right)^{\varphi} \mathrm{d}i + \int_0^{(1-\lambda)n} \left(\frac{X_{risj}}{T} \right)^{\varphi} \mathrm{d}j \right]^{\frac{1}{\varphi}} \right)^{\delta} l_{ri}^{1-\delta-\theta} H_{riR}^{\theta}, \ \lambda \in [0,1], \ \delta,$$

$\theta, \varphi \in (0,1)$

$st. \ p_{ri}q_{ri} = \lambda n p_{ri} X_{rii} + (1 - \lambda) n p_{sj} X_{risj} + w_{ri} l_{ri} + p_{rR} H_{riR}$

$C_{ri} = (F + cq_{ri}) P_r, F > 0, c > 0$

式中,q_{ri} 为大国生产的产品 i 的产量,X_{rii} 和 X_{risj} 分别是生产企业对本国生产的中间产品 i 的需求量和对小国生产的中间产品 j 的需求量,l_{ri} 为生产产品时的劳动力投入量,H_{riR} 为生产企业对土地的需求数量。参数 δ 为产品制造成本中中间产品的支出比重,该参数反映了各种产品生产之间的产业关联程度。参数 θ 为生产企业在土地消费中的支出比重。相应地,我们假设小国的土地和中间产品对产量的贡献系数分别是 η 和 χ。参数 φ 表示生产企业在技术上对中间产品多样性的偏好程度。φ 值越小,生产企业对中间产品的多样化需求越强烈。这意味着生产企业工艺复杂程度越高,对总产出的影响越大。

企业层次上的产品生产具有规模报酬递增的属性。式中,$F + cq_{ri}$ 表示 r 国企业的要素投入数量，其中 F 为固定投入，c 为边际投入，q_{ri} 为生产量。小国生产企业的成本函数假定为：$C_{sj} = (f + cq_{sj})P_s$。通常，$F$ 或 f 值越大，意味着单位产品分摊的固定成本越多，但是，若企业产量发生了增加，单位产品的平均成本会降低，故 $F + cq_{ri}$ 或 $f + cq_{sj}$ 反映了厂商层次上的规模报酬递增。P_r 为 r 国的投入要素价格指数，它是模型的内生变量，所反映的是土地、系列中间产品和劳动的指数加权平均价格。由于制造产品既是消费品，又是中间投入品，因此，i 产品生产企业面临的总需求就是全体居民的消费需求与所有生产企业对该产品的投入需求之和。

运用消费者效用最大化条件、企业的收入最大化和零利润条件，要素市场和产品市场的出清条件、人口方程、土地方程、贸易平衡条件，可求得如下方程组：

$$
\begin{cases}
\left(\dfrac{w_{ri}}{P_r}\right)^{1-\frac{\delta}{\varphi}}\left(\dfrac{\theta}{1-\delta-\theta}+1-\gamma\right)^{\theta} = \left(\dfrac{1-\rho}{\lambda F}\right)^{\frac{\delta}{\varphi}-\delta}\left[(1-\lambda)\left(\dfrac{P_r t}{P_s T}\right)^{\frac{\varphi}{1-\varphi}}+\lambda\right]^{\frac{\delta}{\varphi}-\delta} \\[3mm]
\qquad \dfrac{(1-\delta-\theta)^{1-\frac{\delta}{\varphi}-\theta}}{\left(\dfrac{\rho}{c}\right)^{1-\delta}\left(\dfrac{t}{\delta}\right)^{\delta}}\dfrac{(\theta\gamma R_r)^{\theta}}{L_r^{\theta-\frac{\delta}{\varphi}+\delta}} \\[5mm]
\left(\dfrac{w_{sj}}{P_s}\right)^{1-\frac{\chi}{\varphi}}\left(\dfrac{\eta}{1-\chi-\eta}+1-\gamma\right)^{\eta} = \left(\dfrac{1-\rho}{(1-\lambda)f}\right)^{\frac{\chi}{\varphi}-\chi}\left(\lambda\left(\dfrac{P_s t_0}{P_r T}\right)^{\frac{\varphi}{1-\varphi}}+1-\lambda\right)^{\frac{\chi}{\varphi}-\chi} \\[3mm]
\qquad \dfrac{(1-\chi-\eta)^{1-\eta-\frac{\chi}{\varphi}}(\eta\gamma R_s)^{\eta}}{\left(\dfrac{\rho}{c}\right)^{1-\chi}\left(\dfrac{t_0}{\chi}\right)^{\chi}L_s^{\eta-\frac{\chi}{\varphi}+\chi}} \\[5mm]
\dfrac{L_r w_{ri}}{(1-\delta-\theta)\lambda F P_r} = \dfrac{L_s w_{sj}}{(1-\chi-\eta)(1-\lambda)f P_s} \\[4mm]
\dfrac{(1-\delta)(1-\chi-\eta)L_r w_{ri}}{\dfrac{\lambda}{1-\lambda}\left(\dfrac{P_s T}{P_r t}\right)^{\frac{\rho}{(1-\rho)}}+1} + \dfrac{\delta(1-\chi-\eta)L_r w_{ri}}{\dfrac{\lambda}{1-\lambda}\left(\dfrac{P_s T}{P_r t}\right)^{\frac{\varphi}{1-\varphi}}+1} = \\[4mm]
\qquad \dfrac{(1-\chi)(1-\delta-\theta)L_s w_{sj}}{\dfrac{1-\lambda}{\lambda}\left(\dfrac{P_r T}{P_s t_0}\right)^{\frac{\rho}{(1-\rho)}}+1} + \dfrac{\chi(1-\delta-\theta)L_s w_{sj}}{\dfrac{1-\lambda}{\lambda}\left(\dfrac{P_r T}{P_s t_0}\right)^{\frac{\varphi}{1-\varphi}}+1}
\end{cases}
\tag{1}
$$

方程组（1）共有 4 个方程 5 个未知数（P_r、P_s、w_{ri}、w_{sj}、λ）。我们选取 $\dfrac{P_{sR}}{P_{rR}}$ 作为一般等价指标，令 $\dfrac{P_s}{P_r}=P$、$\dfrac{w_{ri}}{P_r}=w_1$、$\dfrac{w_{sj}}{P_r}=w_2$，代入上述方程组，可减少 1 个未知数。解上述方程组可求得 4 个未知数的解。各国代表性消费者的人均实际收入（以效用测量）为：

$$\begin{cases} U_r = \left(\dfrac{1-\rho}{\lambda F}\right)^{\frac{\gamma}{\rho}-\gamma} \dfrac{1-\delta}{L_r} \left(\dfrac{\rho}{ct}\right)^{\gamma} \left(\dfrac{L_r w_1}{1-\delta-\theta}\right)^{\frac{\gamma}{\rho}} \left[(1-\lambda)\left(\dfrac{t}{PT}\right)^{\frac{\rho}{1-\rho}}+\lambda\right]^{\frac{\gamma}{\rho}-\gamma} \\ \qquad \left(\dfrac{(1-\gamma)R_r}{\theta+(1-\delta-\theta)(1-\gamma)}\right)^{1-\gamma} \\ U_s = \left(\dfrac{\rho}{ct_0}\right)^{\gamma} \dfrac{1-\chi}{L_s} \left[\left(\lambda\left(\dfrac{Pt_0}{T}\right)^{\frac{\rho}{1-\rho}}+1-\lambda\right)\dfrac{(1-\rho)}{(1-\lambda)f}\right]^{\frac{\gamma}{\rho}-\gamma} \left(\dfrac{L_s w_2}{(1-\chi-\eta)P}\right)^{\frac{\gamma}{\rho}} \\ \qquad \left(\dfrac{(1-\gamma)R_s}{\eta+(1-\chi-\eta)(1-\gamma)}\right)^{1-\gamma} \end{cases} \quad (2)$$

将方程组（1）求得的 P、w_1、w_2 和 λ 值代入式（2）可分别求得大国和小国的人均真实收入水平 U_{ri} 和 U_{sj}。

▷▷ 三、大国效应存在性的证明

本节从大国的纯自然特征出发，对大国效应的存在性进行证明。由于一般均衡的价格体系同时被决定，我们无法单独求出某一特定商品的代数解，故只能采用数值模拟方法求解。

（一）人口规模对国家之间收入差距的影响

假定：$L_s = 4500$，$F = f = 10$，$c = 0.8$，$\gamma = 0.91$，$\rho = 0.73$，$\varphi = 0.71$，$\delta = \chi = 0.15$，$\theta = \eta = 0.07$，$R_r = R_s = 1800$，$t = t_0 = 1.15$，$T = 1.53$，以上各参数均保持不变，只有大国的人口规模保持可变，数值模拟结果如下：

表1　人口规模对一般均衡的影响

参数		封闭经济		开放经济					
L_r	R_r/L_r	$U_{ri}^{T\to+\infty}$	$U_{sj}^{T\to+\infty}$	U_{ri}	U_{sj}	λ	P_s/P_r	w_{sj}/w_{ri}	p_{sR}/p_{rR}
4500	0.4000	2.8191	2.8191	3.3312	3.3312	0.5000	1.0000	1.0000	1.0000
9000	0.2000	3.3127	2.8191	3.6847	3.6309	0.6587	0.9505	0.9849	0.4924
13500	0.1333	3.6405	2.8191	3.9457	3.8735	0.7391	0.9245	0.7391	0.9788
18000	0.1000	3.8927	2.8191	4.1563	4.0843	0.7881	0.9078	0.9766	0.2441
27000	0.0667	4.2780	2.8191	4.4907	4.4472	0.8449	0.8869	0.9769	0.1628
35360	0.0509	4.5552	2.8191	4.7386	4.7386	0.8753	0.8749	0.9797	0.1247
36000	0.0500	4.5743	2.8191	4.7559	4.7596	0.8771	0.8741	0.9799	0.1225
45000	0.0400	4.8181	2.8191	4.9782	5.0381	0.8979	0.8653	0.9840	0.0984
54000	0.0333	5.0270	2.8191	5.1711	5.2918	0.9125	0.8589	0.9884	0.0824

由表1可知，大国人口规模对大国人均实际收入优势的影响是一个倒U形关系。在大国与小国在其他条件都完全相同并保持恒定的前提下，如果大国的人口规模正好与小国相等，两个国家的人均实际收入相等。当大国人口规模较大［处于（4500，35360）这一区间］时，大国的人均实际收入会超过小国。但是，如果大国人口规模超过临界值35360，大国将丧失其优势，其人均真实收入降到小国之下。这一结果表明，大国效应是存在的，但仅仅当其人口规模正好处于某一适度偏大的区间时，大国效应才会出现。当大国人口规模达到临界值，其优势突然消失的原因是，大国人口规模扩大导致其人均土地占有量减少，地租率大幅度上涨（见表1中最右1列），于是企业生产成本和居民生活成本上升，大国最终将因其人口密度过大和人均土地占有量减少而陷入劣势。

（二）国土面积对国家之间收入差距的影响

假定：$L_r = 9000$，$L_s = 4500$，$R_s = 1800$，其他参数的取值均与表1相同，除 R_r 之外，所有参数的取值均保持不变。我们将大国的土地面积设为可变量，以此区分国家的规模。其数值模拟结果是：

表2　大国土地面积对一般均衡的影响

参数	封闭经济		开放经济					
R_r	$U_{ri}^{T\to+\infty}$	$U_{sj}^{T\to+\infty}$	U_{ri}	U_{sj}	λ	P_s/P_r	w_{sj}/w_{ri}	p_{sR}/p_{rR}
1300	3.1033	2.8191	3.4591	3.6156	0.6525	0.9525	1.0146	0.3664
1400	3.1498	2.8191	3.5092	3.6190	0.6539	0.9521	1.0077	0.3919
1500	3.1937	2.8191	3.5566	3.6223	0.6552	0.9516	1.0014	0.4173
1600	3.2353	2.8191	3.6014	3.6253	0.6565	0.9512	0.9955	0.4425
1659.5	3.2591	2.8191	3.6270	3.6270	0.6572	0.9510	0.9922	0.4574
1700	3.2749	2.8191	3.6440	3.6282	0.6576	0.9509	0.9900	0.4675
1800	3.3127	2.8191	3.6847	3.6309	0.6587	0.9505	0.9849	0.4924
1900	3.3488	2.8191	3.7236	3.6335	0.6598	0.9502	0.9800	0.5172
2000	3.3834	2.8191	3.7609	3.6359	0.6607	0.9499	0.9754	0.5419

大国特征除表现为人口众多之外，亦体现为面积庞大。国家土地面积较大，意味着该国人均土地占有量较大。表2的结果表明，在其他参数保持对称且不变，但大国拥有人口规模优势的前提下，若大国的土地面积较少（$R_r < 1659.5$）时，其人均真实收入将较低。若大国的土地面积较多（$R_r > 1659.5$），其人均土地占有量亦将较大，这时，大国的土地租金率会较低，这

时，大国的人均真实收入将高于小国。可见，在其他条件不变的前提下，大国人均实际收入优势与它的土地面积优势存在正向关系。

大国的初始自然特征是人口规模和土地资源规模，我们证明了这两大初始自然特征可以衍生出大国优势。在某一适度偏大的人口规模的区间内，大国效应将会出现。当其土地面积和资源量超出某一临界值，大国效应也会出现。如果大国的土地面积非常大，它就可以容纳更多的劳动人口，于是就会生产出更多种类的产品，大国土地资源优势将强化其人口优势。因此，人口规模和土地面积同时都很大的国家，更可以称得上真正的大国，这些国家的"大国效应"将更少地遭受"拥挤效应"的负面影响。

四、大国效应存在条件的分析

从前文可知，当大国人口规模处于某一适度偏大的合理区间，或者大国拥有较大的土地面积和资源储量时，大国的人均真实收入会显著高于小国。然而，大国效应亦并非必然发生。从表1中，我们可以看出，即使在 $L_r \in$（4500，35360）这一区间，大国效应确实出现了，但它仍依赖于其他参数值的假定。若其他参数的取值发生变化，大国效应或不能维持。本节我们假定，除人口规模之外，大国与小国所面临的所有其他条件仍完全相同。在此条件下，我们研究大国在人口规模上的优势会通过何种渠道传递和反映到两个国家之间的人均实际收入差距上面。

（一）国际运输成本对收入差距的影响

假定：$L_r = 9000$，$L_s = 4500$，$F = f = 10$，$c = 0.8$，$\gamma = 0.91$，$\rho = 0.73$，$\varphi = 0.71$，$\delta = \chi = 0.15$，$\theta = \eta = 0.07$，$R_r = R_s = 1800$，$t = t_0 = 1.15$，以上各参数均保持不变，唯国家之间贸易成本或运输成本系数保持变化。现将数值模拟结果报告如表3。

表3　国际运输成本对一般均衡的影响

参数	封闭经济		开放经济							
T	$U_{ri}^{T \to +\infty}$	$U_{sj}^{T \to +\infty}$	U_{ri}	U_{sj}	λ	$\dfrac{P_s}{P_r}$	$\dfrac{w_{sj}}{w_{ri}}$	$\dfrac{p_{sR}}{p_{rR}}$	DM_r	DM_s
1.23	3.3127	2.8191	3.9001	4.2163	0.6552	0.9858	1.0375	0.5187	0.7007	0.4116
1.29	3.3127	2.8191	3.8465	4.0620	0.6561	0.9768	1.0239	0.5120	0.7319	0.4595
1.35	3.3127	2.8191	3.7988	3.9296	0.6569	0.9689	1.0121	0.5061	0.7600	0.5057
1.41	3.3127	2.8191	3.7564	3.8156	0.6576	0.9619	1.0018	0.5009	0.7852	0.5493

续表

参数	封闭经济		开放经济							
T	$U_{ri}^{T\to+\infty}$	$U_{sj}^{T\to+\infty}$	U_{ri}	U_{sj}	λ	$\dfrac{P_s}{P_r}$	$\dfrac{w_{sj}}{w_{ri}}$	$\dfrac{p_{sR}}{p_{rR}}$	DM_r	DM_s
1.4682	3.3127	2.8191	3.7196	3.7196	0.6582	0.9560	0.9931	0.4965	0.8070	0.5890
1.53	3.3127	2.8191	3.6847	3.6309	0.6587	0.9505	0.9849	0.4924	0.8276	0.6281
1.62	3.3127	2.8191	3.6404	3.5216	0.6595	0.9437	0.9746	0.4873	0.8535	0.6791
1.75	3.3127	2.8191	3.5877	3.3964	0.6603	0.9357	0.9627	0.4814	0.8835	0.7410
1.87	3.3127	2.8191	3.5484	3.3063	0.6609	0.9298	0.9540	0.4770	0.9051	0.7872
1.98	3.3127	2.8191	3.5186	3.2398	0.6614	0.9255	0.9476	0.4738	0.9209	0.8216
$+\infty$	3.3127	2.8191	3.3127	2.8191					1	1

注：DM_r 表示 r 国国内市场对该市场潜力的贡献比重。

表 3 反映了国家之间的运输成本系数对贸易均衡和各国人均实际收入的影响：①在 $T>1.4682$ 的情况下，大国的人均真实收入高于小国，当 T 值趋近于无穷大（阻隔性的运输成本）的时候，两国回到自给自足的生产模式，它们之间的收入差距达到最大化。如果 T 值下降到 1.4862 之下，大国效应会消失，小国的人均真实收入会超过大国。运输成本下降导致大国丧失优势的原因是由于国际运输成本的下降使得运输成本在总成本中所占的份额变得不再重要。②运输成本的下降会显著增加两个国家之间的贸易额度，国际贸易又会使所有参与国家都同时从贸易中获利（郭熙保和罗知，2008；徐现祥和李郁，2005），但小国从中获得的利益更多。数据显示，国际贸易同时提高了两个国家的人均真实收入，但是，随着运输成本下降，小国与大国的收入差距会逐渐缩小，甚至超出大国。这表明大国效应会通过国际贸易向小国扩散。发生这种现象的原因之一是，大国拥有较大的国内市场，其本国市场对经济发展的贡献明显高于小国，其外贸依存度较低，因而，大国更能从本国市场中获得好处。但是，如果运输成本下降，两个国家的对外贸易额就会显著增加，这使它们可以部分地摆脱对本国市场的依赖，但小国的外贸额度在总产出的比例会增长得更快（参见表 3 中最左边的两列数据）。于是，从贸易中获得了更多利益的小国的人均真实收入就超过了大国。因此，我们认为，国家之间贸易成本或运输成本较高是大国效应出现的一个重要条件，如果贸易成本下降，大国效应就会减弱或消失。

（二）其他对称参数对一般均衡的影响

假设 $T = 1.4682$，其他外生参数与表 3 相同，但是，我们在每一次模拟中假定有一组涉及大国和小国的对称参数同时同比例发生变化，其他参数仍保持不变。在表 4 中，每一奇数序列是设定的外生参数值，相邻的偶数序列是与之对应的内生数值模拟结果。

表 4　对称参数同时发生变化对收入差距的影响

国内运输成本对均衡的影响		消费者偏好多样化对均衡的影响		生产者的多样化偏好对均衡的影响		工业化程度对均衡的影响		非农产业化对均衡的影响		非住房消费品的支出比重对均衡的影响	
t, t_0	U_s/U_r	ρ	U_s/U_r	φ	U_s/U_r	δ, χ	U_s/U_r	θ, η	U_s/U_r	γ	U_s/U_r
1.05	0.9696	0.58	0.9956	0.56	0.9990	0.05	1.0079	0.01	0.9484	0.78	1.1041
1.09	0.9813	0.65	0.9961	0.62	0.9992	0.09	1.0050	0.03	0.9653	0.83	1.0628
1.12	0.9905	0.69	0.9974	0.67	0.9996	0.12	1.0026	0.05	0.9825	0.87	1.0309
1.14	0.9968	0.72	0.9992	0.70	0.9999	0.14	1.0009	0.06	0.9912	0.90	1.0076
1.15	1	0.73	1	0.71	1	0.15	1	0.07	1	0.91	1
1.16	1.0032	0.74	1.0009	0.72	1.0001	0.16	0.9991	0.08	1.0089	0.92	0.9924
1.18	1.0099	0.78	1.0056	0.75	1.0007	0.18	0.9972	0.11	1.0360	0.93	0.9849
1.21	1.0201	0.82	1.0130	0.80	1.0022	0.21	0.9942	0.14	1.0638	0.95	0.9700
1.25	1.0342	0.87	1.0277	0.85	1.0049	0.25	0.9896	0.17	1.0925	0.98	0.9481

表 4 显示，除了国际贸易成本之外，还有许多其他因素影响着大国效应是否出现和发挥的程度。首先，各国国内市场的完善程度（国内市场交易成本的高低）对于大国效应的强弱具有重要影响。在大国在人口规模上拥有优势的前提下，即便两国面临的所有其他条件都完全相同，但是，如果两国国内市场的交易成本 t 和 t_0 同时都很高，则大国效应不会出现，因为国内交易成本的上升使大国从国际运输成本中获利的空间被压缩，同时，大国在人均土地占有量上处于劣势，而小国拥有人均土地占有量较多的优势。两者相互抵消后，大国效应减弱或消失。其次，消费者和生产者对产品的多样化或差

异化偏好对于大国效应是否出现具有一定影响。当其产品多样化偏好程度较低（ρ 和 φ 值较大）的时候，大国效应不会出现，这主要是因为较大的 ρ 和 φ 值常常意味着较小的产品种类数和较低的分工程度，分工的退化总是使大市场受损，而只有发达的分工才能更好地被较大的本国市场所利用。最后，工业化、非农产业化和生产消费活动对土地资源依赖程度的降低都会深刻地影响大国效应的发挥和强弱。δ 和 χ 表示的是生产企业对于中间产品投入的支出比重，它反映了生产活动对于物质资本的依赖程度。当 δ 和 χ 增大时，意味着经济结构正在从劳动密集型产业向资本密集型产业转型。θ 和 η 表示的是在总的生产支出中，土地支出所占的比重，它反映了生产活动对于土地资源的依赖程度。当 θ 和 η 变小时，意味着经济结构从土地密集型的农业向非农产业转型。所有这些变化都会增强或减弱大国效应的程度。

由本节分析可知，随着历史向前推进，各国市场化、商品多样化、工业化和非农产业化的程度都在显著提升，经济活动对土地资源的依赖程度在显著地下降，这将有利于大国从这些社会转型中获得更多的好处。另一方面，以上各种社会进步通常又伴随着国际运输费用和贸易成本的下降，这又将有利于各个国家之间开展更多的贸易活动。考虑到小国从国际贸易中获得的好处更多，于是大国在这种贸易开放中又极有可能逐步丧失其优势。这两种相反的趋势孰强孰弱是不确定的，因此，大国效应能否在经济进步中得到维持还有赖于一些其他条件能否得到满足。

五、制约大国效应发挥作用的非对称因素

前文证明了大国效应的存在性及其存在的条件。我们的研究表明，即便大国与小国所面临的其他条件都完全相同，但只要大国在人口规模或土地面积上存在一定的优势，大国效应仍有可能出现。本节放开前文的对称条件，引入多组非对称性。我们的处理方法是：仍假设大国在人口规模上拥有较大的优势，其他条件与表 3 的参数设定完全相同，然后，在每一个表中选择一个单一外生参数，令其发生变化，观测该参数对两国人均真实收入的影响。

（一）国内交易成本对一般均衡的影响

假设：$T = 1.53$，$t_0 = 1.15$，其他参数的取值均与表 3 相同，且保持不变，令 t 发生变化，数值模拟结果如下：

表5　国内运输成本对一般均衡的影响

参数	人均真实收入		产品种类数				价格变量		
t	U_{ri}	U_{sj}	λ	n	λn	$(1-\lambda)n$	p_s/P_r	w_s/w_r	p_{sR}/P_{rR}
1.09	3.8878	3.5926	0.6611	350.98	232.04	118.94	0.9268	0.9501	0.4751
1.13	3.7498	3.6182	0.6595	349.75	230.67	119.08	0.9427	0.9734	0.4867
1.15	3.6847	3.6309	0.6587	349.16	230	119.15	0.9505	0.9849	0.4924
1.16	3.6531	3.6372	0.6584	348.87	229.68	119.19	0.9544	0.9906	0.4953
1.1642	3.6399	3.6399	0.6582	348.74	229.54	119.2	0.9560	0.9930	0.4965
1.17	3.6221	3.6435	0.6580	348.58	229.35	119.22	0.9583	0.9963	0.4981
1.19	3.5617	3.6561	0.6572	348.01	228.72	119.29	0.9659	1.0076	0.5038
1.21	3.5036	3.6686	0.6565	347.46	228.1	119.36	0.9735	1.0188	0.5094
1.25	3.3934	3.6934	0.6550	346.4	226.9	119.5	0.9884	1.0411	0.5206

表5显示，各国国内市场的运输成本（将其理解为"交易成本"更准确）对于贸易均衡和各国人均收入具有重要的影响。当大国国内运输成本系数不太高时（$t<1.16422$），大国可凭借其在人口规模上的优势获得大国效应。但是，当大国国内市场交易成本系数增加到某一特定值之上时（$t>1.16422$），大国效应就会消失，于是，大国人均真实收入下降到小国之下。国内市场交易成本系数的大小在相当程度上反映了国内市场的发育程度。各国国内各区域之间的贸易障碍、不同国家在制度和文化上的差异（陈昆亭和周炎，2008；刘尚希等，2015）、产权边界不清晰和信息不完全、信任规则的缺失、地方保护主义倾向、交通设施的密度和运输工具的使用都可能对国内运输成本系数的大小产生重要影响。很显然，大国有时会有较高的国内运输成本和交易成本系数，这可能会导致这些国家的市场发育程度较低，这一点可以解释"为什么有些大国会变得非常贫穷"。表5的数据还表明，即便大国国内的运输成本系数高于小国，但只要不超过某一特定值，大国仍可凭借其大国特征获得较高的人均真实收入。一个有趣的现象是，随着大国国内交易成本的下降和市场条件的改善，大国的人均真实收入会显著上升，而小国的人均真实收入则有轻微下降。这是因为小国的一部分经济活动转移到了大国。这是最经典的产业集聚：一个国家的产业向另一国转移和集聚。经济活动总是会倾向于向着市场机制发育比较完善和持续改善的地区转移和集聚。

范和斯科特（Fan & Scott, 2003）提出，市场改善和本地交易成本降低导致其他地区的产业向该地区集聚的重要原因，本文模型以数学方式有力地证明了这一观点。

（二）资源依赖强度对一般均衡的影响

假定：$T = 1.85$，$t = t_0 = 1.15$，$\eta = 0.07$，其他参数与表 3 相同，除 θ 之外的所有参数都保持不变，数值模拟结果如下：

表6　资源依赖强度对一般均衡的影响

参数	人均真实收入		产品种类数				价格变量		
θ	U_{ri}	U_{sj}	λ	n	λn	$(1-\lambda)n$	P_s/P_r	w_s/w_r	p_{sR}/p_{rR}
0.055	3.7456	3.3314	0.6686	354.23	236.84	117.39	0.9273	0.9018	0.5092
0.065	3.6160	3.3237	0.6634	348.58	231.25	117.33	0.9296	0.9373	0.4875
0.075	3.4949	3.3162	0.6583	343.21	225.94	117.27	0.9318	0.9737	0.4685
0.085	3.3810	3.3090	0.6532	338.06	220.82	117.24	0.9341	1.0111	0.4518
0.0921	3.3041	3.3041	0.6497	334.53	217.34	117.19	0.9356	1.0384	0.4412
0.095	3.2734	3.3021	0.6482	333.11	215.92	117.19	0.9362	1.0498	0.4371
0.105	3.1713	3.2953	0.6433	328.33	211.21	117.12	0.9384	1.0897	0.4241
0.115	3.0740	3.2886	0.6383	323.71	206.62	117.09	0.9406	1.1312	0.4125
0.135	2.8924	3.2758	0.6284	314.88	197.87	116.99	0.9448	1.2188	0.3929

θ 和 η 反映了土地生产力的大小或土地对企业生产的贡献，但它同时也反映了企业之间的拥挤效应。当 θ 值较小时，大国土地对企业生产的贡献较小，企业对土地的需求较小，从而土地的租金率较低，于是，大国在有限的土地上就能容纳较多的企业数目，由此，大国可以获得更强的竞争优势。值得注意的是，如果将 θ 和 η 结合在一起看，两者的差异实际上也隐含地反映了两国经济结构的差异。如果 $\theta > \eta$，意味着大国的非农产业化程度较之小国较低；如果 θ 值变小，则意味着大国的经济结构正在从土地密集型的农业向劳动密集型的非农产业转型。由表 6 可知，在 $\theta > 0.0921$ 的情况下，大国因非农产业化程度较低而落后于小国。但是，当该值下降到 $\theta < 0.0921$ 时，大国经济结构就开始从农业向非农产业转型，其经济活动对于土地的依赖性大为降低，于是，其人均真实收入终于超过小国。该结果表明，一个国家的经

济结构对于该国经济发展具有重要影响。若一国经济对土地的依赖性过高，其经济结构一定是以农业为主，那么，该国经济发展程度必受土地数量的制约，尤其是在那些土地不足而又人口过多的国家。这些国家的经济结构必须向非农产业转型，大力发展工商业经济，才能摆脱资源瓶颈的限制，否则就会陷入贫穷陷阱。由此可见，一个国家的非农产业化程度与该国收入水平可能呈现正相关关系。较低的非农产业化水平必然制约大国经济的发展，使大国效应难以正常发挥作用。

（三）工业化程度对一般均衡的影响

假定：$T = 1.85$，$\chi = 0.15$，$\eta = 0.07$，$t = t_0 = 1.15$，令外生参数 δ 和 θ 保持可变，但 $\delta + \theta = 0.23$，数值模拟结果见表7。

表7　工业化程度对一般均衡的影响

参数		人均真实收入		产品种类数			价格变量		
δ	θ	U_{ri}	U_{sj}	λ	λn	$(1-\lambda)n$	P_s/P_r	w_s/w_r	p_{sR}/p_{rR}
0.09	0.14	2.8689	3.2575	0.6147	186.41	116.86	0.9497	1.2062	0.3988
0.11	0.12	3.0136	3.2727	0.6266	196.31	116.97	0.9449	1.1407	0.4170
0.12	0.11	3.1011	3.2814	0.6333	202.08	117.03	0.9422	1.1056	0.4267
0.13	0.10	3.1999	3.2909	0.6403	208.47	117.1	0.9393	1.0690	0.4370
0.13906	0.09094	3.3003	3.3003	0.6471	214.84	117.17	0.9366	1.0348	0.4469
0.14	0.09	3.3113	3.3013	0.6478	215.53	117.17	0.9363	1.0312	0.4480
0.15	0.08	3.4371	3.3126	0.6558	223.35	117.25	0.9330	0.9923	0.4599
0.16	0.07	3.5793	3.3250	0.6641	232.03	117.34	0.9294	0.9523	0.4731
0.18	0.05	3.9247	3.3533	0.6823	252.44	117.54	0.9217	0.8694	0.5043

δ 值增大而 θ 值下降反映了大国经济结构正在从土地密集型的农业社会向资本密集型的工业社会转型。通常，工业化水平越高，生产过程对资源和土地的依赖程度就越低。表7显示，当 $\delta < 0.13906$ 和 $\theta > 0.09094$ 时，大国的工业化程度较低，该国可能仍滞留于农业社会，于是，该大国的人均真实收入远低于小国。随着 δ 值上升，经济结构从农业向工业化转型，大国的人均真实收入快速超过小国。一个值得注意的现象是，当 δ 值上升而 θ 值下降之时，大国的地租率相对于小国显著下降，这表明土地对生产的贡献越来越小，而中间产品所发挥的作用变得越来越大。

中间产品的贡献大小在一定程度上也反映了产业关联的程度。当产业关联程度较高时，意味着生产的迂回程度和纵向分工的水平也较高，较高的迂回生产代表着一种生产力更高的生产方式（Böhm-Bawerk，1899）。当大国内部产业关联的程度和工业化水平得以提升的时候，大国经济自然会得到较好的发展。因此，工业化与经济发展具有正相关关系。当欧洲发生工业革命的时候，原本非常富裕的中国和印度没有及时实现其经济结构从农业向工业化转型，这可能是这两个国家在近代落后于欧洲的重要原因之一。

▶ 六、大国效应的经验研究

本文理论模型得出的结论支持了大国效应的存在性，但同时表明大国经济发展也会受诸多条件的限制。如果各个条件不能满足，大国变成穷国仍然是有可能发生的。在当前全球经济中，确实有许多大而贫穷的国家，甚至给人感觉到国家的庞大和贫穷是相伴而生的。但这种直观解释与严谨的分析相去甚远。本节运用动态面板数据对上文提出的假说进行检验。根据本文理论模型推导出来的理论假说，将计量模型的形式设定为：

$$DGDP_{it} = \gamma DGDP_{i,t-1} + \beta_1 POP_{it} + \beta_2 ENERG_{it} + \sum_{j=1}^{n} \varphi_j X_{j,it} + \alpha_i + \varepsilon_{it} \tag{3}$$

其中，i 表示国家或地区，t 为时间，α_i 为不可观察的地区效应，ε_{it} 为随机扰动。

模型中被解释变量是各国人均真实收入的差距（DGDP）。本文我们采用按 1990 年购买力平价计算的各国人均 GDP 对当年全球均值的偏离幅度测量收入差距，其计算方法是各国人均 GDP 除以当年全球人均 GDP。考虑到不同年份人均 GDP 的基数不同，我们认为直接用离差测量国家之间的收入差距有可能夸大基数较大的年份的收入差距，采用偏离幅度测量有利于消除时间和基数对离差产生的影响。

解释变量 POP 是各国当年人口数量占当年全球总人口的份额，该指标主要考察人口在全球的分布，不再包含由时间所引起的人口增长。该变量是本文的核心解释变量。由于各国 GDP 主要是由劳动参与人员在劳动中所产生的，而一国之国内需求又主要由劳动者的工资收入所决定。因此，无论是从供给方面考虑，还是从需求方面考虑，各国 GDP 都有可能与该国劳动者数量有正相关关系。

解释变量 ENERG 和 LAND 反映的是各国人均资源和土地占有量的差异。LAND 是指各国人均土地面积对当年全球均值的偏离幅度，ENERG 是指各国人均能源产量对当年全球均值的偏离。由于许多国家的土地中包含了沙漠、戈壁、丛林、高海拔的山地和高原，这些区域不太适合人类生活和工业生产，因此，我们认为，*LAND* 指标虽然客观，但并不完美，它无法真实地反映土地上的可用资源量。有些学者主张采用单位土地上的资源储量来衡量各国资源差异，但资源储量也不是一个容易被精确测量的指标。另一方面，从经济学上考察，资源储量并没有真实地反映资源开采的难度和开采成本。我们认为，仅仅被开采出来的资源会通过投入产出联系影响实体经济。从市场竞争的角度考察，各国资源被开采的程度将均衡于边际收益与边际边本相等的那一点，那些在某一特定阶段没有被开采的资源可能恰巧反映了其边际开采成本过高这一典型事实。因此，各国资源业的产量和产值可以较好地反映各国资源禀赋的差异，我们采用 *ENERG* 测量各国资源差异。

　　X 表示控制变量，根据理论模型得出的结论，存在多种因素可能加强或削弱大国效应发挥作用的程度，我们选择 5 个控制变量来反映大国效应的制约因素。由于一国人均土地或人均资源的占有量会随着其人口规模的扩大而降低，人口规模的扩大会带来拥挤效应，导致该国人均真实收入水平下降，因此，我们选择人口密度的平方对均值的偏离（*DENSQ*）作为第 1 个控制变量。由于一国人口规模和工业规模扩大会给该国带来环境压力，从而导致该国人均收入下降，我们选择各国城市每立方悬浮颗粒物的浓度对均值的偏离幅度（*DUST*）作为替补的控制变量。由于经济结构对资源的依赖强度对一国人均真实收入具有重要影响，因此我们选择各国非农产业人口占该国全部人口的比率对均值的偏离幅度衡量非农产业化程度或经济结构（*STRUCT*）作为第 2 个控制变量。各国贸易开放可以使所有参与国同时获利，但小国的贸易开放度和贸易依存度通常较高，于是，小国从贸易中获利更多。我们选择各国货物和服务出口占 GDP 的比重对均值的偏离幅度（*EX*）反映贸易开放度作为第 3 个控制变量。各国国内市场的发育程度和交易费用的大小会深刻地影响各国的经济发展水平，因此，我们选择各国每单位 GDP 在道路部门中消耗的能源数量对全球均值的偏离幅度（*ROAD*）衡量交易费用作为第 4 个控制变量。各国当年技术水平对于该国的人均收入也会具有一定的影响，我们选择各国不同年份每单位 GDP 平均所消耗的千克石油当量对全球均值的偏离幅度（*TECH*）测量技术水平作为第 5 个控制变量。

　　本文原始数据来源于世界银行。我们使用从 1994 年到 2011 年 91 个国家的面板数据，对样本进行选择的依据是完全遵循数据的可得性，没有渗入任何个人的主观性。91 个样本国家涵盖了除南极洲之外的六大洲和各种不同社会制度的国家。不过，由于非洲、拉美和太平洋诸岛屿中有许多国家数据不全，我们无法将其全部纳入。为了保证样本的数量，对于极个别国家的极少量数据缺失，我们采用插值法或由计算进行补充。为了保证可比性，对于涉及 GDP、出口额的数据，我们全部采用可比价和购买力平价进行测量。对于涉及能源的数据，我们采用的单位是标准油当量。

　　通常，各国经济发展都显著地依赖于该国过去的发展水平，为此，我们引入 DGDP 的滞后项。经济系统本质上是一个一般均衡，各变量之间可能存在互为因果的关系，这必然产生联立内生性问题。由于世界银行仅仅提供了有限的数据集，因此，本文模型必然存在遗漏变量问题。还有一些解释变量可能会存在测量误差，这时，解释变量的观测值便可能与回归误差相关。以上联立内生性问题、遗漏变量和测量误差问题都可以通过动态面板 GMM 估计得到减弱。估计结果报告参见表 8。

　　表 8 提供检验残差序列相关的 AR（1）、AR（2）和检验过度识别的统计量及对应的 P 值。从报告结果可以看到，不存在一阶序列相关的原假设在 1% 的显著性水平被拒绝，但不存在二阶序列相关的原假设没有被拒绝，这正是我们希望看到的结果。我们估计的各个模型都是用 69 个工具变量估计 8 个解释变量，产生了多个过度识别矩条件。所有模型的 Hansen test 统计量对应的 P 值都大于 10%，这表明过度识别有效的原假设是正确的，我们选择的工具及滞后阶数是合适的。我们使用一步系统 GMM 估计的结果与两步估计的结果基本上一致，这表明估计结果是稳健的。

　　从表 8 提供的结果看，滞后一期因变量的系数显著为正，且系数达到了 0.95，这表明各国人均 GDP 主要是由历史所决定的，经济发展有其路径依赖特征。除了本文提到的因素外，一个国家的发展还要受已形成的市场潜力、人均资本存量、知识存量和人力资本积累、社会制度、对市场保护的程度和其他"历史存量（historical stock）"（Acemoglu and Zilibotti, 1997）所决定，而这些因素通常都不会在突然之间发生重大变化。因此，各国人均 GDP 都是在前期的基础上有所增长。

表8 动态面板广义矩估计结果

变量	名模型 I		模型 II	
估计方法	one-step system GMM	two-step system GMM	one-step system GMM	two-step system GMM
DGDP（-1）	0.9579745 （92.30）***	0.9570233 （90.18）***	0.9539156 （84.69）***	0.953327 （82.18）***
POP	0.1404207 （2.26）**	0.1385887 （2.45）**	0.1127821 （1.74）*	0.1117283 （2.09）**
LAND			0.0012101 （1.24）	0.0012388 （1.23）
ENERG	0.0000469 （2.16）**	0.0000443 （1.79）*		
STRUCT	0.0501027 （2.70）***	0.054482 （2.89）***	0.0699646 （3.38）***	0.072645 （3.43）***
EX	0.0083687 （3.06）***	0.0084945 （2.85）***	0.0147758 （2.77）***	0.0134977 （2.34）**
ROAD	-0.0220422 （-5.08）***	-0.0213119 （-4.73）***	-0.0257409 （-4.51）***	-0.0244915 （-4.07）***
DENSQ			$-3.75e-06$ （-1.92）*	$-3.07e-06$ （-1.43）
DUST	-0.0219498 （-2.76）***	-0.0223564 （-2.09）**		
TECH	-0.0064044 （-2.08）**	-0.0055863 （-1.69）*	-0.0054152 （-1.76）*	-0.0038242 （-1.09）
_cons	0.0224925 （1.79）*	0.0133067 （0.91）	-0.0223769 （-1.94）*	-0.0301165 （-2.53）**
AR（1）	-2.97 （0.003）	-2.99 （0.003）	-2.97 （0.003）	-2.99 （0.003）
AR（2）	-0.83 （0.405）	-0.82 （0.411）	-0.81 （0.416）	-0.81 （0.419）
Hansen test of overid	69.18 （0.195）	69.18 （0.195）	67.20 （0.244）	67.20 （0.244）
Number of instruments	69	69	69	69
Number of obs	1547	1547	1547	1547
Number of groups	91	91	91	91
Obs per group	17	17	17	17

我们最关注的变量是各国人口占全球比重（POP），该变量在各个模型中均显著为正，这一结果证实了我们在理论模型中所提出的假说，较大的人口规模对于一个国家的人均真实收入具有正向影响，大国凭借其较大的人口规模可以实现其大国效应。各国人均土地占有量的差异（LAND）对人均GDP差异的影响为正，但不显著。LAND虽然较好地衡量了各国人口占有土地的实际状况，但它并没有真实地反映分布于土地上的各种资源。同一面积土地的肥沃程度可能不同，其资源分布也可能不相同，而LAND指标则潜在地假设了土地上的资源是均质分布的。因此，LAND对人均GDP差异的影响不显著似在情理之中。各国人均能源产量对当年全球均值的偏离幅度（ENERG）对于人均GDP差异的影响显著为正，但其贡献不太大。资源禀赋对于人均GDP具有一定的正向影响，但资源诅咒的现象（Acemoglu and Ventura，2002）可能同样存在。资源丰裕的地区可以凭资源就获得较高的回报，但这些地区可能因此而缺乏创新动力。两种影响相互抵消之后，资源禀赋对于经济发展仍有较小的正向贡献。

导致大国优势减弱或消失的因素可能是多种多样的。本文理论模型中提出，贸易开放、人口过度拥挤、国内市场发育不良和交易成本过高、过度依赖土地和自然资源、产业结构低端化、生产技术相对落后等，都有可能导致大国的人均真实收入低于小国。在表8提供的估计结果中，贸易开放度（EX）、各国非农产业人口比重对全球均值的偏离幅度（STRUCT）对各国人均GDP差异的影响显著为正；国内市场交易成本（ROAD）、能源消耗的差异（TECH）、城市颗粒物浓度的差异（DUST）对各国人均GDP差异的影响均显著为负；各国人口密度差异的平方（DENSQ）的一步估计结果显著为负。这些估计结果与在理论模型中的预测均基本一致。

七、研究结论

本文运用现代经济学研究方法，在一般均衡的框架下引入国土面积和人口规模两个大国初始自然特征，对"大国效应"的存在性、"大国效应"发生作用的条件进行研究，并通过引入多个非对称条件对限制大国效应发挥作用的因素进行了剖析，然后我们采用动态面板数据对模型所得出的结论进行检验。本文的基本研究结论如下：

（1）各国的人口规模差异和它们之间的人均实际收入差异呈倒U形关

系。在适度偏大的人口区间内,大国效应是有可能出现的。但是,由于土地和资源的有限,若给定土地面积,当大国人口超过某一临界值时,大国效应就会因为人均土地占有量过少而削弱或消失。在人口规模和其他条件不变的情况下,土地面积和资源储量对于各国人均收入差异具有正向影响。其理由是,充裕的土地面积和资源量可以缓解人口拥挤的压力,使大国能够容纳较大的人口规模。如果一个国家既有较大的国土面积和资源总量,又有较大的人口规模,那么,大国效应在该国出现的概率就会更大。美国有936万平方公里土地,有3亿左右的人口,辽阔的土地和适度人口规模为美国经济持续发展提供了有利条件。中国一直都是世界上人口规模最大的国家,同时也拥有非常大的国土面积和资源量,古代中国曾长期成为最富裕的国家;十七八世纪前后的中国人口规模超过3亿多,人均可耕地数量和农业技术水平不足以支撑如此巨大的人口规模,除制度和技术等因素之外,应该说这也是制约中国经济发展的原因之一。

(2)国家之间的运输成本较高是大国优势和大国效应产生的重要原因。当国际运输成本较高时,大国可凭借较大的国内人口规模和本国市场潜力获得较高的人均收入。如果国家之间的运输成本很高,各个国家之间的贸易将难以发生,世界经济将回到自给自足的封闭状态,大国优势将达到最大化,而小国则可能变得贫穷。如果运输成本下降,各国之间的贸易规模就会扩大,这些国家将同时从贸易中获益,而小国从贸易中获得的利益更多,这将导致各个国家之间的收入差距缩小,于是大国效应趋于减弱或消失。古地中海沿岸的埃及帝国和罗马帝国,地处南亚的印度帝国和位于东方的中华帝国,都曾经是大而繁荣的国家。自十五六世纪大西洋大航运时代以来,国家之间的运输成本显著地降低,于是一些欧洲小国在很短的时间内就走到了高收入国家的前面。反观中国,元朝政府将国际贸易业务收归官办,禁止民间海外贸易,明代实施严厉的禁海法令,清代实施更全面的海禁,于是国际贸易的成本被人为地提高甚至国际贸易被禁止,中国便被孤立于世界贸易之外,从一个富裕的大国变成贫穷的大国。

(3)工业化、非农产业化和市场条件的改善是大国效应实现的重要条件。如果各个国家同时出现同等程度的市场改善和同等程度的工业化和非农产业化,这意味着除人口规模和土地面积存在差异之外,大国与小国所面临的其他条件都是相同的,这时各国经济将同时向前发展,但大国将从中获得更多的好处。在理论上，我们可以测量出大国效应的程度。不过，运输成本的下降与工业化倾向通常是同时发生的，工业化和国内市场改善将使大国获益更多、贸易开放度提高将使小国获益更多，这两件事有可能同时发生。最终，大国和小国将同时获得发展，但大国与小国究竟谁从这种对称的进步中获得更多的好处并不容易判断。改革开放以来，中国采取措施加大对基础设施的投入，改善交通运输条件，努力突破条块分割限制，扩大市场规模，迎来了发展机会。然而，中国市场机制仍有缺陷，如法制不健全、地方保护主义和贸易壁垒较严重、商业信用缺失和行政干预过多，市场交易成本仍高于许多市场经济国家，因而还需要深化改革促进发展。

（4）大国效应可能会因为其他一些非对称因素的影响而增强或减弱。各国国内市场交易成本的差异，将会深刻地影响这些国家之间的人均收入差异。通常，各国地貌特征、行政区划、制度习俗、法律典章和市场的发育程度都具有差异，这些地理和制度上的差异必然会反映到市场交易成本之中，并影响劳动分工的程度。如果一个国家的国内市场交易成本较高，该国就有可能落后于其他国家，因为经济活动往往倾向于转移和聚集到市场发育程度较高和交易费用较低的地区。本文的实证研究显著支持这一观点。新中国成立以后，中国实行计划经济，压抑市场机制，从而使得物品在空间上和在物主之间的转移成本大幅度提高，在相当程度上制约了劳动分工和经济发展；后来的改革开放使中国国内市场运行成本和商品交换成本大幅度降低，于是迎来了中国三十多年的经济发展奇迹。

（5）各个国家之间经济结构的差异对国家之间的贫富差距有重要影响。当一个国家的经济结构从农业社会向工业社会转型时，该国经济活动对于土地和资源的依赖程度会大幅度降低，于是该国人均收入会显著提高。如果该国人口规模过大，人均土地和资源占有量就较少，那么，这种结构转型将帮助该国缓解或克服资源不足的矛盾。中国自元明清以来，经济结构从以手工业为主的社会（南宋时代的手工业发达）退回到以农耕为主的社会，经济发展程度降低。恰在此时，欧洲走出了漫长的中世纪，意大利发生了文艺复兴并开始向工场手工业迈进，随后英国发生了工业革命，而中国反而向农耕社会退化，于是中国便很快落后于西方世界了。20 世纪 80 年代以来，中国加快了工业化和城市化进程，大量农村剩余劳动力从农村转移到城市，迅速从农业大国过渡到制造业大国，经济结构的转换使中国经济获得了快速持续发展。

本文借鉴了迪克西特－斯蒂格利茨模型、中心－外围模型和中心－外围垂直联系模型的建模方法，但与上述模型及其他一些新经济地理模型相比，本文仍有一些特色：第一，考虑到模型处理的难度，大多数模型都假设两国条件完全对称，亦有少数模型引入少量的非对称性（Allen and Arkolakis, 2013；Redding and Turner, 2014），本文研究的是大国效应，故采用了多组非对称条件，假设各国人口规模、土地面积、技术水平、国内运输成本、经济结构对资源的依赖程度和产业关联的程度均不相同，这就使得模型处理的难度大大增加，同时也使得本文的研究结论更加丰富。第二，对于土地要素的作用，本文假设所有的生产和消费活动都必须使用土地和占用空间，在有限土地上劳动与企业的持续增加将导致边际收益递减规律发挥作用，从而导致地租率上涨并产生拥挤效应，进而导致人均收入降低，这种对拥挤效应的处理方法非常符合一般均衡的处理原则。第三，本文模型不仅考虑国家之间的运输成本，而且引入各个国家的国内市场交易成本，并假定各个国家内部的市场交易成本系数是不相同的，这使得我们可以在数理上对各国国内市场发育程度的差异对产业集聚和产业转移的影响进行分析，进而对交易费用与经济发展之间的关系进行研究。第四，本文模型考虑经济结构对土地与自然资源的依赖程度和对中间产品的依赖程度（产业关联系数），并假定各个国家的经济结构存在差异，这就使得我们可以在数理上对工业化、非农产业化和产业关联对经济发展和国家之间收入差距的影响进行研究。

▶▶ 参考文献

［1］亚当·斯密，1972：《国民财富的性质和原因的研究》（中译本），商务印书馆。

［2］马歇尔，1997：《经济学原理》（中译本），商务印书馆。

［3］张培刚，1992：《新发展经济学》，河南人民出版社。

［4］杨小凯，2003：《发展经济学——超边际与边际分析》，社会科学文献出版社。

［5］欧阳峣，2011：《大国综合优势》，格致出版社、上海三联书店、上海人民出版社。

［6］陈昆亭、周炎，2008：《富国之路：长期经济增长的一致理论》，《经济研究》第2期。

［7］彭向、蒋传海，2011：《产业集聚、知识溢出与地区创新——基于中国工业行业的实证研究》，《经济学（季刊）》第4期。

［8］黄玖立、黄俊立，2008：《市场规模与中国省区的产业增长》，《经济学（季刊）》

第 4 期。

［9］徐现祥、李郇，2005：《市场一体化与区域协调发展》，《经济研究》第 12 期。

［10］钱学锋、梁琦，2007：《本地市场效应：理论和经验研究的最新进展》，《经济学（季刊）》第 3 期。

［11］Acemoglu, Daron and Jaume Ventura, 2002, "The World Income Distribution", Quarterly Journal of Economics, VOL. 117 (2), pp. 659 – 694.

［12］Acemoglu, Daron and F. Zilibotti, 1997, "Was Prometheus Unbound by Chance? Risk, Diversification, and Growth", Journal of Political Economy, VOL. 105, pp. 709 – 775.

［13］Allen, Treb and Costas Arkolakis, 2013, "Trade and the Topography of the Spatial Economy", NBER Working Paper 19181, National Bureau of Economic Research, Inc.

［14］Arellano, M. and O. Bover, 1995, "Another Look at the Instrumental Variables Estimation of Errors-component Models", Journal of Econometrics, VOL. 68, pp. 29 – 51.

［15］Blundell, R. and S. Bond, 1998, "Initial Conditions and Moment Restrictions in Dynamic Panal Data Models", Journal of Econometrics, VOL. 87, pp. 115 – 143.

［16］Böhm-Bawerk, Eugen (1899), 1959, "The Positive Theory of Capital", In George D. Huncke (trans.), Capital and Interest, VOL. Ⅱ. South Holland, Ill.：Libertarian Press.

［17］Chamberlin, Edward H., 1962, "The Theory of Monopolistic Competition：A Re-orientation of the Theory of Value", 8th ed. Cambridge, Mass：Harvard University Press.

［18］Dixit, A. K. and Stiglitz, J., 1977, "Monopolistic Competition and Optimum Product Diversity", American Economic Review, VOL. 67, pp. 297 – 308.

［19］Fan, C. and A. Scott, 2003, "Industrial Agglomeration and Development：A Survey of Spatial Economic Issues in East Asia and a Statistical Analysis of Chinese Regions", Economic Geogrophy, VOL. 79, pp. 295 – 319.

［20］Fujita, M., Krugman, P. and Venables, A. J., 1999, "The Spatial Economy：Cities, Regions, and International Trade", Cambridge：Massachusetts Institute of Technology.

［21］Kremer, Michael. 1993, "Population Growth and Technological Change：One Million B. C. to 1990", Quarterly Journal of Economics, VOL. 108 (August), pp. 681 – 716.

［22］Krugman, P., 1991, "Increasing Return and Economic Geography", Journal of Political Economy, VOL. 99, pp. 483 – 499.

［23］Malthus, T. R. (1836), 1951, "The Principles of Political Economy, Considered with a View to Their Practical Application", 2d ed. New York：A. M. Kelley, Publishers.

［24］Redding, Stephen and Matthew Turner, 2014, "Transportation Costs and the Spatial Organization of Economic Aconomic Activity", CEPR Discussion Papers 10038, C. E. P. R. Discussion Papers.

[25] Samuelson, P. A. , 1954, "The Pure Theory of Public Expenditure", Review of Economics and Statistics, VOL. 36, pp. 387 – 389.

[26] Young, Alwyn, 1928, "Increasing Return and Economic Progress", Economic Journal, VOL. 38, pp. 527 – 542.

[27] Yang, X. and Ng, Y-K. , 1993, "Specialization and Economic Organization, a New Classical Microeconomic Framework", Amsterdam, North-Holland.

Large Country Effect, Transaction Cost and Economic Structure

—A General Equilibrium Analysis
Rich and Poor Countries

Abstract: Population size and land area are the two most important natural features of large countries. The existence of the large country effect and the condition of its existing can be inferred from the two natural features. It is showed in this paper that large country effect may indeed exist, but it appears only under some conditions. The per capita incomes has a positive relationship with land area, but an inverted U-shaped connection with population size. Under land area and other conditions given, if the population size of a country is moderately high, the per capita incomes in this country will be higher than that in a small country. However, if population size is too large, the large countries will weaken or reverse its large country effect due to the over-crowded population. It is further showed that the effect of large country will possibly be weakened or reversed due to market transaction cost, differences of economic structure and the lower openness between countries. Obviously, it requires certain conditions to form the effect of large country. The relationship between national scale and the gap between rich and poor is not simply linear.

Key words: Effect of Large Country; Economic Structure; Income Gaps across Countries

"金砖国家"通货膨胀周期的协动性[①]

——基于 SPSS 因子分析和聚类分析的视角

张　兵　李翠莲

张兵，经济学博士，南开大学国际经济贸易系副主任，教授、博士生导师。2014年1月—2015年1月美国康奈尔大学访问学者。曾在《经济研究》《经济学动态》等核心期刊发表论文多篇。主持完成国家社科基金青年项目、教育部人文社科规划项目以及天津市社科规划项目等国家和省部级科研课题多项。多次荣获高等学校科学研究优秀成果奖和天津市社科研究优秀成果奖等省部级学术奖励。

---

① 本文原载于《经济研究》2011 年第 9 期。

摘要：本文探讨了"金砖国家"通货膨胀周期的协动性及其影响因素。通过研究认为，"金砖国家"通货膨胀周期波动存在较强的协动性。SPSS 因子分析和聚类分析的结果表明，"金砖国家"通货膨胀周期协动性的出现在很大程度上是源自世界通货膨胀波动的冲击和发展中大国因素的综合作用。"金砖国家"通货膨胀周期可以分为"大起大落"型和比较稳定型。中国通货膨胀周期波动虽介于这两者之间，但更具有"大起大落"的倾向。本文的研究结论从一个侧面反映了"金砖国家"合作机制的形成原因及其在未来加强经济合作和政策协调的必要性，同时也为当前中国治理通货膨胀政策的制定提供一定的借鉴和参考。

关键词：金砖国家；通货膨胀周期协动性；因子分析；聚类分析

▶ 一、引言和文献综述

2001 年，美国高盛公司（Goldman Sachs）首次提出"金砖四国"（BRIC）的概念，囊括了中国、印度、巴西和俄罗斯等全球最大的四个新兴市场国家。2010 年 12 月，南非正式加入，"金砖四国"由此变为"金砖国家"（BRICS）。这五个"金砖国家"的国土面积占世界领土总面积的 26.8%，人口占世界总人口的 43%，2010 年国内生产总值占世界总量的 18%，贸易额占世界贸易总额的 15%，对世界经济增长贡献率超过 60%。在经过 2009 年 6 月、2010 年 4 月和 2011 年 4 月分别于俄罗斯、巴西和中国举行了三次"金砖国家"领导人会晤后，"金砖国家"已经成为新兴市场国家多边合作的一种新模式和全球经济治理的一个新平台，在世界经济中日益发挥举足轻重的作用。当前，以"金砖国家"为代表的很多新兴经济体和发展中国家都面临着较大的通货膨胀压力。本文旨在尝试利用 SPSS 因子分析和聚类分析方法探讨"金砖国家"通货膨胀周期的协动性及其影响因素，从而在一个侧面反映"金砖国家"合作机制的形成原因及其未来加强经济合作和政策协调的必要性，同时能够为中国通货膨胀的有效治理提供可资借鉴的政策建议。

有关经济周期的协动性问题一直是学界研究的焦点之一。在理论上对经济周期协动性的传导机制进行说明的比较典型的例子是多恩布什（Dornbusch）建立的"反馈模型"（repercussion model），他运用这一模型分析了各国经济之间进行相互作用的机制。之后，Svensson（1988）、Svensson and Van Winjbergen（1989）以及 Fukuda（1993）等学者也在理论上研究了经济周期在各国之间进行传递的更为复杂的机制。更多的学者则是从实证角度来探讨经济周期的协动性和各国经济之间的相互依赖性问题。较早的如 Hickman and Filatov（1983）使用弹性方法分析了美日两国经济波动通过贸易效应给对方造成的影响；Burbidge and Harrison（1985）运用向量自回归模型研究了美国和加拿大之间经济冲击的传递；Ahmed and et al（1993）运用结构性向量自回归模型和协整检验的方法研究了美国和经合组织（OECD）五个成员国之间经济周期的传递；Selover（1997）则运用向量误差修正模型研究了美日之间经济波动的传递机制。之后，学者们对经济周期协动性传导机制的研究主要集中于国际贸易渠道和国际金融渠道等方面，其中 Frankel and Rose（1998），Glick and Rose（1999），Baxter and Kouparitsas（2005），Kose and Yi（2006），Sandra Eickmeier（2007）以及 Ravi Balakrishnan et al（2009）等更强调经济波动和冲击通过国际贸易渠道进行传递并对各国产出、消费和就业等产生影响，而 Williamson and Maher（1998），Glick and Hutchison（1999），Aghion、Bacchetta and Banerjee（2004），Michael D. Bordo and Thomas F. Helbling（2010）以及 Frederic S. Mishkin（2011）等则更强调经济周期和波动通过资本流动、金融、汇率等渠道对一国实体经济和通货膨胀等方面产生的影响。

国内学者的研究则集中于采用不同数据和方法探讨中国与世界经济以及其他国家和地区经济周期波动的协动性并分析其传导机制。薛敬孝和张兵（2001）探讨了包括中国在内的东亚国家之间经济周期存在的同期性和非同期性及其影响因素。秦宛顺等（2002）利用1987—2000年季度宏观变量序列探讨了中美经济周期之间存在的弱相关关系。任志祥和宋玉华（2004）、宋玉华和方建春（2007）分析了经济全球化条件下中国经济与世界经济周期日益明显的协动性和互动关系。贾俊雪和郭庆旺（2006）、袁富华等（2009）则基于动态因子模型分别探讨了开放经济条件下美国经济冲击对中国经济波动的影响以及中国与美国、日本和欧盟三大经济体为代表的国际经济周期的关联问题；彭斯达和陈继勇（2009）也基于多种宏观经济指标综合考察了中国和美国经济周期的协动性。贺书锋和郭羽诞（2010）利用协同性指标、Granger 检验和聚类分析等方法考察了1960—2007年间中国与27个主要贸易伙伴国经济周期的协同性和群体差异性。王勇等（2010）采用面板数据对中国与世界经济波动协同性的原因进行了考察。程惠芳、岑丽君（2010）选取1990—2008 年中国及其 27 个主要贸易伙伴的数据，用面板数据模型的普通最小二乘估计法实证检验了贸易强度和投资强度等因素对中国与主要贸易伙伴之间经济周期协动性的影响。李磊等（2011）则利用1984—2007 年面板数据研究了中国与 OECD 国家的经济周期同步性及其传导机制。

在有关"金砖国家"的研究方面，自 2001 年美国高盛公司的吉姆·奥尼尔（Jim O'Neill）首次提出"金砖四国"的概念后，国外学者的研究侧重对"金砖四国"发展前景的预测，其中最具代表性的是高盛公司在 2003 年10 月发表了一份题为"与 BRICs 一起梦想：通向 2050 之路"（"Dreaming With BRICs：The Path to 2050"）的全球经济报告，预计到 2050 年世界经济格局将发生重大变化，届时全球前六大经济体将依次为中国、美国、印度、日本、巴西和俄罗斯。之后，高盛又发布了一系列报告，对"金砖国家"的发展速度和经济实力做出预测。国内学者对"金砖国家"的深入研究则是在2009 年"金砖国家"第一次领导人会晤后，研究集中于比较分析"金砖国家"的发展模式及其特征方面。其中扶涛和张梅荷（2010）通过使用随机前沿模型对金砖四国 1990—2004 年的经济增长源泉进行分解，研究认为劳动力和物质资本投入在"金砖四国"各个国家经济增长中都处于重要的地位，而"金砖四国"各个国家全要素生产率的增长率、技术进步和技术效率变化率则各有特点。吴俊和宾建成（2010）通过全要素生产率、能源利用效率等指标对"金砖四国"的经济效益进行比较研究，认为"金砖四国"的经济增长是由"高投入"所驱动，是一种粗放型的经济增长。张玉柯和徐永利（2010）对"金砖四国"产业结构与就业结构的变动及其相关性进行了比较分析，认为"金砖四国"在就业结构方面的差异更加明显，与产业结构的变动不一致，产业结构面临调整和升级。林跃勤（2009、2010）认为源于美国次贷危机的全球金融风暴使"金砖国家"受到了严重冲击，经济快速发展的"金砖国家"对外部冲击的抗震性差更多是源于自身赶超发展过程中存在的不足和缺陷，因此，"金砖国家"的反危机政策不仅要着眼于稳定短期经济增长，更要致力于重构长期持续增长机制和模式。贺书锋（2010）利用SVAR 模型的脉冲响应分析认为，"金砖四国"尽管存在政治经济的差异性，但在中国核心的影响下四国经济周期形成了高度的协同性和互动性。杨力和张耿（2011）对金砖四国及发达国家的经济波动及其福利损失进行了分析，认为金砖四国作为新兴经济体，其经济波动导致的福利损失比发达国家要大。王信（2011）则提出由于受制于金融发展滞后，"金砖四国"在国际分工中仍处于劣势，其国际金融实力的上升与实体经济及对外贸易的发展不相称，难以在国际金融治理和国际经济不平衡的调整中发挥重大作用。因此，未来四国应加快国内金融改革，进一步密切四国之间以及四国与其他新兴经济体的贸易投资联系，同时加强政策协调，推动国际货币金融体系改革。

通过上述文献综述我们可以看出，迄今为止学者们对经济周期协动性的研究文献非常丰富，有关经济周期协动性的指标也有很多不同选择，但单纯分析通货膨胀周期协动性的文献尚不多见，而研究"金砖国家"通货膨胀周期协动性的文献更是缺乏。当前以"金砖国家"为代表的新兴经济体和发展中国家普遍都面临着较大的通货膨胀压力，通货膨胀问题处理得是否得当直接关系到各国经济乃至整个世界经济的发展。有鉴于此，本文尝试利用 SPSS 因子分析和聚类分析方法探讨"金砖国家"通货膨胀周期的协动性及其影响因素，希望能对各国特别是中国通货膨胀的治理提出些许有参考价值的政策建议。

二、"金砖国家"通货膨胀周期协动性的状况

我们用"金砖国家"各国消费者价格指数（CPI）增长率的变化来反映其通货膨胀的变化。由于巴西和俄罗斯在一些年份发生了恶性通货膨胀，导致"金砖国家"通货膨胀率的极端值、均值和方差差别很大（如表1所示），所以我们很难在一个统一的图形框架中画出五国通货膨胀率变化的直观曲线图，但仍然可以通过观察1993年4月至2011年3月"金砖国家"通货膨胀率月度数据的变化趋势和特征发现，金砖五国通货膨胀率的变化周期在某些时间段存在着比较明显的同步上升和下降的趋势，比如1993—1997年、2002—2005年、2007—2011年等等。虽然各国通货膨胀周期波峰和谷底出现的时间并不完全一致，但考虑到各国周期之间传递的时滞及由此导致的领先－滞后结构，这些国家周期上升阶段和下降阶段持续的时间基本重合，波峰和谷底出现的时间比较接近。也就是说，"金砖国家"通货膨胀周期的变化在某些时间段还是呈现出了较强的协动性。

表 1 1993 年 4 月至 2011 年 3 月"金砖国家"通货膨胀率的描述性统计

国家	最小值	最大值	均值	标准差
巴西	1.6	4922.2	252.6	802.8
中国	−2.2	27.5	4.7	7.0
印度	0.0	19.7	7.2	3.5
俄罗斯	5.5	1300.0	85.1	191.8
南非	0.1	13.9	6.7	3.0

资料来源：利用 BvD 数据库、EIU CountryData 中的数据计算。

"金砖国家"通货膨胀周期协动性的状况也可以通过表 2 中给出的各国通货膨胀周期波动的相关系数来体现。考虑到相关系数的显著性有可能受到样本中存在着"极值"的影响，我们不仅计算了 Pearson 相关系数，同时还计算了 Spearman 序列相关系数。由表中的数据可以看出，"金砖国家"两两之间通货膨胀周期变化的 Pearson 相关系数除了印度与俄罗斯之间没有显著性，其他都在 1% 的置信度（双侧）水平上具有显著性。Spearman 序列相关系数中，除了印度与巴西、印度与俄罗斯之外，其他也都在 1% 的置信度（双侧）水平上具有显著性。而且如果考虑到各国通货膨胀周期变化可能存在领先 - 滞后结构的话，其相关系数会更加显著。由此我们可以得出结论：在我们所考察的时间段内，"金砖国家"通货膨胀周期的变化总体上表现出了比较明显的协动性。

表 2 1993 年 4 月至 2011 年 3 月"金砖国家"通货膨胀率波动的相关系数

国家	变量	巴西	中国	印度	俄罗斯	南非
巴西	Pearson 相关系数	1	0.720**	0.178**	0.755**	0.238**
	Spearman 相关系数	1	0.492**	−0.110	0.678**	0.243**
中国	Pearson 相关系数	0.720**	1	0.272**	0.658**	0.350**
	Spearman 相关系数	0.492**	1	0.290**	0.245**	0.233**
印度	Pearson 相关系数	0.178**	0.272**	1	0.127	0.317**
	Spearman 相关系数	−0.110	0.290**	1	0.006	0.338**
俄罗斯	Pearson 相关系数	0.755**	0.658**	0.127	1	0.291**
	Spearman 相关系数	0.678**	0.245**	0.006	1	0.465**
南非	Pearson 相关系数	0.238**	0.350**	0.317**	0.291**	1
	Spearman 相关系数	0.243**	0.233**	0.338**	0.465**	1

注：** 表示在置信度（双侧）为 1% 时，相关性是显著的。

资料来源：利用 BvD 数据库、EIU CountryData 中的数据计算。

从理论上来说，开放经济条件下国家之间经济周期或通货膨胀周期出现协动性的原因主要可以归纳为三个方面：面临共同外部冲击、国家间紧密的经贸联系以及经济结构和政策的相似性。

首先，随着各国对外开放的深入和外部依赖性的加强，其经济周期或通货膨胀周期在面临共同外部冲击（如世界经济的波动、世界能源和原材料价格的波动、国际贸易和国际资本流动的冲击以及其他一些突发事件）时往往会出现比较明显的同步性。1997 年爆发的东南亚金融危机对东亚国家和地区产生的冲击以及 2007 年爆发的美国次贷危机所引发的国际金融危机对世界各国产生的严重影响和冲击充分证明了这一点。具体到"金砖国家"来看，自 20 世纪 90 年代以来，"金砖国家"的外贸依存度尽管有所波动，但总体上呈现出了上升趋势，这在一定程度上反映了"金砖国家"对外开放程度的不断加深。市场的开放使得这些国家与世界经济的联系日益密切，受世界经济波动等外部冲击和影响的程度也日益提高，从而使其经济周期和通货膨胀周期波动在面临共同外部冲击时可能会出现比较明显的协动性。

其次，许多理论研究和历史经验表明，在各国经济周期和通货膨胀波动协动性的形成过程中，相互之间紧密的贸易和投资等经济联系发挥着基础性的纽带作用。一国经济周期和通货膨胀周期不同发展阶段所导致的对外贸易、对外投资以及吸引外资状况的变动会产生与其他国家经济的相互影响，从而使得各国经济周期和通货膨胀的波动趋于同步。随着对外开放的扩大，"金砖国家"间的贸易和投资迅速增长，从而使其经济发展联系成了一个较为紧密的整体。例如，根据中国商务部公布的数据，2001 年至 2010 年，"金砖国家"间的贸易年均增速高达 28%，贸易规模增长了 15 倍。中国已经分别成为俄罗斯、巴西、南非的第一大贸易伙伴，印度的第二大贸易伙伴，巴西和南非的第一大出口市场，印度的第三大出口市场，俄罗斯的第六大出口市场。日益紧密的贸易和投资等经济联系使得"金砖国家"之间的相互依赖和影响不断增强，从而有可能在很大程度上促进其经济周期和通货膨胀周期波动出现协动性。

最后，各国经济结构和政策的相似性是经济周期和通货膨胀周期协动性存在的重要基础。经济结构上的相似性会使得相关国家的经济周期和通货膨胀波动出现相似的发展趋势，而经济政策的协调和趋同性也会进一步强化各国经济周期和通货膨胀波动的同步性。从"金砖国家"的具体情况来看，这些国家都是规模较大的新兴和发展中国家，普遍处于经济转轨过程中，在经济体制、市场和人口规模、产业和贸易发展结构以及资本项目的开放程度等方面具有发展中大国的一些共同制度和体制等结构性特征。同时，"金砖国家"都面临着发展经济、应对国际资本流动的不利冲击、改革现行国际货币金融体系等任务，因此这些国家所采取的政策措施具有一定的相似性（比如面对美国次贷危机所引发的国际金融危机的冲击，这些国家普遍采取了扩张性的财政和货币政策，之后随着经济的复苏和回升，这些国家又采取了紧缩性的货币政策以应对日益加剧的通货膨胀和资产价格泡沫），而且它们在IMF、世界银行、WTO 等国际组织和二十国集团等框架内加强了立场和政策协调（比如要求提高发展中国家和新兴经济体在国际组织中的话语权、改革现行国际货币金融体系以建立国际经济新秩序等）。这些都为"金砖国家"经济周期和通货膨胀周期协动性的加强奠定了重要基础。

以上是从理论上简要概括了"金砖国家"通货膨胀周期波动出现较强协动性的可能原因，下面我们通过 SPSS 因子分析和聚类分析方法具体实证探讨"金砖国家"通货膨胀周期波动协动性的主要原因和影响因素。

▷ 三、"金砖国家"通货膨胀周期协动因子的提取与聚类分析

由于 1993 年之前的通货膨胀月度数据不可得，所以下面有关因子分析和聚类分析基于"金砖国家"在 1993 年 4 月至 2011 年 3 月的通货膨胀数据进行。

（一）因子分析的前提条件

在进行 SPSS 因子分析之前要先进行 KMO 抽样适当性检验和 Bartlett 球形检验。其中 KMO 检验值在 0 到 1 之间，越接近于 1 说明进行因子分析的效果越好。而 Bartlett 球形检验则是假设变量间的相关系数矩阵是单位矩阵，若拒绝原假设则说明适合进行因子分析。

从表 3 中的检验结果来看，"金砖国家"通货膨胀周期数据的 KMO 检验值为 0.739，表明可以进行因子分析。同时 Bartlett 球形检验的观测值为411.211，对应的概率 P 为 0，如果显著性水平为 1% 或 5%，则概率 P 小于显著性水平，应该拒绝 Bartlett 球形检验的零假设，即相关系数矩阵与单位矩阵存在显著差异，因此适合进行因子分析。

表 3　KMO 检验和 Bartlett 球形检验结果

Kaiser-Meyer-Olkin 检验值	0. 739
Bartlett 球形检验：	
近似卡方值（Approx. Chi-Square）	411. 211
自由度（df）	10
显著性（Sig.）	0. 000

注：利用 SPSS17. 0 和 BvD 数据库、EIU CountryData 中的数据进行的检验。

（二）因子的提取

表 4 是对"金砖国家"通货膨胀周期数据利用主成分分析法进行因子分析的初始解，显示了变量的共同度。表中"初始"列是因子分析初始解下的变量共同度，表明对五国通货膨胀周期变量如果采用主成分分析法提取所有 5 个特征根，则变量的所有方差都可以被解释，所以变量共同度均为 1。但因子分析的目标是通过降维使得因子数目小于原有变量的个数，因此不能提取全部特征根。表中"提取"列则是按照指定提取条件（在此我们指定特征根值大于 1）提取特征根时的变量共同度，这列数值都比较大，表明原有变量的信息丢失较少，原有变量的绝大部分信息可以被提取的因子解释。

表 4　SPSS 因子分析的初始解

国家	初始	提取
巴西	1. 000	0. 848
中国	1. 000	0. 778
印度	1. 000	0. 728
俄罗斯	1. 000	0. 817
南非	1. 000	0. 601

注：提取方法为主成分分析。

表 5 给出了因子解释原有变量总方差的情况，得到了两个特征根值大于 1 的因子。从初始因子解的情况来看，第 1 个因子的特征根值为 2. 688，方差贡献率为 53. 757%，累积方差贡献率为 53. 757%；第 2 个因子的特征根值为 1. 084，方差贡献率为 21. 679%，累积方差贡献率为 75. 436%，表明两个因子共解释原有变量总方差的 75% 以上。在采用方差最大法进行因子正交旋转后，两个因子的累积方差贡献率没有改变，也就是没有影响原有变量的共同

度，但是改变了各因子的方差贡献率。从结果来看，经过旋转之后，满足条件的前两个因子的方差贡献率差距有所减少。总的来看，前两个因子对解释原有变量的贡献很大，而其他因子的特征根值较小，对解释原有变量的贡献很小，因而提取两个因子是合适的。

表5　SPSS 因子分析原有变量总方差的解释情况

成分	初始特征值			提取平方和载入			旋转平方和载入		
	合计	方差贡献（%）	累积方差贡献（%）	合计	方差贡献（%）	累积方差贡献（%）	合计	方差贡献（%）	累积方差贡献（%）
1	2.688	53.757	53.757	2.688	53.757	53.757	2.401	48.016	48.016
2	1.084	21.679	75.436	1.084	21.679	75.436	1.371	27.420	75.436
3	0.678	13.554	88.990						
4	0.326	6.530	95.520						
5	0.224	4.480	100.000						

注：提取方法为主成分分析。

（三）因子的命名和解释

表6显示了旋转前后的因子载荷矩阵。从旋转前的因子载荷矩阵来看，五国通货膨胀周期变量在第1个因子上的载荷量总体上都比较高，说明第1个因子能同时解释五国通货膨胀周期变动的信息。经过因子旋转后，南非和印度的经济周期变量在第1个因子上的载荷量下降比较明显，而在第2个因子上的载荷量比较高，说明第2个因子对两国通货膨胀周期变动的解释力较强。

表6　旋转前后的 SPSS 因子载荷矩阵成分矩阵

成分矩阵			旋转成分矩阵		
国家	成分1	成分2	国家	成分1	成分2
中国	0.877	-0.094	巴西	0.916	0.098
巴西	0.871	-0.298	俄罗斯	0.899	0.087
俄罗斯	0.852	-0.301	中国	0.834	0.285
印度	0.396	0.756	印度	0.040	0.852
南非	0.526	0.570	南非	0.235	0.739

注：提取方法为主成分分析法，提取了2个成分；旋转法采用具有 Kaiser 标准化的方差最大化正交旋转法，旋转在3次迭代后收敛。

　　根据旋转前后的因子载荷矩阵我们提出因子命名假设：第 1 个因子命名为世界通货膨胀波动因子，第 2 个因子命名为发展中大国特征因子。

　　如前所述，自 20 世纪 90 年代以来，"金砖国家"的外贸依存度尽管有所波动，但总体上呈现出了上升趋势，这些国家市场开放程度的提高使其与世界经济的联系日益密切，受世界经济波动冲击和影响的程度也日益提高。世界经济的冲击波动可以在很大程度上解释"金砖国家"通货膨胀周期的变化及其协动性，而五个国家通货膨胀周期变量在第 1 个因子上的载荷量都比较高，因此我们把第 1 个因子命名为世界通货膨胀波动因子。这一因子会加剧各国通货膨胀的波动，使其周期容易出现"大起大落"型的变化。美国次贷危机所引发的国际金融危机对"金砖国家"产生的严重影响和冲击在一定程度上证明了这一点。另一方面，"金砖国家"都是人口和市场规模较大的新兴和发展中国家，普遍处于经济转轨过程中，在经济政策、产业和贸易发展结构以及资本项目的开放程度等方面具有发展中大国的一些共同制度和体制等特征，所以我们把第 2 个因子命名为发展中大国特征因子。这一因子可能在一定程度上有利于抵御世界经济和通货膨胀波动的冲击，从而使各国通货膨胀的变化比较平稳。下面我们具体论证上述因子命名的合理性。

　　表 7 给出了 SPSS 因子分析过程中利用回归分析方法估计得到的两个因子的得分系数矩阵。根据该矩阵的数值，可以写出第 1 个因子和第 2 个因子的得分函数分别如（1）式和（2）式所示。

表 7　SPSS 因子得分系数矩阵

国家	成分 1	成分 2
巴西	0.410	−0.112
中国	0.332	0.059
印度	−0.161	0.694
俄罗斯	0.405	−0.118
南非	−0.045	0.559

注：提取方法为主成分分析法；旋转法采用具有 Kaiser 标准化的方差最大化正交旋转法。

$$F_1 = 0.410 * 巴西 + 0.332 * 中国 - 0.161 * 印度 + 0.405 * 俄罗斯 - 0.045 * 南非 \quad (1)$$

$$F_2 = -0.112 * 巴西 + 0.059 * 中国 + 0.694 * 印度 - 0.118 * 俄罗斯 + 0.559 * 南非 \quad (2)$$

注：式中国家名称代表该国通货膨胀周期变量（CPI 增长率）。

根据（1）式和（2）式中两个因子的得分函数，我们利用 SPSS17.0 通过变量标准化方法计算得出第 1 个因子和第 2 个因子的得分（篇幅所限本文没有列出，感兴趣的读者可以向作者索取）。如果我们用世界通货膨胀率（CPI 增长率）、先进经济体通货膨胀率（CPI 增长率）和美元实际有效汇率等指标的变化代表世界通货膨胀波动对"金砖国家"通货膨胀周期变化的冲击因素，然后分别计算第 1 个因子得分和第 2 个因子得分与世界通货膨胀率、先进经济体通货膨胀率以及美元实际有效汇率之间的 Pearson 相关系数和 Spearman 相关系数如表 8 所示。通过相关系数我们可以发现，第 1 个因子的得分与世界通货膨胀率以及先进经济体通货膨胀率之间不论 Pearson 相关系数还是 Spearman 序列相关系数都存在非常显著的相关性，也就是说因子分析所提取出的第 1 个因子可以在一定程度上反映世界通货膨胀波动的冲击，因此我们把第 1 个因子命名为世界通货膨胀波动因子是合理的。第 2 个因子的得分与世界通货膨胀率以及先进经济体通货膨胀率之间不存在相关性，说明因子分析所提取出的第 2 个因子可以在一定程度上抵御世界通货膨胀波动的冲击，这可能与"金砖国家"作为新兴市场经济体和发展中大国所具有的特殊制度和体制等因素有关，因此我们把第 2 个因子命名为发展中大国特征因子。美元实际有效汇率与第 1 个因子得分和第 2 个因子得分都具有较显著的相关性，说明美元汇率的变化可能对"金砖国家"通货膨胀周期的影响是双向的：美元贬值一方面可能会造成世界通货膨胀，从而加剧"金砖国家"通货膨胀周期的波动；但另一方面也可能会通过抑制"金砖国家"的需求特别是外部需求而产生减缓其通货膨胀周期波动的影响。

表 8　两个因子得分与选定的世界经济宏观指标之间的相关系数

因子	世界通货膨胀率		先进经济体通货膨胀率		美元实际有效汇率	
	Pearson 相关系数	Spearman 相关系数	Pearson 相关系数	Spearman 相关系数	Pearson 相关系数	Spearman 相关系数
因子 1	0.965 ** (0.000)	0.488 * (0.040)	0.503 * (0.033)	0.615 ** (0.007)	- 0.395 ** (0.000)	- 0.428 ** (0.000)
因子 2	0.222 (0.376)	0.399 (0.101)	0.017 (0.948)	0.113 (0.657)	- 0.319 ** (0.000)	0.394 ** (0.000)

注：（1）括号中的数字为 p 值（双侧）；＊＊、＊分别表示在置信度（双侧）为1%和5%时，相关性是显著的；（2）由于世界通货膨胀率（CPI 增长率）和先进经济体通货膨胀率（CPI 增长率）只有年度数据，所以我们将两个因子在1993年4月至2011年3月的月度得分按照年度进行平均得到年度得分，然后分别计算与世界通货膨胀率和先进经济体通货膨胀率之间的相关系数；（3）世界通货膨胀率和先进经济体通货膨胀率的年度数据源自国际货币基金组织数据库：World Economic Outlook Database，1993年4月至2011年3月美元实际有效汇率月度数据源自国际清算银行统计数据：BIS effective exchange rate indices。

综合以上因子分析的结果可以看出，巴西和俄罗斯的通货膨胀周期变量在第1个因子上的载荷量非常高（如表6所示），说明这两国受世界通货膨胀波动因子的冲击非常大，其通货膨胀周期也表现出了典型的"大起大落"型（如表1所示）。而印度和南非的通货膨胀周期变量在第2个因子上的载荷量比较高，说明这两国受发展中大国特征因子的影响更大一些，其通货膨胀周期表现出了比较平稳的特点（如表1所示）。中国的情况则比较特殊，其通货膨胀周期波动总体上看是介于以上两种类型之间。一方面，中国的通货膨胀周期变量在第1个因子上的载荷量比较高，说明中国受世界通货膨胀波动因子的冲击也比较明显，其通货膨胀周期容易出现"大起大落"的倾向；另一方面，中国的通货膨胀周期变量在第2个因子上的载荷量虽然比印度和南非小，但却比巴西和俄罗斯高得多，这说明中国通货膨胀周期波动也会受到发展中大国特征因子的影响，从而表现出一定的稳定化特征。这一结论与一些学者（如中国经济增长与宏观稳定课题组，2008）对中国通货膨胀的研究结论具有一致性。

（四）"金砖国家"通货膨胀周期的聚类分析

为进一步分析"金砖国家"之间通货膨胀周期的"亲疏程度"，我们利用SPSS17.0进行分层聚类分析。其中选择分类数为2类，度量各国通货膨胀周期个体"亲疏程度"采用平方欧式距离（squared euclidean distance），而度量个体与小类、小类与小类之间的"亲疏程度"则采用离差平方和距离法（Ward 方法）。同时，为消除各国通货膨胀水平在数量级上的差异，我们对其进行标准化，将各国通货膨胀率变量减去其均值后除以标准差，标准化后的变量均值为0，标准差为1（即 Z 分数方法）。分层聚类分析结果的凝聚状态表如表9所示。

表9　SPSS 分层聚类分析的凝聚状态表

阶段	聚类组合		系数	聚类首次出现的阶段		下一阶段
	聚类 1	聚类 2		聚类 1	聚类 2	
1	1	4	52.686	0	0	2
2	1	2	124.253	1	0	4
3	3	5	271.112	0	0	4
4	1	3	524.042	2	3	0

　　根据表9显示的结果，在聚类分析的第1阶段，1号样本（巴西）和4号样本（俄罗斯）聚成一小类，它们的个体平方欧式距离是52.686，这个小类以该小类中第一个样本号1为标记，将在第2阶段用到。同理，在聚类分析的第3阶段，3号样本（印度）和5号样本（南非）聚成一小类，它们的个体平方欧式距离是271.112，该小类以样本号3为标记，将在第4阶段用到。以此类推，SPSS 分层聚类分析的最终结果如表10所示。

表10　SPSS 分层聚类分析结果

国家	2 类
巴西	1
中国	1
印度	2
俄罗斯	1
南非	2

　　与前述因子分析结果相一致，分层聚类分析将因子分析中在第1个因子上载荷量很高的巴西、俄罗斯和中国聚为一类，而将第2个因子上载荷量较高的印度和南非聚为另一类。巴西和俄罗斯的通货膨胀周期属于典型的"大起大落"型；而印度和南非的通货膨胀周期则属于比较平稳型。中国的通货膨胀周期波动程度虽然不如巴西和俄罗斯那样剧烈，但样本期内波动程度比印度和南非的要大，具有"大起大落"的倾向。

▶ 四、结论及启示

　　综上所述，本文研究认为，"金砖国家"通货膨胀周期波动存在比较明显的协动性。SPSS 因子分析和聚类分析结果表明，"金砖国家"通货膨胀周期协动性的出现在很大程度上是源自世界通货膨胀波动的冲击和发展中大国因素的综合作用。"金砖国家"通货膨胀周期可以分为"大起大落"型和比较稳定型。中国通货膨胀周期波动虽介于这两者之间，但更具有"大起大落"的倾向。这些分析结论具有比较强的政策含义和启示。

首先，本文的研究结论可以在一个侧面反映"金砖国家"合作机制的形成原因。"金砖国家"进行多边合作除了要维护新兴市场和发展中国家的共同利益、通过南南合作"抱团"提高在世界政治经济中的地位和话语权之外，很重要的一个原因还在于21世纪随着这些国家对外开放的扩大，各国面临外部冲击的风险日益增加，他们迫切需要在国际经济、贸易和金融发展等领域加强合作和协调以应对共同面临的风险和挑战。特别是当其包括通货膨胀在内的经济周期波动由于受到世界经济波动冲击而出现比较明显的协动性时，这些国家自然会寻求通过加强合作来应对世界经济波动的不利影响。中国、俄罗斯、印度和巴西的领导人于2009年6月首次在俄罗斯会晤的中心议题就是商讨如何应对美国次贷危机引发的国际金融危机所产生的影响和冲击，因此可以说，"金砖国家"合作机制就是因国际金融危机而生的，是为了共同应对国际金融危机的不利冲击而形成的。之后，在2010年4月和2011年4月分别于巴西和中国举行的"金砖国家"领导人会晤对世界经济形势进行了探讨和展望，自然也包括对国际金融危机后由于全球流动性泛滥而使这些新兴经济体和发展中国家共同面临的较大通货膨胀压力问题如何解决的讨论。因此，"金砖国家"合作机制反映了这些国家在面临外部冲击时的共同诉求，从这个意义上说其形成具有一定的历史必然性。

其次，本文的研究结论也凸显出"金砖国家"在未来进一步加强经济合作和政策协调、甚至通过吸纳更多国家加入而进行进一步扩容的必要性。"金砖国家"通货膨胀周期的协动性在很大程度上反映出随着对外开放的扩大，它们的经济发展已经联系成了一个较为紧密的整体。"金砖国家"目前虽然已经初步形成了以领导人会晤为主渠道，以外长、安全事务高级代表和常驻多边机构使节会晤为辅助，以及以工商界、金融、投资和智库合作为支撑的多层次合作架构和机制，但今后仍需继续深化务实合作，积极挖掘合作潜力，充分发挥中国在劳动力和制造业、俄罗斯在资源和能源、巴西在农产品、印度在高科技和信息技术、南非在南部非洲的地缘等方面的优势和互补性，通过扩大相互间贸易和投资进一步加强多领域交流合作，以推动各国经济的共同发展。特别是"金砖国家"通货膨胀周期共同受到世界通货膨胀波动和发展中大国因素的双重作用和影响，而且当今经济全球化表现出很多新特点和新态势（裴长洪，2010），各国经济发展和通货膨胀变化与世界经济发展、气候变化、粮食安全、能源资源安全以及重大自然灾害等全球性问题错综复杂地相互交织在一起，当"金砖国家"通货膨胀周期和实体经济周期波动共同面临不利冲击时，各国更应该进一步加强经贸合作和政策协调，充分利用发展中大国所拥有的有利因素和成功经验，从而有效治理通货膨胀、更好地推动经济发展（比如中国分别在 2009 年、2010 年和 2011 年分别与巴西、俄罗斯和南非达成的货币互换和双边货币结算协议在一定程度上可以降低美元汇率波动带来输入性通货膨胀的风险，促进经济平稳发展）。同时，我们进一步研究发现，"金砖国家"与墨西哥、土耳其等其他一些规模较大的新兴和发展中国家（2011 年高盛公司提出的"增长型市场"（Growth Markets）国家）之间的经济周期和通货膨胀周期波动也存在一定的协动性，因此从这个意义上来说"金砖国家"今后可以考虑适当吸纳更多国家加入而进行进一步扩容，以便通过在更大范围内加强经济合作和政策协调来共同应对冲击和挑战，以共享经济稳定发展和繁荣。

最后，更为重要的是，本文的研究结论可以为当前中国治理通货膨胀政策的制定提供一定的参考和启示。20 世纪 90 年代以来，我国曾在不同时期根据经济发展和通货膨胀的实际情况，灵活运用财政政策和货币政策进行宏观调控。例如，20 世纪 90 年代初，我国经济中出现了较严重的通货膨胀。为了抑制通货膨胀，从 1993—1997 年，我国实施了适度从紧的财政政策和适度从紧的货币政策进行配合，从而使过高的通货膨胀率得到了有效的控制，经济成功实现了"软着陆"。而 1997 年东南亚金融危机爆发后，由于受世界经济不景气的影响，我国经济运行中又出现了通货紧缩的局面。为了应对亚洲金融危机的冲击、治理通货紧缩趋势、刺激有效需求拉动经济增长，我国于 1998—2004 年连续实施了 7 年积极的财政政策和稳健的货币政策。这一政策组合对于抵御亚洲金融危机的冲击、化解国民经济运行周期低迷阶段和通货紧缩产生的种种压力、保持经济社会平稳发展，发挥了重要作用。但是，随着积极财政政策作用效果的发挥，我国宏观经济形势在 2004 年发生了重大变化，经济持续高速增长重新带来了经济过热的通货膨胀风险。根据经济形势的新变化和宏观调控的新需要，我国在 2004 年 5 月又及时将积极财政政策调整为实行稳健的财政政策，与稳健的货币政策进行配合，以便缓和经济偏热带来的通货膨胀压力。之后，在 2007 年 12 月召开的中央经济工作会议上，我国又将实行了 10 年之久的"稳健的货币政策"调整为"从紧的货币政策"，以防止经济增长由偏快转为过热、防止价格由结构性上涨演变为明显的通货膨胀。而 2008 年下半年开始，我国经济受次贷危机和国际金融危机影响日益明显，为应对国际、国内经济出现的新形势，防止经济增速大幅下滑和通货紧缩，通过扩大内需来拉动经济增长，我国在 2008 年 11 月又将"稳健的财政政策"调整为"积极的财政政策"、将"从紧的货币政策"调整为"适度宽松的货币政策"。积极的财政政策和适度宽松的货币政策的实施取得了明显成效，对于我国经济企稳回升、保持平稳较快发展发挥了重要作用。2011 年面对国内经济进一步企稳回升，同时全球流动性泛滥、国内通胀预期居高不下的局面，我国又及时将货币政策由"适度宽松"调整为"稳健"，以便更加有利于促进经济的可持续发展。上述政策组合的灵活实施在一定程度上使我国经济周期和通货膨胀变化呈现出稳定化和"微波化"的趋势（刘树成等，2005；殷剑峰，2010）。但是，根据我们上述因子分析和聚类分析结论，中国通货膨胀周期波动仍存在着"大起大落"的倾向（我国在 1998—1999 年和 2009 年出现的通货紧缩局面和经济增长压力除了是由于当时受东南亚金融危机和美国次贷危机所引发的国际金融危机影响外，国内紧缩性货币政策的过度实施可能也是重要原因）。因此我们在当前制定治理通货膨胀政策时一方面需要进一步加强与包括"金砖国家"在内的国际社会进行政策合作和协调，积极应对世界经济和通货膨胀波动的冲击，另一方面更需要进一步发挥我国在体制机制方面的优势，提高国内应对通货膨胀政策的灵活性和针对性，密切关注政策发挥作用的路径和时滞，准确把握政策力度，避免出现调控不力和调节过度造成"大起大落"的不稳定局面，使得我国通货膨胀周期得到有效治理，从而促进我国经济增长周期真正能够实现在适度高位的平稳运行。

总之，本文的研究结论给我们带来了一定的参考和启示，但本文的研究仍然是尝试性的探索，有关"金砖国家"通货膨胀周期协动性产生的很多其他具体影响因素和传导机制以及中国通货膨胀周期治理的具体政策选择等问题尚需在今后的研究中进一步深化。

参考文献

[1] 程惠芳、岑丽君，2010：《FDI、产业结构与国际经济周期协动性研究》，《经济研究》第 9 期。

[2] 扶涛、张梅荷，2010：《"金砖四国"经济增长源泉比较研究》，《经济问题探索》第 4 期。

[3] 高铁梅、王金明、陈飞、梁云芳，2009：《中国转轨时期的经济周期波动——理论、方法及实证分析》，北京：科学出版社。

[4] 贺书锋，2010：《"金砖四国"经济周期互动与中国核心地位——基于 SVAR 的实证分析》，《世界经济研究》第 4 期。

[5] 贺书锋、郭羽诞，2010：《中国经济周期的国际协同性与群体差异性：1960—2007》，《国际贸易问题》第 3 期。

[6] 贾俊雪，2008：《中国经济周期波动特征及原因研究》，北京：中国金融出版社。

[7] 贾俊雪、郭庆旺，2006：《经济开放、外部冲击与宏观经济稳定——基于美国经济冲击的影响分析》，《中国人民大学学报》第 6 期

[8] 李磊、张志强、万玉琳，2011：《全球化与经济周期同步性》，《世界经济研究》第 1 期。

[9] 林跃勤，2009：《外部冲击与"金砖"国家反危机政策比较研究》，《中国工业经济》第 6 期。

[10] 林跃勤，2010：《金砖四国：经济转型与持续增长》，《经济学动态》第 10 期。

[11] 刘金全、隋建利，2010：《中国货币增长不确定性与经济增长关系检验（1980—2008）》，《中国社会科学》第 4 期。

[12] 刘树成，2000：《论中国经济增长与波动的新态势》，《中国社会科学》第 1 期。

[13] 刘树成，2003：《中国经济波动的新轨迹》，《经济研究》第 3 期。

[14] 刘树成，2006：《中国经济周期研究报告》，北京：社会科学文献出版社。

[15] 刘树成，2007：《中国经济的周期波动》，北京：社会科学文献出版社。

[16] 刘树成、张晓晶、张平，2005：《实现经济周期波动在适度高位的平滑化》，《经济研究》第 11 期。

[17] 裴长洪，2010：《后危机时代经济全球化趋势及其新特点、新态势》，《国际经济评论》第 4 期。

[18] 彭斯达、陈继勇，2009：《中美经济周期的协动性研究：基于多宏观经济指标的综合考察》，《世界经济》第 2 期。

[19] 秦宛顺、靳云汇、卜永祥，2002：《中国经济周期与国际经济周期相关性分

析》，《学习与实践》第 2 期。

[20] 任志祥、宋玉华，2004：《论经济全球化下的中国经济波动与世界经济周期》，《技术经济》第 3 期。

[21] 宋玉华，2007：《世界经济周期理论与实证研究》，北京：商务印书馆。

[22] 宋玉华、方建春，2007：《中国与世界经济波动的相关性研究》，《财贸经济》第 1 期。

[23] 王信，2011：《金砖四国国际金融实力提升对国际金融及其治理的影响》，《国际经济评论》第 1 期。

[24] 王勇、傅雄广、魏强，2010：《外部冲击下的中国与世界经济波动协同性研究》，《世界经济研究》第 7 期。

[25] 吴俊、宾建成，2010：《"金砖四国"经济效率的比较研究》，《亚太经济》第 3 期。

[26] 薛敬孝、张兵，2001：《论东亚地区经济周期的同期性与非同期性》，《南开经济研究》第 4 期。

[27] 杨力、张耿，2011：《世界范围的经济波动福利损失分析》，《世界经济研究》第 2 期。

[28] 殷剑峰，2010：《二十一世纪中国经济周期平稳化现象研究》，《中国社会科学》第 4 期。

[29] 袁富华、汪红驹、张晓晶，2009：《中国经济周期的国际关联》，《世界经济》第 12 期。

[30] 张玉柯、徐永利，2010：《论"金砖四国"产业结构与就业结构的变动及其相关性》，《河北学刊》第 6 期。

[31] 中国经济增长与宏观稳定课题组，2008：《外部冲击与中国的通货膨胀》，《经济研究》第 5 期。

[32] 中国经济增长与宏观稳定课题组，2009：《全球失衡、金融危机与中国经济的复苏》，《经济研究》第 5 期。

[33] Ahmed and et al, 1993, "International Business Cycles", American Economic Review, Vol. 83, No3, pp. 335 – 359.

[34] Baxter, Marianne and Kouparitsas, M. A., 2005, "Determinants of Business Cycle Co-movement：A Robust Analysis", Journal of Monetary Economics, Vol. 52, No1, pp. 113 – 57.

[35] Burbidge and Harrison, 1985, "Accounting for the Impact of Fluctuations in U. S. Variables on the Canadian Economy", Canadian Journal of Economics, ⅩⅧ, pp. 784 – 798.

[36] Eickmeier, Sandra, 2007, "Business Cycle Transmission from the US to Germany—A

Structural Factor Approach", European Economic Review, Vol. 51, No3, pp. 521 – 551.

［37］ Frankel, Jeffrey A. and Rose Andrew K., 1998, "The Endogeneity of the Optimum Currency Area Criteria", Economic Journal, Vol. 108, No449, pp. 1009 – 25.

［38］ Fukuda, 1993, "International Transmission of Monetary and Fiscal Policy", Journal of Economic Dynamics and Control, Vol. 17, pp. 589 – 620. 2.

［39］ Glick R. and Hutchison, M., 1999, "Banking and Currency Crises: How Common Are Twins?", In Financial Crises in Emerging Markets, NY: Cambridge University Press.

［40］ Glick, R. and Rose, A. K., 1999, "Contagion and Trade: Why Are Currency Crisis Regional", Journal of International Money and Finance, Vol. 18, pp. 603 – 617.

［41］ Hickman and Filatov, 1983, "A Decomposition of International Income Multipliers", Global Econometrics, The MIT press.

［42］ Kose, M. A. and Kei-Mu Yi, 2006, "Can the Standard International Business Cycle Model Explain the Relation Between Trade and Co-movement?", Journal of International Economics, Vol. 68, No2, pp. 267 – 95.

［43］ Kose, M. A., Otrok, C. and Whiteman, C. H., 2008, "Understanding the Evolution of World Business Cycles", Journal of International Economics, Vol. 75, No1, pp. 110 – 130.

［44］ Michael D. B. and Helbling T. F., 2010, "International Business Cycle Synchronization in Historical Perspective", NBER Working Papers, W16103.

［45］ Mishkin F. S., 2011, "Monetary Policy Strategy: Lessons from the Crisis", NBER Working Papers, W16755.

［46］ Philippe Aghion, Philippe Bacchetta and Abhijit Banerjee., 2004, "Financial Development and the Instability of Open Economies", NBER Working Papers, W10246.

［47］ Ravi Balakrishnan, Stephan Danninger, Selim Elekdag and Irina Tytell., 2009, "The Transmission of Financial Stress from Advanced to Emerging Economies", IMF Working Papers, WP/09/133.

［48］ Selover, 1997, "Business Cycle Transmission between the United States and Japan: A Vector Error Correction Approach", Japan and the World Economy, No 9, pp. 385 – 411.

［49］ Svensson and Van Winjbergen, 1989, "Excess Capacity, Monopolistic Competition and International Transmission of Monetary Disturbances", Economic Journal, No 99, pp. 785 – 805.

［50］ Svensson, 1988, "International Fiscal Policy Transmission", Modelling Trade and Trade Policy, pp. 89 – 118.

［51］ Williamson, J and Maher, M., 1998, "A Survey of Financial Liberalisation", Princeton Essays in International Finance, No 211.

The Inflation Cycle Co-movements of BRICS:
Based on SPSS Factor Analysis and
Cluster Analysis Methods

Abstract: This paper discusses the co-movements in the inflation cycles of BRICS and the influencing factors. We show that there are strong co-movements in the inflation cycle fluctuations of BRICS. Using SPSS factor analysis and cluster analysis methods, this paper draws the conclusions that the co-movements of BRICS' inflation cycles result in large parts from the combined effects of the world inflation fluctuations and the nature of large developing countries. The inflation cycles of BRICS can be divided into the "ups and downs" type and the more stable type. China's inflation cycle lies between these two types, but has more "ups and downs" tendency. The conclusions of this paper make a reflection of the reasons for the formation of BRICS' cooperation mechanisms and the necessity for BRICS to strengthen economic cooperation and policy coordination in the future, and at the same time provide a reference for the current policies in controlling inflation of China.

Key Words: BRICS; Inflation Cycle Co-movements; Factor Analysis; Cluster Analysis

国际金融合作视野中的金砖国家开发银行[①]

汤凌霄　欧阳峣　黄泽先

汤凌霄，厦门大学经济学博士，武汉大学理论经济学博士后，斯坦福大学访问学者，现任湖南师范大学"潇湘学者"特聘教授，国际金融研究所所长。在《中国社会科学》《经济研究》《金融研究》等期刊发表论文30余篇。先后主持国家社科基金重点项目1项、一般项目2项，国家软科学项目1项，教育部人文社科规划基金1项，中国博士后科学基金1项，湖南省社科基金重点项目1项、一般项目2项，其他省级科研项目6项，获湖南省第十一届哲学社会科学优秀成果奖一等奖（排名第三）、二等奖（排名第一），第十三届哲学社会科学优秀成果一等奖（排名第一）。

---

① 本文原载于《中国社会科学》2014 年第 9 期。

摘要： 金砖国家开发银行是国际金融合作的创新形式。金砖国家基础设施建设存在巨大融资缺口，其庞大的外汇储备缺乏盈利渠道，成员国各自封闭式的管理成本高昂。基础设施投资需求和外汇储备盈利需求的耦合，成为设立金砖国家开发银行的现实动因。金砖国家经济的波动协动性和比较优势，使成员国间的合作利益得以优化。与其他合作方式相比，网络虚拟性使金融合作在短期内具有高效率。金砖国家经济的发展与稳定之间的抱互性关系，为其设立开发银行奠定基础。作为处于转型时期的新兴大国金融合作机构，它应遵循市场规则和国际规则，依托政府和市场，设计适宜的低成本中长期融资、管理机制。

关键词： 金砖国家开发银行；国际金融合作；抱互性关系；适宜性机制

一、导言

进入 21 世纪，随着金砖国家对全球经济贡献率的日益增大，金砖国家从一个经济概念发展成为新的国际合作平台。2008 年金融危机爆发后，从提出推动国际金融机构改革、提高新兴市场国家在国际金融机构中的发言权，到联合签署《金砖国家金融合作框架协议》，金砖国家金融合作逐渐扩大和深化。2011 年的金砖国家《三亚宣言》强调，在利益共享原则基础上，推动多边主义和南南合作，确立以经贸和金融为重点领域的金砖国家合作机制。在 2012 年 3 月的金砖国家峰会上，印度正式提议成立金砖国家开发银行。2013 年 3 月，金砖国家领导人在德班峰会上明确表示，同意建立"新的开发银行"和应急储备基金。目前，这两项提议正在积极筹备中，2014 年 7 月的巴西峰会上将切实予以推进。设立金砖国家开发银行并非一项偶然提议，它反映了世界经济格局的重大变化趋势，也是改善全球经济治理、改革国际金融体制、重建国际经济新秩序的必然要求。这表明，金砖国家试图依靠自身力量，弥补现有国际金融机构功能的缺失，通过"抱团取暖"方式，利用自身的全球金融资源，形成核心凝聚力，以积极姿态参与重塑国际经济新秩序的行动。

实际上，最早提出发展中国家组建开发银行构想的是约瑟夫·斯蒂格利茨和尼格拉·斯特恩。[1] 近些年来，围绕该银行设立的必要性和可行性，学者们展开了激烈争论，形成以下主要观点：

第一，南北合作与南南合作之争。一种观点认为，依靠现有全球通行的金融体系以及国际货币基金组织（IMF）、世界银行（WB）等机构，能使金砖国家发展得更好。世界银行的多项研究报告表明，对发展中国家而言，南北合作优于南南合作。他们根据新经济增长理论提出，知识能有效提高生产率和促进经济增长，通过南北贸易、投资等合作，能使知识多的发达国家将知识溢出到发展中国家，发展中国家更能获得产业垂直分工的益处，有利于南北之间的差距。[2] 而斯蒂格利茨等则主张，设立南南开发银行，以新兴经济体储蓄，满足自身投资需求。其理论渊源可追溯至20世纪60年代后期西方学界的激进主义流派。他们主张南南合作，反对南北合作，认为发达国家凭借对雄厚资金、先进技术和研发的垄断，通过不平等交换和跨国公司等方式，形成的北方对南方的支配－依附关系，已成为南方贫困的根源，因而主张与国际体系"脱钩"，走集体自力更生的道路。1964年，发展中国家为改善自身不利地位，提出"建立国际经济新秩序"。1974年5月，联合国大会第六届特别会议通过《关于建立新的国际经济秩序的宣言》和"行动纲领"。邓小平在大会上强调，"发展中国家之间的经济合作具有特别重要的意义"。[3] 进入21世纪以来，受到联合国的推崇，斯蒂格利茨等主张的南南开发银行实为一种新型的南南合作，[4] 即在充分利用发达国家知识溢出效应和发展中国家资源与市场优势的基础上，多元化选择战略伙伴的包容式南南合作。

第二，重复建设与有益补充之争。古斯塔博·弗朗哥等认为，国际上现已成立美洲、非洲、亚洲、欧洲开发银行等区域性金融机构，金砖国家分别是各自的成员，可满足其投资需求，若再组建金砖国家开发银行，将导致重

---

① 2012年，印度外交部长克斯纳（SM Krishna）在访谈中说，提议建立金砖国家开发银行的原创来自斯蒂格利茨和斯特恩。他们认为，为满足新兴发展经济体的投资需求，应建立金融中介系统即南南开发银行（后被称为"金砖开发银行""金砖国家开发银行""金砖国家银行"等），以循环利用自身储蓄（参见王龙云：《金砖五国领导人会议将举行或成立联合开发银行》，《经济参考报》2012年3月27日）。2010年11月，在首尔举行的G20峰会上，印度总理辛格曾非正式地提出该想法。

② 参见苏雪串：《南南合作？南北合作？——发展中国家在国际区域经济一体化中的选择》，《经济经纬》2006年第2期。

③ 《邓小平在联合国大会第六届特别会议的发言》，《人民日报》1974年4月11日第1版。

④ M. Romani, N. Stern and J. Stiglitz, "Brics bank Is a Fine Idea Whose Time Has Come", Financial Times. April 5, 2012.

复建设和资源分化。① 与此相左的观点是，目前区域性政府间金融机构尚未达到饱和状态，"世界需要更多的银行"。② 我们认为，尽管金砖国家是这些机构的成员，但它们在其中的投票权较低，如在亚洲、非洲开发银行的投票权占比仅为12.2%、6.3%；这些银行服务对象众多，金砖国家从中获得融资和所起作用很有限，且金砖国家是中等收入国，无法享受援助性低息贷款。因此，组建一家以金砖国家为主要成员并发挥关键作用的金融机构，主要服务于金砖国家的经济发展，是对现有机构的有益补充，而非简单重复。

第三，地理差异与共同诉求之争。有学者强调，金砖国家地理差异很大，分布于四大洲，各成员的身份、制度、理念与文化互难认同，③ 西方压力与技术问题④使建立统一的发展银行难度很大；有学者预期，南南合作将因发展中国家之间竞争而分化，有的根据各国具体问题上的分歧等怀疑该构想的前景和银行的运作能力。⑤ 另一些学者则持乐观态度，认为前者仅看到金砖国家地理政治和文化差异，未看到金砖国家人口众多、市场潜力大、经济增长快以及转轨期面临诸多相似问题等共同点，尤其是金砖国家在国际分工体系和货币金融体系中处于弱者地位，具有相同的利益诉求。⑥ 在通信网络和电子技术高度发达的全球化时代，地理差异的影响大幅下降，金砖国家开发银行的运作不会因此受阻，起决定作用的是合作利益以及制度的合理设计。

以上仅是见诸报刊的关于是否需要设立金砖国家开发银行的访谈式观点争论，对设立依据尚未展开充分论证。而关于金砖国家开发银行的性质与运行的探讨，主流是"开发性银行"方案。如斯蒂格利茨等认为，它基于新兴经济体基础设施巨额需求而产生，应是一家完全现代的银行，包括贷款、股权、担保等系列工具，承担环保责任，成员包括国家或国际开发银行和主权

---

① 参见财新网记者李昕专访：《前巴西央行行长：金砖开发银行与外交官的大富翁游戏》，2013年6月24日，http://special.caixin.com/2013-6-24/00545105.html.
② 据《日本经济新闻》报道，印度政府规划委员会副主席阿拉瓦利亚（Montek Singh Ahluwalia）于2012年3月27日表示世界需要更多的银行，金砖国家开发银行旨在增加对发展中国家基础建设贷款。（参见驻日本使馆经商参处：《印度提议设立金砖国家银行》，中国商务部网站，2012年3月28日。）
③ 参见刁晓琼、左璇：《金砖国家遭遇金融新挑战》，《财经》2012年第8期。
④ 参见欧阳峣：《大国经济研究》（第五辑），北京：经济科学出版社，2013年，第100页。
⑤ 参见阿兰·弗亚：《金砖国家只是一个幻想》，《参考消息》2012年4月10日。
⑥ 参见欧阳峣、张亚斌、易先忠：《中国与金砖国家外贸的"共享式"增长》，《中国社会科学》2012年第10期。

财富基金等。① 姚枝仲和李众敏也从基础设施投融资需求出发，提出设立金砖开发性金融机构，并对其宗旨职能、股权与治理结构、财务设计、重点业务及风险控制等进行系统研究。② 本文基于国际金融合作视角，围绕发展与稳定主线，将金砖国家的具体经济特性融入金砖国家开发银行机制设计中，对设立的现实依据展开系统分析；构建基于协动性的博弈模型，论证金砖国家金融合作机制的合理性，并基于金砖国家的抱互性特征，阐明其设立的逻辑必要性；研究其宗旨和运行机制，包括资金来源与业务运作等一系列问题，为金砖国家开发银行设立与运作，提供参考。

▶▶ 二、金砖国家金融合作的分析框架

（一）金砖国家金融合作目标聚焦经济发展

金砖国家普遍经历较长期的高速经济增长，在次贷危机中率先复苏，成为全球经济增长的引擎，但又长期快速增长中累积了大量的风险因素。中国在经济增长和结构方面，呈现收入分配差距扩大、内需不足以及要素价格和资源配置等方面的深层矛盾，③ 还有外部需求不稳定、外部非均衡突出的矛盾。后者集中体现在国际收支双顺差，人民币升值压力，外汇储备剧增，冲销操作使利率上升，热钱流入的闭合式循环等，导致央行陷入稳定货币与汇率的两难中。经济增长速度面临挑战，承载经济增长的环境和资源已不再具可持续性。解决中国经济增长与结构调整或内外部发展非均衡问题，都需要新的思路，其他金砖国家解决同一问题的难度更大，更易受国际金融危机及当期美联储退出"量化宽松"政策的影响，遭遇大量外资撤出新兴市场的冲击。2008 年，俄罗斯成为新兴市场中最大资金流出国，流出额高达 1360 亿美元，尤其是最近乌克兰危机引起西方对俄罗斯制裁，导致其资金外逃更为严重。④ 2007—2008 年，印度的净资本流动达到峰值时，占 GDP 的 9%，

① M. Romani, N. Stern and J. Stiglitz, "Brics bank Is a Fine Idea Whose Time Has Come", Financial Times. April 5, 2012.
② 姚枝仲、李众敏：《点石成金——金砖国家开发性金融合作构想》，《财经》2012 年第 9 期。
③ 郭树清：《中国经济的内部平衡与外部平衡问题》，《经济研究》2007 年第 12 期。
④ 欧洲央行行长德拉基 2014 年 5 月 9 日表示，预测俄罗斯资金外逃规模约为 1600 亿欧元（2200 亿美元）。（参见《德拉基：俄罗斯资本外逃规模庞大足以推高欧元汇率》，汇通网，2014 年 5 月 9 日。）

2008—2009 年受危机冲击，降至 GDP 的 0.8%。[1] 2013 年，外资流出使巴西的国际收支出现自 2002 年以来最大规模的逆差，达 122.61 亿美元。[2] 于是，这些国家迅速出现货币贬值、股市下跌、外汇储备流失以及经济增速减缓等现象，结构性问题在资金外流、资产价格去泡沫化过程中充分暴露。从内部来解决这些问题很高成本，尤其是全球化背景下的外部非均衡问题，仅靠一国的自身力量，无法摆脱资金国际流动、汇率僵局以及与之相伴随的全球货币动荡，适当的外部合作与协调，可能会使由外汇市场单方向变动预期引起的货币僵局更快得到解决。[3] 因此，加强金砖国家合作，既可强化外部需求，缓解外部非均衡，亦可为金砖国家经济结构的顺利调整提供缓冲，不失为维持经济增长的可持续性的一种新思路。

（二）金砖国家金融合作动力源于经济利益

温特认为，国家往往按照一定章程和规则行事，个人则并非总是如此，故国家行为比个人行为更易于推测，更符合"理性经济人"假定。[4] 从经济学角度看，国家之间合作动力源于经济利益，金砖国家概莫能外。第一，金砖国家在经济增长模式和速度、金融结构、对外贸易、外汇储备、通货膨胀和金融风险等方面协动性显著。学者通过实证检验发现：金砖国家增长方式趋同，都为高投入粗放型经济增长；[5] 其经济周期已形成高度协同性和互动性；[6] 通货膨胀周期具有较强协动性；[7] 外汇储备波动也存在较强协动性[8]。由于协动性的存在，金砖国家之间产生一种间接的协动性收益或成本。第二，

---

① R. Mohan and M. Kapur, "Managing the Impossible Trinity: Volatile Capital Flows and Indian Monetary Policy", paper prepared for the Tenth Annual Conference on Indian Economic Policy Reform organized by the Stanford Centre for International Development , Stanford University at Stanford, October 22 – 23, 2009, p. 5.

② 刘彤、杨江玲：《巴西去年外汇逆差创 11 年最高》，新华网，2014 年 1 月 9 日。

③ 罗纳德·麦金农、冈瑟·施纳布尔：《中国的金融谜题和全球失衡》，霍丛丛等译，《国际金融研究》2009 年第 2 期。

④ 亚历山大·温特：《国际政治的社会理论》，秦亚青译，上海：上海人民出版社，2000 年，第 279 – 281 页。

⑤ 林跃勤：《新兴经济体经济增长方式评价》，《经济社会体制比较》2011 年第 5 期。

⑥ 贺书锋：《"金砖四国"经济周期互动与中国核心地位——基于 SVAR 的实证分析》，《世界经济研究》2010 年第 4 期。

⑦ 张兵、李翠莲：《"金砖国家"通货膨胀周期的协动性》，《经济研究》2011 年第 9 期。

⑧ 汤凌霄、欧阳蛟、皮飞兵：《金砖国家外汇储备波动的协动性及其影响因素》，《经济研究》2014 年第 1 期。

金砖国家比较优势显著。比较优势理论认为，国家之间技术差异和资源禀赋差异，会形成国际分工，进而成为国际贸易收益的源泉。中国的制造业、基础设施方面的技术优势突出，印度的信息技术优势显著，两国在人力资源上显著占优。俄罗斯的能源和重工业技术优势相对明显。巴西和南非的自然资源丰富。金砖国家的技术与资源禀赋差异，形成互补性贸易投资格局，在南南合作框架下，可产生坚实的共享式外贸增长基础和广泛利益源。①

习近平主席强调："我们应该坚持共赢精神，在追求本国利益的同时兼顾别国利益，做到惠本国、利天下，推动走出一条大国合作共赢、良性互动的路子。"② 实现经济利益的共赢，这是金砖国家金融合作发展的根本前提。金砖国家扩大本币结算和贷款业务规模的金融合作，包括银行、证券等领域的监管合作与信息交流，能减少货币错配带来的汇率和资产风险，减少金融交易成本，增加金砖国家彼此间贸易和投资的收益。尽管金砖国家目前的货币政策、财政政策、汇率政策等宏观经济政策协调程度不高，但经充分合作将产生系统性收益，推动金融合作机制的逐渐形成。

（三）金砖国家金融合作谋求国际货币金融体系改革

关于当今国际货币体系即不钉住黄金的美元本位制的运行机制和本质特征，"欧元之父"、诺贝尔经济学奖得主蒙代尔有如下描述：外围国家货币政策受国际收支均衡制约，而美国则根据自身价格的稳定目标，自主操作货币政策，没有任何对外围国家负责的机制，外围国家也没有任何可以改变美国货币政策的工具，由此美国的货币政策决定整个体系的通货膨胀，该体系本质上是"一个霸权体系，一个'罗马帝国式的方案'"。它给贸易顺差国带来严重的通货膨胀，最终迫使顺差国央行不得不放弃挂钩汇率。③ 当代金融发展和金融压抑理论的奠基人麦金农，在他论述国际收支失衡和汇率问题的三部著作中指出，在美元本位制下，日本、中国和其他东亚国家等外围国家产生日益增大的经常账户顺差，根源在于美国出现日益增大的经常账户逆差及

① 欧阳峣、张亚斌、易先忠：《中国与金砖国家外贸的"共享式"增长》，《中国社会科学》2012年第10期。
② 习近平：《新起点 新愿景 新动力——在金砖国家领导人第六次会晤上的讲话（2014年7月15日福塔莱萨）》，《人民日报》2014年7月17日，第2版。
③ 蒙代尔：《蒙代尔经济学文集——国际货币：过去、现在和未来》（第六卷），向松祚译，北京：中国金融出版社，2009年，第161页。

逆差背后的低储蓄率，这导致外围国家陷入货币错配、高储蓄两难或通货紧缩的困境。[1] 金砖国家均为外围国家，长期受制于发达国家主导的全球产业链分工和金融分工，以极低的劳动力成本，制造大量优质产品或资源出口换回巨额外汇，再投入欧美金融市场而形成巨额外汇储备。当前为应对欧美债务危机，发达国家已实行多轮量化宽松的货币政策，利率降至几近于零，致使投机资金大量涌入金砖国家，进一步推高金砖国家的顺差和外汇储备，导致本币升值，通胀压力增大，外汇储备大幅缩水，而发达国家量化宽松政策的漫长退出，又造成金砖国家大量资金流出，本币贬值，外汇储备大量流失，加剧了金砖国家的金融脆弱性和经济波动。

对此困境，麦金农提出完善美元本位制方案，[2] 主张由美国在长期内控制通货膨胀，在短期内美元走弱时，提高利率，防止热钱流向他国，同时增加国内储蓄，缓解经常账户赤字；外围国家应持有美元储备，采取盯住美元的汇率政策。该方案侧重于美国利益，症结在于，金砖国家没有监督美国货币政策的权利和工具，只能被动接受美国的作为与不作为，付出成本而盯住美元的"收益"，却可能是"输入通货膨胀或紧缩"。蒙代尔则提出"欧洲货币一体化"的解决思路。[3] 我们认为，金砖国家目前缺乏如欧盟国家般建立货币一体化的政治经济、文化历史和地理环境等综合条件。为扩大对外贸易和投资，金砖国家仍须在现行国际货币金融体系下，充分利用美元的国际货币地位及其网络效应，降低交易成本。但关键还在于，金砖国家加强金融合作，采取以下措施，改变美元本位制下金砖国家共同的弱势地位和困境：（1）通过金砖国家金融合作，形成共同的利益和声音，提升金砖国家在 IMF 和 WB 等国际金融机构的份额和话语权；（2）通过金砖国家开发银行间资本

---

[1] 麦金农、大野健一：《麦金农经济学文集——美元与日元：化解美日两国的经济冲突》（第五卷），王信、曹莉译，北京：中国金融出版社，2006 年，第 17－37 页、第 58－61 页、第 78－97 页；麦金农：《麦金农经济学文集——美元本位下的汇率：东亚高储蓄两难》（第六卷），王信、何为译，北京：中国金融出版社，2006 年，第 1－9 页、第 76－89 页，第 192－208 页；Ronald I. McKinnon, The Unloved Dollar Standard: From Bretton Woods to the Rise of China, New York: Oxford University Press, 2013, pp. 85－99, 130－134, 162－169.

[2] 麦金农认为，各国不可能产生一致、可替代国际货币，唯一可行的国际货币改革方案即完善美元本位制，包括 10 条规则，6 条针对美国，4 条针对外围国家。参见 P. I. McKinnon, The Unloved Dollar Standard: From Bretton Woods to the Rise of China, p. 190.

[3] 蒙代尔：《蒙代尔经济学文集——国际货币：过去、现在和未来》（第六卷），向松祚译，北京：中国金融出版社，2009 年，第 154 页。

市场合作，以及资源环保与高新技术等领域投融资合作，扩大本币结算和贷款业务，推动本币国际化进程，减少对美元的依赖，促进国际货币多元化；（3）通过设立新的金融机构和应急储备安排，摆脱 WB 和 IMF 对金砖国家和其他发展中国家贷款及其治理的苛刻附加条件，诸如公共事业私有化、市场自由化等，弥补现有国际金融机构的功能缺失，构建公平合理的国际经济新秩序。

三、现实动因：基础设施投资需求与外汇储备盈利需求的耦合

（一）金砖国家基础设施存在巨大融资缺口

金砖国家大多资源能源丰富，但基础设施发展滞后。根据世界经济论坛评估，在 144 个国家和地区基础设施整体质量排名中，除南非、中国外，其他国家排名靠后；不同类型基础设施质量差异很大，巴西的道路、港口和机场，中国的移动通信，印度的电力、移动和固定通信，俄罗斯的道路等均落后于第 110 名（见表 1）。陈旧的基础设施严重制约着资源开发和经济发展，大力投资基础设施成为解困必由之路。金砖国家大多处于城市化进程中，对城市交通、通信、供电、供热、供气、供排水和污水垃圾处理等的需求巨大。随着全球化、市场化、区域一体化趋势日益明显，各种庞大要素流动规模和速度不断提升，需要更大的基础设施承载力与之相匹配。伴随低碳、环保、新能源等绿色技术的开发，为增强适应气候变化的能力、提高能源资源利用效率、扭转生态环境恶化趋势，传统基础设施面临全面改造，须大规模投资于低碳性、高效能、低污染的新型基础设施。

表 1 金砖国家基础设施质量统计表

国家	总计		道路		铁路		港口		机场		电力		移动通信		固定通信	
	排名	值	排名	值	排名	值	排名	值	排名	值	排名	值	排名	值	排名	值
巴西	107	3.4	123	2.7	100	1.8	135	2.6	134	3	68	4.9	41	123.2	55	21.9
中国	69	4.3	54	4.4	22	4.6	59	4.4	70	4.5	59	5.2	114	73.2	58	21.2
印度	87	3.8	86	3.5	27	4.4	80	4	68	4.7	110	3.2	116	72	118	2.6
俄罗斯	101	3.5	136	2.3	30	4.2	93	3.7	104	3.8	84	4.3	5	179.3	41	30.9
南非	58	4.5	42	4.9	46	3.4	52	4.7	5	6.1	94	3.9	35	126.8	99	8.2

数据来源：世界经济论坛，全球竞争力报告 2012—2013。（http：//www.weforum.org）

中国"十二五"规划拟投资6.2万亿美元，将大规模基础设施建设、出口以及清洁能源作为促进经济增长的关键，包括能源、电力、铁路、高速公路、机场等项目。正在拟议的欧亚、中亚、泛亚三条跨国高铁宏伟计划，中方将大力承担技术和资金，巨额资金筹集将是中方面临的巨大挑战之一。印度"十二五"计划提出1万亿美元的基础设施投资，其中与公路、铁路相关的基础设施分别达420亿、670亿美元。俄罗斯从2012年起计划10年中投资1万亿美元，用于基础设施建设。巴西2012—2016年拟投资1万亿美元的基础设施建设。南非正推行全国基础设施建设计划，将它作为调整经济结构、促进经济包容性增长的重要工具，截至2015年的投资为1千亿美元。①

既有融资渠道尚不能满足上述巨额投资需求。首先，从国内融资看，开放经济条件下的国民收入是本国和外国花费在由本国生产要素生产的商品和服务的总和，经常账户余额被用来表示进出口商品与服务之差（$CA = X - M = Y - (C + I + G)$），可以此衡量一国总体储蓄投资的缺口。巴西、南非、印度的经常账户逆差，2012年分别达524.5亿美元、233.3亿美元、881.6亿美元，②表明其国内储蓄不足以满足基础设施投资需求。中国、俄罗斯的经常账户虽然呈现顺差，2012年分别为1931.4亿美元和720.2亿美元，③ 表明国内储蓄过剩，但由于国内储蓄投资转换机制不健全、资本市场等长期融资欠发达、外汇储备不能直接用于国内投资等原因，中俄仍存在较大融资缺口。以俄罗斯为例，2011年年底的俄银行业总资产规模为1.23万亿美元，对国内政府和其他部门债权为6882亿美元，④ 大部分银行受制于资本充足率指标以及风险偏好，无法满足大额中长期贷款需求。在当前与西方对峙而导致大量资金外逃、经济增长趋缓的情况下，尤为如此。其次，从外部融资看，2008—2012年，WB对金砖国家总贷款520.31亿美元，其中最低值为对俄贷款，仅5.15亿美元；至2011年底，亚洲开发银行仅对中、印两国累计贷款259.76亿美元和269.96亿美元，而对其他金砖国家未提供任何贷款支持；至2011年底，

① 数据来源于中国经济网、国家在线等权威媒体网站。

② 见各国央行网站，International Monetary Fund, World Economic Outlook Database, 2013.

③ 见各国央行网站，International Monetary Fund, World Economic Outlook Database, 2013.

④ 2011年年底，俄罗斯银行业净国外资产17391930百万卢布，对政府及其他部门债权22155581百万卢布，按同年底卢布对美元汇率32.1961折算而成。见 The Central Bank of the Russian Federation, Bulletin of Banking Statistics, no. 12（235），Moscow, 2012.

欧洲复兴开发银行和泛美开发银行仅对俄罗斯和巴西提供了少量贷款。多边国际开发机构数百亿的资金供给，难以满足金砖国家数以万亿美元计的基础设施融资需求，从而迫切需要金砖国家创新融资渠道。

（二）金砖国家外汇储备缺乏盈利投资渠道，封闭式管理成本高

20 世纪 90 年代以来，金砖国家的外向型增长导致大量外汇储备持续增加（见表2），呈现两大特征：（1）外汇储备增速快、总量大、分布不均。截至 2012 年底，金砖国家外汇储备总计 4.45 万亿美元，全球占比高达 40.6%。除南非外，中、俄、巴、印四国的外汇储备分别居全球第一、四、七、十位，2002—2012 年，四国的外汇储备年均增速分别为 29.09%、30.98%、25.77% 和 19.27%，南非为 23.05%。2012 年，中国的外汇储备与南非相差 75 倍。（2）外汇储备波动增大，且具有协动性。按储备来源的稳定性分析，[①] 除中国外，金砖国家外汇储备来源不稳定、波动性大。2000—2012 年的国际收支平衡表显示，中国巨额外汇储备来源于双顺差，经常项目余额 CA 对储备的贡献率为 64.7%，大于资本项目余额 KA 对储备的贡献率 35.3%，CA 中最重要项目"货物贸易"种类多，且具有类发达国家的出口品结构，而 KA 中外商直接投资（FDI）占比大，故储备稳定性较高。巴、印和南非三国外汇储备主要来自 KA 顺差，[②] 属于债务性储备，一旦遭遇经济危机冲击，容易形成资金外流、储备流失。俄罗斯的外汇储备尽管主要来源于 CA 中的货物贸易，但出口品种较单一，储备积累受石油等大宗商品的国际价格波动影响大。进一步的实证分析表明，金砖国家外汇储备波动存在显著协动性。[③] 因为在共同的国际冲击下，具有较强经贸联系的金砖国家，通过相互增加投资、贸易和信贷，导致储备协动性增长。金砖国家在经济基本面、发展战略、利益诉求等方面具有相似性。自 2001 年金砖国家概念提出以来，它们逐步形成的合作机制和态势，更使投资者在心理上已将金砖国家视为一整体。在欧美金融危机及其货币政策的冲击下，这种心理预期引发大量资金几

---

① 根据国际金融理论，储备来源稳定性程度依次为：债权性储备 > 债务性储备，FDI > 短期资本流入而形成的储备。

② 2012 年巴、印、南非 FDI/KA 值分别为 1.09、0.26 和 0.02，储备稳定性依次递减。

③ 汤凌霄等：《金砖国家外汇储备波动的协动性及其影响因素》，《经济研究》2014 年第 1 期，第 114 –116 页。

乎同时出入金砖国家，后者为维护汇率稳定而对外汇市场的干预，造成外汇储备波动的协动性。

表2　金砖国家外汇储备状况（单位：亿美元）

年份	2001	2002	2003	2004	2005	2006	2007	2008	2009	2010	2011	2012
中国	2122	2864	4033	6099	8189	10663	15282	19460	23992	28473	31811	33116
巴西	355	372	467	524	531	845	1635	1909	2286	2761	3432	3621
俄罗斯	325	441	732	1208	1757	2953	4664	4107	4058	4329	4412	4731
印度	453	670	976	1252	1310	1702	2666	2466	2586	2678	2629	2620
南非	58	56	62	128	183	228	293	303	325	354	399	440

资料来源：中国数据来源于国家外汇管理局网站，巴、印、俄和南非四国数据来源于该国央行网站。

具有以上特征的金砖国家外汇储备产生两大问题：（1）增速快、总量大的外汇储备普遍收益率低，且通胀压力增大。目前，金砖国家巨额外汇储备缺乏有效投资渠道，偏重持有安全性高而收益率低的美国等发达国家的国债，对机构债、企业债、股票投资偏少。而美国10年期国债的年收益率平均为3%~6%，次贷危机后量化宽松政策的实施使它降至2%左右，远低于投资股票指数或进行直接投资获取的平均收益率。[1] 这等于资金稀缺的金砖国家，为发达国家提供大量廉价资金或优惠贷款。若外汇储备以既有速度持续增长，资金非合理配置问题将更突出。因此，寻找外汇储备保值增值渠道，以便履行稳定货币金融功能，已成为当务之急。同时，金砖国家为维护汇率稳定，被迫投入大量本币，以平衡外汇市场过剩供给，导致基础货币投放过量，通膨压力上升，使央行陷入稳定货币与汇率两难困境。（2）外汇储备分布不均，波动增大且具有协动性，推高一国封闭式管理储备的成本。如各国集中投资美国国债，将进一步降低其收益率；外资流动迅猛、外汇储备剧烈变动时，实行"以邻为壑"的竞争性资本管制措施，将抵消或恶化政策效果；尤其是金砖国家随着相互间贸易、投资增多和资金流动频繁，以及投资者视其为一体的心理预期增强，危机传染性增大。一旦危机从薄弱环节爆发，为求自保，事先没有合作制度安排的各国政府的博弈，往往是超额储备国放弃与

---

[1]　宗良等发现1925—2005年股票年均收益率为12%。见宗良、李建军、邵科：《对美元资产要有多种化解风险对策》，《上海证券报》2010年7月19日。

储备不足国的合作，即使合作也会附加诸多条件。结果便是储备不足国损失巨大，超额储备国也会因危机传染而受影响。外汇储备本质上反映了全球经济的非均衡，任一金砖国家依靠自身的国力，均缺乏与发达国家协调的谈判能力和独立应对危机的能力。

设立金砖国家开发银行、建立金砖国家金融合作机制，能够为同时缓解金砖国家基础设施巨大融资缺口、外汇储备低收益与封闭式管理高成本的双重耦合作用，提供一种可行性途径。通过金砖国家央行资本金的认缴、央行再贷款等渠道，集中各国外汇储备，同时通过债券发行、国际金融市场融资等途径，有效聚集金砖区内以及国际闲散资金，金砖国家开发银行的设立将加强资金供求之间时空转移的效率。资金期限、规模、币种、风险的转换与组合，能够最大限度地满足金砖区内基础设施巨额的中长期投融资需求。具体而言，（1）外汇储备以金砖国家开发银行资本金形式的运用，将减少央行基础货币的投放，从而部分缓解通膨压力。（2）银行贷款或对实体经济投资所获得的收益，远高于国债收益率，而且，对基础设施的投资能够刺激金砖国家内需，带动经济增长；弱化金砖国家之间的竞争关系，增强其互补性，分享彼此经济增长的益处，实现共赢。（3）金砖国家开发银行的设立将促进金砖国家经济一体化，推动本币结算和货币国际化，[①]增加内部投资和贸易，形成良性循环，减少对美元以及不公平国际经济秩序的依赖。（4）金砖国家协调管理、集中部分外汇储备，可起到调剂储备余缺、增加储备规模、降低储备变动率的作用，且基于协动性的金砖国家合作调整储备战略，有助于提高储备管理效率。总之，金砖国家开发银行的设立，将增进金砖国家的经济和社会效益，改变外汇储备低收益之现状，将发达国家低收益证券投资转化为金砖区高收益实体投资，能有效缓解储备资产缩水和通货膨胀的风险，从而增强金砖国家应对危机传染和冲击的能力。

▶▶ 四、理论逻辑：合作博弈模型与抱互性关系

（一）金砖国家合作的理论基础：基于协动性的博弈模型

由于经济增长模式和经济结构的较高同构性，金砖国家之间的经济发展

---

① 金砖国家之间本币结算始于中俄之间，目前尽管中南、中巴、中印之间本币结算也已启动，但主要仍在中俄之间。参见欧阳峣：《大国经济研究》（第五辑），第 103 - 104 页。

和经济稳定呈现出很强的协动性；同时，由于同一发展模式中各金砖国家的生产要素分布不均，使得金砖国家之间的经济关系产生显著互补性和比较优势。金砖国家之间的合作利益往往比金砖国家与非金砖国家之间的利益要大得多，金砖国家之间对抗的成本往往比金砖国家与非金砖国家之间对抗的成本要大得多，从逻辑上可得出金砖国家合作的必要性。

设金砖国家 1 在某一方面既可与金砖国家 2 合作，也可与非金砖国家 3 合作。假定金砖国家与非金砖国家之间的协动性因子忽略不计，我们可以比较金砖国家 1 在两种情况下的利益。第一，金砖国家 2 只与金砖国家 1 合作的情形。其合作利益来源于两方面，即源于比较优势的直接利益 V_{12} 和源于协动性的间接利益 $V_{21}\rho_{12}$（为 ρ_{12} 协动性因子，且 $\rho_{12}=\rho_{21}$），因此，金砖国家 1 和金砖国家 2 的总利益分别为：

$$V_{M1} = V_{12} + V_{21}\rho_{12}, \quad V_{M21} = V_{21} + V_{12}\rho_{21} \tag{1}$$

第二，金砖国家 2 只与非金砖国家 3 合作的情形。金砖国家 2 与非金砖国家 3 的合作利益来源于两方面，即源于技术溢出或规模经济等直接利益 V_{23} 以及源于协动性的间接利益 $V_{32}\rho_{23}$（为 ρ_{23} 协动性因子，且 $\rho_{23}=\rho_{32}\approx0$），因此，金砖国家 2 和非金砖国家 3 的总利益分别为：

$$V_{M21}' = V_{23} + V_{32}\rho_{23} \approx V_{23}, \quad V_{M3}' = V_{32} + V_{23}\rho_{32} \approx V_{32} \tag{2}$$

为简化分析，我们不妨假定金砖国家之间或金砖国家与非金砖国家之间合作的双方利益均等（在市场条件的竞争性程度较高时，这是非常合理的假定）。此时，有 $V_{12}=V_{21}$，$V_{23}=V_{32}$。显然，（1）只有当 $V_{M2}' > V_{M2}$ 或 $V_{23} > V_{12}$ $(1+\rho_{21})$，即金砖国家 2 与非金砖国家 3 合作的直接利益，大于金砖国家 2 与金砖国家 1 合作的直接利益与间接利益之和时，金砖国家 2 才有激励拒绝与金砖国家 1 合作，而转向与非金砖国家 3 合作。（2）当金砖国家的比较优势更加明显（V_{12} 愈大）或协动性愈强（ρ_{21} 愈大），则金砖国家之间的合作意愿就更强烈（要求 V_{23} 上升更快，这使得金砖国家与非金砖国家的合作难度加大）。（3）只要金砖国家之间的比较优势与金砖国家和非金砖国家之间的合作优势差距太大（真实的情况恰恰相反，即金砖国家之间的比较优势要远高于金砖国家与非金砖国家之间的合作优势，不妨设 $V_{23}\approx V_{12}$），那么，必然有 $V_{M1} = V_{12}(1+\rho_{21}) >> V_{12}\rho_{21} \approx V_{23}\rho_{21} \approx V_{M1}'$，同时，$V_{M2} = V_{21}(1+\rho_{21}) >> V_{21} \approx V_{23} \approx V_{M2}'$，$V_{M1} + V_{M2} = (V_{12}+V_{21})(1+\rho_{21}) >> V_{12} + V_{21} \approx V_{M1}' + V_{M2}'$。

这意味着，金砖国家之间合作的私人利益和整体利益，都要大于金砖国家与非金砖国家合作的情形。

据此可得，由于金砖国家之间的协动性，其相互对抗的损失要大于它与非金砖国家之间的损失；若两个金砖国家，一方采取合作态度，另一方采取对抗态度时，后者利益最大，等等，限于篇幅，不再赘述。总之，金砖国家之间通过紧密和重复合作，才能长期、系统和稳定地增加各国财富。

为更清晰展示金砖国家之间的交互性策略选择，以阐释它们建立紧密经济合作的必要性和必然性，我们进一步构建基于金砖国家之间协动性的博弈模型。

1. 无外部约束和激励的博弈基本模型。

我们首先考虑，金砖国家没有可置信外部约束或激励条件下的博弈模型。任一金砖国家对其他金砖国家的战略为｛合作，独立，对抗｝中的一种选择，我们对各博弈行为和相应的支付作简要说明：

（1）（合作，合作）行为指在充分考虑双方利益基础上，以双方较小代价获取整体最大利益的策略选择；

（2）（独立，独立）行为指双方漠不关心对方利益的策略选择，此时，双方所获收益都较小；

（3）（合作，独立）或（独立，合作）行为指一方愿意付出一定成本充分考虑对方的利益，另一方则对前者利益漠不关心的策略选择，此时，前者所获得的收益小于第一种情况，且双方的整体利益也小于前者；

（4）（合作，对抗）或（对抗，合作）行为指一方愿意付出一定成本充分考虑对方的利益，另一方则恶意惩罚或对抗前者，以获取自身最大利益的策略选择，此时，合作一方利益受到较大损害，而对抗一方则获益最大；

（5）（独立，对抗）或（对抗，独立）行为指一方对另一方利益漠不关心，另一方则恶意惩罚对方，以图自身利益最大化的策略选择，此时，独立一方利益较小，而对抗一方利益较大；

（6）（对抗，对抗）是指双方都不顾对方利益，恶意损害对方利益，以实现自身利益最大化，此时，整体利益反而受损。

根据以上理论分析，我们对各种策略的结果赋值，以博弈矩阵来描述金砖国家之间的博弈过程及其收益，见表3。

表3　金砖国家博弈矩阵

		金砖国家二			金砖国家二最大收益	根据最大最小准则可以得到纳什均衡战略↓
		合作	独立	对抗		
金砖国家一	合作	(10,10)	(5,12)	(−5,15)	15	
	独立	(12,5)	(5,5)	(−5,5)	5	
	对抗	(15,−5)	(5,−5)	(−5,−5)	−5	
金砖国家一最大收益		15	5	−5		(−5,−5)或(对抗,对抗)
根据最大最小准则可以得到纳什均衡战略 →						

　　由于金砖国家之间具有很强的协动性，博弈策略的选择很大程度上影响着金砖国家的整体利益及其在金砖国家之间的分布。从表4中可知（合作，合作）＝（10，10）是一个富有激发力的战略，该状态下任一金砖国家在不损害其他国家利益基础上，不能提升自身利益，因此，这是一种帕累托最优状态。然而，该状态不稳定，在纯自由和纯自主的市场条件下，要求任一金砖国家都符合理性经济人假定，使得博弈不断演化。任一金砖国家的理性行为是希望对方采取"合作"，而自己采取"对抗"战略，模型显示这一战略使该国所获收益最大，达到15；然而，从整个博弈过程来看，（对抗，合作）战略也不能稳定，因为对方也会采取相对称的（合作，对抗）战略，在没有激励和约束条件下，双方最终只得都采取（对抗，对抗）＝（−5，−5）的战略，这是一个纳什均衡。因此，如果金砖国家之间没有一个有效力的合作机制和平台，纯粹遵从市场选择的逻辑，则博弈结果将陷入囚徒困境，各国都将承受较大的对抗损失，最终导致一种帕累托次优状态。这就是博弈论中典型的囚徒困境博弈模型。

　　2. 有可置信的外部约束和激励的博弈模型。

　　从以上自由博弈模型中可知，若无有效外部机制介入，金砖国家之间不可能形成合作。为获得金砖国家整体利益的提升、实现较高的合作剩余，金砖国家之间必须建立起有置信力的约束激励机制，充分平衡各国之间的利益诉求，解除各种市场约束条件，实现帕累托改进，达到帕累托最优状态。从博弈模型来看，实现合作剩余的途径有两类。

　　（1）有外部约束的博弈模型。

第一种途径是建立结构性的"对抗"和"独立"战略惩罚机制。将采取"对抗"或"独立"战略的金砖国家收益至少分别降低 5 和 2，比如分别降低 6 和 3，则以上博弈矩阵的演化如表 4 所示。

表 4　金砖国家博弈矩阵

		金砖国家二			金砖国家二最大收益	
		合作	独立	对抗		"合作"的支付 10 为金砖国家一的占优战略↓
金砖国家一	合作	(10,10)	(5,12 − 3 = 9)	(−5,9)	10	
	独立	(15 − 6 = 9,5)	(5 − 3 = 2, 5 − 3 = 2)	(−5 − 3 = −8, 5 − 6 = −1)	5	
	对抗	(15 − 6 = 9, −5)	(5 − 6 = −1, −5 − 3 = −8)	(−11, −11)	−5	
金砖国家一最大收益		10	5	−5		(10, 10) 或（合作,合作）
"合作"的支付 10 为金砖国家一的占优战略→						

通过建立惩罚机制可以实现合作剩余（10，10），但由于金砖国家之间的社会、政治和经济制度存在很大差异，惩罚机制必然难与各国法律或国际法相一致。因此，通过该途径实现合作剩余有很大的难度，制度设计成本过高。

（2）有外部激励的博弈模型。

第二种途径是建立"增量性"激励合作机制。将采取"合作"战略的金砖国家利益提升至少 5（比如 6），则以上博弈矩阵的演化如表 5 所示。

表 5　激励机制下的金砖国家博弈矩阵

		金砖国家二			金砖国家二最大收益	
		合作	独立	对抗		"合作"的支付 16 为金砖国家二的占优战略↓
金砖国家一	合作	(10 + 6 = 16, 10 + 6 = 16)	(5 + 6 = 11,12)	(−5 + 6 = 1,15)	16	
	独立	(12,6 + 5 = 11)	(5,5)	(−5,5)	11	
	对抗	(15, −5 + 6 = 1)	(5, −5)	(−5, −5)	1	
金砖国家一最大收益		16	11	1		(16, 16) 或（合作,合作）
"合作"的支付 16 为金砖国家一的占优战略→						

通过第二种途径不但可以回避向各国既有利益宣战这一高难度的制度设计，而且可以将合作剩余总额提高到（16，16），这是一种典型的"求同存异"的国际经济交互战略。

显然，第二种途径要比第一种优越，且可行性好。正是这种潜在的帕累托最优状态，激励金砖国家进行各种形式的政治、经济和金融合作。

（二）设立金砖国家开发银行的理论逻辑：发展与稳定的抱互性

1. 各类合作的成本收益比较。

如前所述，由于金砖国家之间存在很强的协动性和比较优势，理性驱动必然导致金砖国家选择合作战略。根据国际合作经验，金砖国家可选择的合作类型包括非经济类合作、一般经济类合作和金融类合作。各类合作的成本收益比较如表6所示。

表6　金砖国家各类合作的成本收益比较

合作类型	合作态度	合作利益	合作成本
非经济类合作	谨慎选择	合作利益可预见性差	时间和经济成本很大
一般经济类合作	较积极	合作利益长期内预见性好	时间和经济成本较大
金融类合作	积极	合作利益短期内预见性好	时间和经济成本较小

由于金砖国家政治体制和法律属性差异很大，建立政治、军事、文化等非经济类合作的意识形态调和成本、时空成本和经济成本都很大，且合作过程中不易克服的不确定性因素多，故中长期内这类合作是有限和非正式的。一般经济类合作，可围绕金砖区域内建立相互开放的内部市场这一中心思路来进行。金砖国家都有很大的市场需求，且具很强的互补性和梯度性。但如果金砖国家之间的市场要素流动存在很大障碍，则会阻碍市场的开放和金砖国家的经济增长。金砖国家自由市场的建立，需要各成员国在经济体制、对外贸易制度等方面，表现出充分的容忍性和一定的妥协性、前瞻性。这类合作短期内面临较大的空间成本、时间成本和经济成本，须经中长期努力方见成效。而金融类合作可围绕建立具有特定目的和宗旨的合作性金融机构这一思路来进行。由于金融的虚拟特性，可充分借助网络来降低金融合作的空间和时间成本，短期内就能够见到成效。

2. 金砖国家经济发展与稳定的抱互性。

金砖国家需庞大资金才能维护的经济发展与稳定关系，具有经济阶段性，狭义上可将其视为经济增长与经济结构的关系，本文将这种关系区分为分离性关系和抱互性关系两类。

抱互性关系指经济增长速度与经济结构的一致性之间，存在显著的相互影响关系，往往发生在经济增速较快、经济结构相对不稳定的发展阶段。此时，这些国家进一步提高经济增速，会面临经济失控风险，或者经济增速非预见性放缓，会冲击现有的经济结构，从而导致稳定性问题；当经济结构不能协调或不能平衡时，就会阻碍维持经济增长的趋向。分离性关系则指经济结构的调整与经济增速之间，不存在显著的相互影响关系，往往发生在经济增速适度、经济结构相对稳定的发展阶段。犹如骑自行车，车速适当时，刹车或适当加速都不会出现人仰马翻的稳定性问题；反之则亦反。

当前，西方主要发达国家的经济发展和稳定关系属于分离性关系，它们可以集中资源，治理发展问题或稳定问题。金砖国家的经济则属于抱互性关系，调整经济结构是维持经济增长速度的主要手段和方式，而维持必要的经济增长速度又是保持经济结构一致性即经济稳定的前提和依据。相对复杂的稳定和发展之间的联系，显然加大了宏观调控的难度，但稳定经济增长依然是短中期内的首要任务。然而，中长期内的宏观调控基点必须保持经济增长速度的适度性和经济结构调整的适度性。鉴于当前金砖国家最迫切可行、成本最低和效益预见性最好的合作，是建立金融合作模式或组织，因此，我们可以首先考虑，设立短中期内能为其经济稳定增长保驾护航的金砖国家开发银行。排在第二位的，是金砖国家如何在中长期内有效调整经济结构以适应经济增长的需求，金砖国家开发银行可发展为一个援助性、开发性的金融合作组织，一个使成员国可高效共享资源的平台。这将有效地推动金砖国家短中期内经济稳定增长战略的实施。金砖国家之间程度较高的协动性和互补性意味着，金砖国家之间只有充分有效地合作，才能实现各成员国的利益最大化和机会成本最小化。

五、以市场为基础的金砖国家开发银行运行机制

(一) 符合市场规则和国际规则的适宜性机制

所谓适宜性机制，就是指能够适应客观情况及其变化的系统运行机制。金砖国家同属新兴大国，经济结构和体制处在转型中。作为转型中新兴大国的金融合作机构，金砖国家开发银行应该采用适应成员国客观情况及其变化

的运行机制，从关系合约即适应金砖国家互利共赢的协议和规则，向正式合约转变。但在总体上，金砖国家开发银行应建立符合市场规则和国际规则（包括国际惯例、准则和法规）的规则型治理结构和运行机制，实施基于市场的资金来源与运行机制、价格机制、竞争机制和风险机制等。这样，才能独立于成员国在政治体制、意识形态和法律法规等方面存在较大的差异或冲突。当前，金砖国家普遍面临市场环境不完善、信用缺损、产权界定不明晰、金融深度与创新不足以及基础设施落后等问题，金砖国家开发银行如果遵循市场规则运行，其示范效应对于各成员国内部市场机制的完善和金融深化将具有深远意义。国外开发性金融的发展历程也表明，成功的开发性金融所需具备的首要条件，就是尊重市场机制和减少政府干预。英美等发达国家对金砖国家开发银行的怀疑甚至反对，主要出于"金砖国家政府可能干预过多而扰乱市场公平竞争"的担心。充分借鉴 WB 和亚洲开发银行等的董事会制度、资金筹措机制和项目评估机制等运行机制，解决好这一问题，可赢得市场声誉和降低融资成本。

（二）依托政府和市场的低成本中长期融资机制

融资机制是金砖国家开发银行的关键要素，直接影响机构存续能力和功能实现能力。融资机制一般分为政府型、市场型两类。美国开发性机构往往采取后者，因为美国具有发达的资本市场和商业金融体系和美元国际货币地位，市场融资便捷、高效、成本低。鉴于金砖国家开发银行的设立着眼于为巨大基础设施投资需求与过多外汇储备之间提供一种契合机制，且成立之初其业绩尚未显现、信誉暂未确立，主要成员国除中国的信用评级为"AA－"级外，其他成员国均介于"BBB－"与"BBB＋"级之间，[①] 采用完全的市场型机制，可能出现融入资金成本高、期限短、总量小、结构单一现象，与它将从事的中长期优惠批发贷款业务不相匹配，从而形成资金供求以及资金来源的商业性、短期性、硬负债与资金使用的政策性、长期性、软资产的矛盾。而政府型融资又可能导致"第二财政"、政府过多干预和低效率。因此，金砖国家开发银行对政府或市场任一方的单纯依靠均不足取，须结合两者融

---

① 以上为标准普尔和穆迪评级机构截至 2011 年 7 月的信用评级。乌克兰问题引起西方对俄罗斯制裁后，标准普尔 2014 年 4 月因外部融资条件显著恶化，将俄罗斯外币信用评级降为"BBB－/A－3"级。

资优势，建立同时依托两者的低成本融资机制。

源于政府资金的渠道包括以下方面：（1）金砖国家以外汇储备缴纳资本金。确定金砖国家开发银行资本金规模须参照国际标准。① 考虑金砖国家发展与稳定状况及履行功能时产生的范围经济，② 粗略估计履行基建投资功能③所需资本金为 1500 亿美元，履行稳定功能所需资本金 1000 亿美元，最终可将金砖国家开发银行初始资本金规模区间定为 1500 亿～2500 亿美元。有建议金砖国家开发银行采用股本平摊制，如英国《金融时报》报道的一项提议，各成员国均出资 100 亿美元等额资本金。④ 笔者认为，由于各国经济实力不同、外汇储备分布不均，认缴等额资本金将严重限制金砖国家开发银行资本金规模，影响功能的实现。因此，建议金砖各国资本金的认缴，应取决于各自经济实力、对外贸易与外汇储备等状况。鉴于中国已是世界第二大经济体、外汇储备居全球第一等现状，可在其中起主导作用。同时，为保持金砖国家开发银行的"金砖特性"，可考虑 70% 资本金来源于金砖五国。（2）根据金砖国家开发银行的业务发展和盈利状况，建立金砖国家财政或央行再贷款等增资机制。同时，它们也可以市场主体身份参与购买或持有金砖国家开发银行发行的债券。（3）借鉴发达国家开发机构以及俄罗斯开发银行的经验，引入公私伙伴关系机制，以政府担保或提供贷款保险等手段实现组织增信，缓解信息不对称，引导其他私人债务融资。

源于市场资金的渠道包括包括以下方面：（1）发行债券和票据。大多数区域性开发机构的资金来源通常采取市场型。2010 年，泛美开发银行资金的97.5%、欧洲投资银行资金的 94.3%、欧洲复兴开发银行的 87.4%，均以债券和票据形式从国际金融市场上筹集。为促进金砖国家债券市场一体化和本币国际化进程，金砖国家开发银行可考虑在金砖区内发行以当地货币计值的

---

① 截至 2012 年年底，IMF 认购与实缴资本为 7200 亿美元、3170 亿美元；亚洲开发银行、欧洲投资银行、泛美开发银行实际现有资本金分别为 133 亿美元、552 亿欧元、206.8 亿美元。非洲开发银行授权资本、认缴资本、实缴资本分别为 669.8 亿美元、652.2 亿美元、49.6 亿美元。截至 2012 年 6 月底，WB 认购资本、实际资本为 2054 亿美元、367 亿美元。参见上述各金融机构网站。

② 若金砖国家发展与稳定呈负相关关系，则应加总两方面资本金需求；若两者正相关，则会减少部分稳定资本金需求。

③ 目前已公布的金砖五国 3 至 10 年内基建投资总额为 9.3 万亿美元，若 5% 拟从金砖国家开发银行筹集，且其资本充足率设定为 30%（通常为 30%～40%），粗略估算资本金规模为 1550 亿美元。

④ 亨利·曼斯：《金砖国家筹建开发银行》，《金融时报》（FT 中文网）2012 年 10 月 10 日。

外国债券。同时，为拓宽多元化融资品种和其他融资渠道，也可在国际金融市场上发行欧洲债券等品种。（2）鉴于国际开发银行运用金融衍生工具融资的新趋向，如 2010 年非洲开发银行从该渠道筹得 16.4% 的资金，金砖国家开发银行可考虑在债券发行基础上逐步推出对冲汇率风险、利率风险的各种金融衍生工具，以丰富融资工具。

在当前金砖国家中长期资本市场欠发达的状况下，金砖国家开发银行成立初期应充分利用政府充裕的外汇储备，随着债券等发行经验积累及市场认可度的提高，逐步转向多从国际金融市场融资，从以美元定价发行转向更多以金砖国家货币定价发行，从平等推出各国货币转向集中推出最具竞争力的金砖货币，实现中长期融资成本最小化，最大限度地满足金砖国家基础设施等的投资需求。

（三）保障盈利的高效率资金运行机制

设立金砖国家开发银行的主要目标是，协调金砖国家财力，为金砖国家中长期发展和稳定，提供比其他外部融资更可靠、更符合实际需要的金融支持；通过抱团取暖，以较少成本维持金砖国家可持续的"金砖性"，推动经济结构转型和产业结构升级。因此，将其宗旨确定为：以金砖国家及其他发展中国家基础设施融资为主，促进资源能源适度开发和合理利用，兼顾减贫、中小企业发展、区域整合、气候变化与环保等公共事业，并在危机时期提供最后贷款人功能。金砖国家开发银行履行发展功能附带稳定功能，将形成信息成本优势、范围经济优势、组织成本优势、相机抉择的危机转融资成本优势，还能为稳定基金寻求高收益的保值增值机会。[①]

1. 以项目管理为核心的发展业务运行机制。

由于金砖国家基础设施领域等所需资金的供求矛盾尖锐，欲实现上述宗旨，除注重资金来源外，关键还在于建立以项目管理为核心、保障盈利的发展业务运作机制：（1）追求良好的市场业绩。金砖国家开发银行不单纯以利润最大化为目标，而是为贯彻配合政府政策意图，引导社会资金投向政府鼓励发展的基础设施、重点产业等领域，充当后发优势国家实现追赶战略、维护社会和经济长远利益、保障可持续增长的调控工具。它也不同于仅追求保本微利的传统政策性金融，而应追求良好的市场业绩，以实现资金良性循环

---

① 限于篇幅，笔者将另撰文详述这一观点。

和机构可持续发展。（2）以项目运营和管理为核心。WB 和区域性开发银行数十年的运行经验表明，以项目运营和管理模式提供贷款，能够有效保障良好的市场业绩。金砖国家开发银行应依靠与政府的天然联系，实时追踪大量世界经济与金砖各国宏观经济信息，以更高视角对整个金砖区资金配置进行统筹规划，更合理地考虑资金运用的全面性、层次性、区域性和产业性，支持那些风险高、回收期长但对经济发展具有优先意义的项目，以达到比商业金融更优的资金配置。同时，要借鉴 WB 贷款项目管理模式，严格进行项目论证、公开招投标、财务资金管理、实时监督、评价反馈等项目全程管理，以符合国际规范的商业化运作，化解项目失败风险。（3）培育市场和建立制度，弥补市场失灵和制度缺损。金砖国家基础设施资金供求矛盾尖锐的深层次根源在于，该领域市场经济主体不成熟、市场信用环境不佳、市场体系和金融体系不健全，制约资金运作效率，因此，金砖国家开发银行不能仅满足于依靠政府财政和自发性市场解决浅表层次的资金不足问题，而应充分发挥自身市场和制度建设优势，致力于缓解深层次的制度和市场缺损问题。目前对金砖国家开发银行有较大需求的项目十分广泛，参照国际经验以及着眼于金砖国家后发优势国家地位，可选择三个重点领域——交通和公用事业等基础设施瓶颈项目；能源开发和提高自然资源利用效率、改善环境项目；信息技术和新材料等战略性新兴产业领域。金砖国家开发银行应在这些领域充分发挥政府和市场之间的桥梁作用，培育市场主体、促进组织增信、完善法人制度、整合体制资源，弥补制度缺损和市场失灵，获取利润并帮助政府实现特定的经济和社会发展目标。

2. 防范金融风险的稳定业务运行机制。

金砖国家作为引资大国，未来更可能出现资本流入骤停和巨量资本外逃危机。因此，金砖国家开发银行不仅应向经常账户赤字提供融资，更应重点应对巨量资本的突然逆转，防止危机国陷入严重通货紧缩和经济衰退，尤其应有效地阻隔危机向其他金砖国的传染。该业务的有效性取决于成功抑制受援国及其债权人的道德风险。鉴于金砖国家尚缺乏良好的金融生态环境，除采取缩短贷款期限、实行非优惠利率以及限定额度等常规抑制道德风险的措施外，预先明确救助条件以增加透明度，将对抑制道德风险发挥关键作用。金砖国家开发银行应当摆脱 IMF 贷款附加条件的恶劣方式，避免利用救援机会干预受援国的国内经济事务，采取更为灵活高效的方式，放宽并独立设定救助条件。一是基本经济面（包括公共财政、外汇储备、就业等）状况较好，未出现严重通货膨胀，银行业较健康，金融监管基本有效，且正在实施趋向稳健有效的经济政策。这一条件与国内最后贷款人只承担救助陷入流动性危机对象的功能，而非清偿力危机机构的逻辑一致。其目的是强化市场约束，防止外贸赤字国持续消耗共同储备。二是救助超过缴纳份额部分，需提供价值相当的抵押物。由于金砖国家自然资源丰富，以资源开采权为抵押既具有可行性，又不会对国家经济命脉和主权造成冲击，且不与国际法相冲突；同时为推进金砖国家货币国际化进程，可考虑将金砖国家货币、石油或矿产等资源能源开发权作为抵押物，以控制道德风险。为保障这两个基本条件得以执行，金砖国家开发银行应致力于金砖国家宏观经济运行及政策的协调研究，构建金砖区域监测和预警机制，使其作为内部人具有的信息优势，能够弥补 IMF 等外部机构区域监测预警的滞后性。

▶ 六、结论

金砖国家聚焦经济发展、致力互利共赢和谋求国际货币金融体系改革的共同目标，推动金砖国家金融合作的深化。在金砖国家金融合作框架下，分析金砖国家开发银行设立动因、理论逻辑和运行机制，构成本文主要内容和基本结论。金砖国家基础设施出现巨大融资缺口，外汇储备缺乏盈利渠道，封闭式管理成本高昂。基础设施投资需求和外汇储备盈利需求的耦合，形成设立金砖国家开发银行的现实动因，同时，金砖国家经济波动协动性和比较优势的存在，使得金砖国家之间的合作利益高于金砖国家与非金砖国家之间的合作利益。金融合作由于网络虚拟效应，比非经济类合作和一般经济类合作在短期内收益高。金砖国家经济发展和稳定之间存在抱互性关系，目前效益最佳的合作方式是，建立为金砖国家经济稳定增长保驾护航的金砖国家开发银行。

作为处于转型时期的新兴大国金融合作机构，金砖国家开发银行应选择一种适宜性机制。从总体上看，它需要建立符合市场规则和国际规则的规则型治理结构和运行机制。它们包括：在融资方面，建立依托政府和市场的低成本中长期融资机制，拓展资金来源和优化融资结构；在贷款方面，建立以项目管理为核心、以促进发展为目标的发展业务运行机制，实行项目评估和跟踪制度；建立防范金融风险的稳定业务运行机制。在世界经济多极化复杂格局的演变中，金砖国家开发银行的创建，将为 21 世纪的南南合作趟出一条新路。

国内大市场与本土企业出口竞争力[①]
——来自电子消费品行业的新发现及其解释

易先忠　晏维龙　李陈华

易先忠，湖南大学经济学博士，牛津大学博士后，现任南京审计大学经济与贸易学院副教授，南京审计大学特聘"润泽学者"，江苏省"青蓝工程"中青年学术带头人。在《经济研究》、《中国社会科学》、《世界经济》、《管理科学学报》、*The Journal of International Trade & Economic Development* 等刊物发表论文 30 多篇。主持国家社科基金等课题 4 项，获"安子介国际贸易研究奖"等。研究方向为大国经济和国际贸易。

---

① 本文原载于《财贸经济》2016 年第 4 期。

摘要：中国不断扩张的国内市场规模和不断升级的需求结构为培育新型出口优势提供了一条重要的大国特色路径，但国内大市场一定能提升本土企业出口竞争力吗？文章基于全球电子消费品行业 1252 家品牌企业的数据，采用规避"本地市场偏好"的国外市场份额客观度量本土企业出口竞争力，寻找中国电子消费品这一代表性行业国内大市场影响本土企业出口竞争力的微观证据，研究发现：（1）伴随中国国内市场规模的扩张，本土企业贸易的本地市场偏好增强，国外市场份额下降；（2）中国国内市场规模对本土企业出口竞争力的贡献度低，处于主要出口国的较末端水平；（3）中国国内市场扩张未能显著提升本土企业出口竞争力。这些证据意味着：中国国内大市场仍是有待开发的出口优势潜在源泉。原因在于，国内大市场要在规范有序与创新导向的市场环境、国内需求的国际化、消费者——生产商有效互动等条件下，才能转换为本土企业出口竞争力。据此，培育依托国内大市场的新型出口优势应注重国内大市场发挥作用的前提条件。

关键词：国内市场需求；本土企业；出口竞争力；市场环境

▶ 一、问题提出

人口红利、资源红利和全球化红利等传统出口优势的削弱，迫使中国这一出口大国谋求出口动力从传统要素成本优势向新型出口优势的转换。根据"十三五"规划建议，立足国内市场推进"国际国内市场深度融合"成为"构建开放型经济新体制"的重要内涵。2015 年 11 月国务院发布的《关于积极发挥新消费引领作用加快培育形成新供给新动力的指导意见》进一步指出，我国正处于以国内消费扩张和消费结构升级培育经济发展新动力的重要阶段。那么，立足国内市场形成以"技术、品牌、质量、服务为核心的出口竞争新优势"（十八大报告）成为新型外贸经济体制下外贸动力转换的重要路径。从理论依据而言，经典贸易理论（如 Linder，1961；Weder，1996；Krugman，1980；Melitz 和 Ottaviano，2008）和竞争优势理论（Porter，1990）都认为，国内市场需求是本土企业出口竞争力的重要源泉。从中国现实而言，中国拥有全球第二大国内市场需求规模，社会消费品零售总额近十年平均增速为 16%，2015 年达 30.1 万亿元。这一巨大的国内市场规模可以支撑起任一产品的规模经济和技术创新，从而带动产业及外贸结构升级和外贸发展方式转变。并且随着我国由生存型阶段进入发展型新阶段，居民消费呈现出从注重量的满足向追求质的提升、从有形物质产品向更多服务消费、从模仿型排浪式消费向个性化多样化消费等一系列转变。国内需求结构不断升级，为产品结构的升级提供强有力的需求保障。因此，利用中国不断扩张的国内市场规模和不断升级的需求结构培育新型出口优势成为学界高度关注的课题（如徐康宁和冯伟，2010；易先忠等，2014；许德友，2015；宣烨等，2015），而立足国内大市场的"内需驱动型"外贸发展模式也是推进"国际国内市场深度融合"的有效路径。

那么，中国巨大的国内市场需求规模和不断升级的需求结构是否已成为推动中国出口的新优势来源？不争的事实是，中国外贸发展明显没有依托国内市场需求：大量出口企业在国内市场没有销售（朱希伟等，2005）、本土企业没有成为贸易主体、出口产品结构与国内产业结构背离（袁欣，2010；张昊，2014）、加工贸易转内销困难（裴长洪，2009）等。虽然大量基于中国区域出口数据（如张帆和潘佐红，2006）和行业出口数据（如杨汝岱，2008；邱斌和尹威，2010；钱学锋和黄云湖，2013）的实证研究证实了中国本土市场效应已经成为推动出口的优势之一，但由于以加工贸易为主的外商投资企业和以一般贸易为主的本土企业并存，使得区域和行业层面的贸易流量并不能客观反映中国本土企业的竞争力（姚洋和章林峰，2008），并且既有相关研究无法通过国际比较研判中国国内市场规模对出口的促进潜力。

本文以电子消费品这一典型代表性行业为研究对象，试图解答：中国巨大的电子消费品国内市场规模是否成为本土企业出口竞争力的来源？贡献度有多大？以及可能的原因是什么？本文选择电子消费品行业 8 类产品作为代表性产品，不仅是由于中国是全球最大的电子消费品消费市场（Yuan，2014），并且电子消费品产业是一个典型的规模报酬递增且市场化程度较高的行业。电子消费品行业还是增长速度最快的现代产业部门之一，2003—2012年间，世界电子消费品市场平均以 7.4% 的速度增长。同时，电子消费品行业是中国的主要出口行业，2014 年以计算机、通信设备为主的电子信息产品占中国外贸出口比重为 33.5 %。本文工作特色体现在：其一，以全球电子消费品行业 1252 家全球品牌企业（Global Brand Owner）为研究对象，排除了外资企业和代工企业对出口竞争力的高估，通过国际比较研判了中国国内市场规模对本土品牌企业出口竞争力的贡献度；其二，采用国外市场份额客观度量本土品牌企业出口竞争力，规避了本土企业贸易的"本地市场偏好"对出口竞争力的高估；其三，厘清经典贸易理论（Linder，1961；Weder，1996；Krugman，1980；Melitz，2003）和竞争优势理论（Porter，1990）关于国内市场规模发挥作用的前提条件，并据此对本文的新证据——中国国内市场规模未能显著提升本土品牌企业出口竞争力——提供解释。

二、经验发现

（一）数据与企业出口竞争力度量方法

本文的基础数据来自全球市场信息数据库（Euromonitor International）。全球市场信息数据库提供了2003年至2012年各国8类电子消费品的市场大小（国内市场零售总额）和在全球市场份额达到0.1%的1252家品牌企业在各个国家的销售数据，这些企业的销售总额占全球市场98%以上。本文将1252家企业进行国别归属，跨国公司和合资企业以其公司总部地址所在国作为其母国。需要指出的是，这1252家企业是指全球品牌拥有者（Global Brand Owner），并不是以组装加工为主的代工型企业。因此，这些样本有效规避了宏观贸易流量数据由于包含了以加工贸易为主的外商投资企业而不能客观反映本土企业竞争力状况的问题。

度量产业国际竞争力五种常用指标为：世界市场占有率、国外市场份额（又称为国外市场渗透率）、显示性比较优势指数、贸易竞争指数和显示性竞争优势指数。茅锐和张斌（2013）在比较这五种指标后认为，国外市场份额是度量出口竞争力的最科学指标。度量企业国际竞争力两种常用指标为：世界市场占有率和国外市场份额。但由于世界市场占有率包含了本土企业在本国市场的销售，不能客观反映本土企业的出口竞争力。这在国内市场规模大且贸易的本地市场偏好较强时，尤其如此。因为一般而言，本土企业在国内市场具有运输成本优势、信息优势以及面临的贸易壁垒也较少，通常本土企业的产品销售具有本地市场偏好（张少军，2013）。并且波特（1990）都是从产品出口和国外市场占有率的视角判定产业和企业的国际竞争力。因此，本文构建本土企业在国外市场上的占有率指数，规避了本土企业贸易的本地市场偏好，能较世界市场占有率更加客观度量本土企业的出口竞争力。

$$Excomp_{ki} = \frac{Wsize_k \times Wshare_{ki} - Dsize_k \times Dshare_{ki}}{Wsize_k - Dsize_k} \tag{1}$$

其中，$Excomp_{ki}$表示企业 i 产品 k 的国外市场份额，代表本土企业 i 的出口竞争力。$Wsize_k$ 表示产品 k 的世界市场大小，$Wshare_{ki}$ 为企业 i 产品 k 的世界市场份额，$Dszie_k$ 表示产品 k 的国内市场大小，$Dshare_{ki}$ 为企业 i 产品 k 的国内市场份额。

（二）经验发现一：中国本土企业贸易的"本地市场偏好"增强

以公式（1）计算了世界各国 8 类电子消费品本土品牌企业的国外市场份额，为了便于比较，同时给出了没有剔除国内市场销售的全球市场份额，结果见表 1。

表 1　本土品牌企业的国外市场份额与全球市场份额

（单位：百万美元）

差别	2003	2004	2005	2006	2007	2008	2009	2010	2011	2012
全球市场份额（世界平均）	6.44	6.39	6.10	5.94	5.75	5.66	6.14	6.49	6.69	6.83
国外市场份额（世界平均）	5.28	5.19	4.94	4.98	4.64	4.62	4.90	4.85	4.93	5.16
国内市场零售总额（中国）	4469	5073	6516	6879	8204	9685	10663	12150	14850	16781
全球市场份额（中国）	2.20	2.49	2.89	2.95	3.33	3.56	3.54	3.77	3.87	4.41
国外市场份额（中国）	0.87	1.06	1.25	1.24	1.47	1.42	1.43	1.22	1.24	1.20
国内销售占总销售比（中国）	56.31	57.31	56.83	58.04	55.74	54.41	59.66	67.63	67.87	72.74

数据来源：根据 Consumer Electronics：Euromonitor from trade sources/national statistics 计算整理，下同。

通过比较全球市场份额和国外市场份额发现，没有剔除"本地市场偏好"的全球市场份额高估了本土企业实际出口竞争力，这一高估程度在中国更为严重。中国本土企业全球市场份额与国外市场份额之差明显高于世界平均水平。2012 年中国本土企业依靠在国内市场上销售在全球市场上占有 4.41% 的份额，但在国外市场仅占有 1.20% 的份额，相差 3.21 个百分点。就世界平均水平而言，2012 年世界所有企业在全球市场上的平均份额为 6.8%，在国外市场上的平均份额为 5.2%，仅相差 1.6 个百分点。说明中国本土企业贸易的本地市场偏好明显强于世界平均水平。并且中国本土品牌企业的全球市场份额与国外市场份额之差有明显增强趋势，从 2003 年的 1.33% 增加到 2012 年的 3.2%，说明中国本土品牌企业贸易的本地市场偏好明显增强。

2003—2012 年中国电子消费品市场规模平均增速为 16%，伴随这一快速扩张的国内市场规模，中国本土品牌企业在国内市场销售占总销售比例从 56.31% 上升到 72.74%，而国外市场份额不断降低。更加明显说明中国本土品牌企业贸易的本地市场偏好增强。

（三）经验发现二：中国国内市场规模对本土企业出口竞争力的贡献度低

注重国内市场的经典贸易理论（Linder，1961；Weder，1996；Krugman，

1980；Melitz，2003；Melitz 和 Ottaviano，2008）和竞争优势理论（Porter，1990）都认为，国内市场规模影响本土企业出口竞争力。如果这一理论预期成立，则一单位本国相对市场大小所能支撑的本土企业国外市场份额，可有效度量国内市场规模对本土企业出口竞争力的贡献度。据此，构建国内市场规模对本土企业出口竞争力的贡献度计算见公式（2）：

$$M_{jk} = \frac{\sum_{i=1}^{n} Excomp_{jki}}{\left(\dfrac{Dsize_{jk}}{Wsize_k}\right)} \tag{2}$$

其中，M_{jk} 表示国家 j 产品 k 的国内市场规模对本土企业出口竞争力的贡献度；$Excomp_{jki}$ 表示 j 国企业 i 产品 k 的国外市场份额，代表本土企业出口竞争力；$Dsize_{jk}$ 表示国家 j 产品 k 的国内市场大小；$Wsize_k$ 表示产品 k 的世界市场大小；n 代表 j 国产品 k 的企业总数。根据公式（2）计算了主要出口国的国内市场规模对其本土品牌企业出口竞争力的贡献度。

表2　电视机及投影仪与手机市场贡献度

电视机及投影仪（Televisions and Projectors）					手机（Mobile Phone）				
国家（地区）	2003	2006	2009	2012	国家（地区）	2003	2006	2009	2012
韩国	5.36	9.01	13.55	15.49	芬兰	17.16	11.31	16.11	16.75
荷兰	7.06	6.36	4.29	5.91	韩国	1.65	4.17	4.68	5.38
中国台湾	0.1	0.22	0.91	1.43	中国台湾	0.02	0.43	0.61	5.01
日本	4.12	2.74	1.62	1.21	加拿大	/	0.42	1.41	3.22
瑞士	/	1.78	1.62	1.21	美国	1.16	1.67	1.16	1.43
印度	0.11	0.29	0.57	0.64	马来西亚	0.62	1.01	0.85	0.95
马来西亚	/	0.18	0.61	0.61	日本	0.65	1.05	1.28	0.27
土耳其	1.19	1.22	0.81	0.27	德国	0.66	0.41	0.33	0.23
瑞典	0.23	0.34	0.16	0.24	泰国	1.25	0.26	0.3	0.21
美国	0.06	0.06	0.13	0.19	荷兰	0.17	0.16	0.25	0.20
印度尼西亚	0.26	0.36	0.44	0.1	印度尼西亚	0.05	0.09	0.08	0.07
中国	0.45	0.51	0.12	0.06	中国	0.01	0.03	0.12	0.09
英国	0.29	0.1	0.04	0.04	法国	0.09	0.06	0.03	0.03
全球均值	1.45	1.69	1.89	1.96	全球均值	1.95	1.69	2.32	3.13

　　中国是全球最大电视机及投影仪消费市场，2012 年中国国内市场规模占世界比例为 17.2%，中国本土品牌企业占全球市场份额为 10.3%，但绝大部分产品都在国内市场销售，本土品牌企业在国外市场上的份额仅为 1%。一单位相对国内市场规模所支撑起的本土企业在国外市场上的份额仅为 0.06，国内市场规模对本土企业出口竞争力的贡献度远远低于世界 1.96 的平均水平，见表 2。与之相比较，日本是全球第三大电视机及投影仪消费市场，2012 年日本国内市场规模占世界比例为 10.4%，日本企业占全球市场份额为 20.8%，在国外市场份额也达到 12.6%，从而使得国内市场规模对本土企业出口竞争力的贡献度较高，达到 1.21。更为重要的是，2003—2012 年间，中国电视机及投影仪国内市场规模不断增长，而本土企业在国外市场的份额却不断降低，使得国内市场规模对本土企业出口竞争力的贡献度不断降低。在世界市场上销售份额达到 0.1% 的中国本土企业有康佳、海尔、长虹、海信、创维、天敏科技六家本土品牌企业，这些企业在国内市场上的占有率从 2003 年的 38.9% 上升到 2012 年的 54.5%，而在国外市场上的份额都不断下降。①对于电视机及投影仪产品而言，伴随国内市场规模的扩张，并没出现有如经典贸易理论和竞争力理论所预期的本土企业出口竞争力的提升，反而出现了如波特（1990）所言，"国内大市场所支撑的获利机会可能会弱化本土企业外海扩张的意愿，妨碍其出口竞争力的提升"。中国也是全球最大的手机消费市场，2012 年中国国内手机市场规模占世界比例为 15.5%。本土企业在全球市场销售份额为 4.6%，在国外市场上的份额仅为 1.35%，绝大部分产品同样在国内市场销售。国内市场规模对本土企业的出口竞争力的贡献度仅为 0.09，处于主要出口国的末端水平，见表 2。超过一半的全球市场份额被韩国和芬兰公司占有，2012 年两国分别控制了全球 29.6% 和 28% 的手机市场份额。2003—2012 年间，韩国国内市场规模占全球市场比例平均为 3.77%，但韩国企业占全球市场份额为 22.35%，国外市场份额为 20.32%，因此国内市场规模对本土企业的出口竞争力的贡献度也比较高，达到 5.38。

---

　　①　这里省略了 39 家中国本土品牌企业国外市场份额与国内市场大小的相关趋势图，欢迎来函索取。

表3　计算机及外围设备与家庭影院市场贡献度

电脑及外围设备（Computers and Peripherals）				家庭影院（Home Audio and Cinema）				
国家（地区）	2003	2006	2009	2012	国家（地区）	2003	2006	2009	2012
中国台湾	25.76	25.26	30.61	27.01	日本	2.61	3.46	7.82	6.33
瑞士	9.41	10.91	15.89	15.23	荷兰	4.66	5.05	4.32	4.97
韩国	1.18	1.84	2.48	2.04	韩国	4.27	4.19	3.99	4.00
美国	1.25	1.24	1.62	1.45	美国	1.19	1.47	1.28	1.22
新加坡	3.72	2.89	2.36	1.19	法国	0.48	0.55	0.62	0.69
日本	0.60	0.78	1.01	0.84	德国	0.12	0.10	0.15	0.22
荷兰	0.63	0.73	0.62	0.65	中国台湾	0.01	0.40	0.20	0.22
加拿大	0.35	0.32	0.26	0.23	泰国	0.27	0.24	0.22	0.18
芬兰	0.13	0.07	0.11	0.11	阿根廷	1.73	1.34	1.22	0.21
中国	0.14	0.20	0.16	0.18	印度尼西亚	0.19	0.30	0.17	0.17
巴西	0.14	0.04	0.01	0.01	中国	0.02	0.02	0.02	0.02
德国	0.01	0.01	0.01	0.01	印度	0.00	0.00	0.06	0.01
全球均值	3.61	3.69	4.60	4.09	全球均值	1.30	1.43	1.67	1.52

中国是全球第二大显像设备、计算机及外围设备和家庭影院消费市场。中国显像设备国内市场规模占世界比例从2003年的2.9%增长到2012年的10%。但遗憾的是，没有一家中国本土品牌企业在全球市场份额达到0.1%。考虑到全球市场份额达到0.1%的所有企业的销售总额占全球市场98%以上，中国本土品牌企业在全球市场上的竞争力几乎可以被忽略。说明中国显像设备国内大市场并没有支撑起本土品牌企业的出口竞争力。全球87%的显像设备市场被日、美、韩三国企业占有，其中日本和美国以相对较大的国内市场规模支撑起本土企业较强的出口竞争力。就计算机及外围设备而言，2003—2012年，中国国内市场规模占全球比例从13.2%增长到17.57%，中国本土企业在全球市场销售份额从3.2%增长到5.6%，本土企业在国外市场上的份额从1.8%增长到3.2%，一单位国内市场规模所支撑起本土企业在国外市场上的份额也有所增长，从0.14增长到0.18。但国内市场规模对本土企业出口竞争力的贡献度仍然比较低，处于主要出口的较末端水平（见表3）。中国也是全球第二大家庭影院消费市场，2012年中国国内市场规模占世界比例为12.07%，本土企业在全球市场份额仅为2%，并且大部分产品都在国内市场销售，本土品牌企业在国外市场上的份额仅为0.26%。2003—2012年，一

单位国内市场规模所支撑起本土企业在国外市场上的份额的均值仅为0.02，处于主要出口国的末端水平（见表3）。世界市场份额达到1%的中国本土品牌企业仅有广州CAV丽声音响、江苏新科电子、步步高电子三家企业，其产品绝大部分都是在国内市场销售，国外市场份额极低，其中江苏新科电子的国外市场份额最高，2012年也仅为0.2%。

表4　车载娱乐设备、视频播放器、便携式播放器市场贡献度

车载娱乐设备 （In-Car Entertainment）				视频播放器 （Video Players）				便携式播放器 （Portable Players）			
国家 （地区）	2003	2006	2012	国家 （地区）	2003	2006	2012	国家 （地区）	2003	2006	2012
中国台湾	0.68	2.59	17.23	韩国	33.71	34.88	54.13	新加坡	14.49	41.81	17.97
荷兰	0.22	0.99	7.59	荷兰	8.02	10.78	13.71	韩国	1.05	1.05	2.16
日本	3.95	3.21	1.38	日本	1.69	1.32	1.21	荷兰	4.45	2.63	1.72
美国	0.05	0.16	0.137	中国	0.28	0.74	0.84	日本	3.56	1.64	1.52
韩国	0.18	0.07	0.14	印尼	0.00	0.05	0.49	美国	0.002	0.04	0.84
俄国	/	/	0.12	土耳其	0.64	0.09	0.20	智利	/	/	0.39
德国	0.54	0.15	0.1	印度	0.00	0.25	0.28	中国	0.06	0.21	0.35
印度	/	0.16	0.05	巴西	0.38	0.30	0.04	西班牙	/	0.08	0.05
巴西	/	0.04	0.04	法国	0.06	0.09	0.10	德国	0.01	0.02	0.01
阿根廷	/	/	0.03	波兰	0.00	0.02	0.15	中国台湾	/	0.04	/
中国	0.04	0.08	0.02	西班牙	0.00	0.05	0.08	印度	0.48	0.54	/
全球均值	0.81	0.831	2.44	全球均值	4.07	4.42	6.48	全球均值	3.01	4.37	2.36

　　中国是世界第三大车载娱乐设备消费市场，2012年国内市场规模占世界比例为9.1%，本土企业依赖在国内市场的销售在全球市场上占3.4%的销售份额，在国外市场上的份额仅为0.2%，国内市场规模对本土企业的出口竞争力的贡献度仅为0.02，见表4。与中国形成鲜明对照的是，2003—2012年间，日本国内市场规模占全球市场比例平均为15.36%，但日本企业占全球市场份额平均为48.62%，在国外市场份额平均为41.35%，说明日本以相对较大的国内市场规模支撑起本土企业较强的出口竞争力。

　　中国是全球第五大视频播放器和便携式播放器消费国。就视频播放器而言，2012年中国国内市场规模占世界比例为2.2%，中国本土品牌企业仅占世界市场份额的2.3%。日本、韩国和荷兰三国基本垄断了全球视频播放器

销售，2012 年三国占全球市场份额分别为 36.3%、24.5%、12.8%，其中，日本以较大的国内市场规模支撑起本土企业较强的出口竞争力。就便携式播放器而言，2003 年至 2012 年，中国本土品牌企业在国内市场上的占有率明显上升，从 7.7% 上升为 38.8%，本土企业依托国内市场销售在全球市场上的销售份额从 0.9% 增长到 2.7%，在国外市场份额从 0.4% 增长到 1.39%，国内市场贡献度从 0.06 增长到 0.35，见表 4。但中国国内市场规模占世界比例从 2003 年的 6.8% 降为 2012 的 4%，并没有呈现出国内市场规模与本土企业竞争力的正向相关性。与之相比较，2012 年美国国内市场规模占全球市场比例为 32.3%，美国在全球市场上的销售份额为 40%，在国外市场上的份额为 27%，国内市场贡献度为 0.84，美国以较大的国内市场规模支撑起本土企业较强的出口竞争力。与美国相比较而言，中国国内市场规模对本土企业出口竞争力的贡献程度较低，也远低于世界平均水平。

总之，通过国际比较发现，中国国内市场对本土品牌企业出口竞争力的贡献度总体上处于主要出口国的较末端水平，中国本土企业主要依靠国内市场销售在全球市场份额中占有一定比例，国外市场占有率低，绝大部分本土企业的国外市场份额并没有随着国内市场规模的扩大而增长。

（四）经验发现三：中国国内市场规模未能显著提升本土企业出口竞争力

以上的贡献度分析不足以确定国内市场规模与本土品牌企业出口竞争力的因果关系，为了系统刻画国内市场规模变化对本土品牌企业出口竞争力变化的动态影响路径和程度，采用适合处理内生性关系的面板数据向量自回归（PVAR）方法[1]，以 39 家中国本土品牌企业 2003—2012 年的数据[2]，考察中国国内市场规模对本土品牌企业出口竞争力的影响路径和程度，使用的 VAR 模型形式为：

$$y_{it} = Ay_{it-1} + f_i + e_t + v_{it} \qquad\qquad (3)$$

为增强检验结果的稳健性，采用常用的度量企业国际竞争力的指标——本土企业在全球市场上份额和本土企业在国外市场上的份额两种指标度量中国本土企业出口竞争力。故分别设定 $y_{it} = \{wmfe_{it}, relativesize_{it}\}'$ 和 $y_{it} = \{foreignfe_{it}, relativesize_{it}\}'$，$wmfe$ 代表中国本土企业在全球市场上的份额，for-

---

① 同时采用了动态面板数据的 SYS-GMM 方法估计，但无论是系统 GMM 一步法还是两步法估计结果显示，国内市场规模都没有显著提升本土企业出口竞争力（国外市场份额）。

② 总样本数为 350。车载娱乐设备的 7 家中国本土品牌企业中，只有广州飞歌的数据跨度为 2003—2012。

eignfe 代表中国本土企业在国外市场上的份额，*relativesize* 为相对市场大小，以中国国内市场大小与世界市场大小之百分比度量，f_i 为个体效应，e_t 为时点效应，v_{it} 是扰动项。

采用 Fisher-ADF 检验和 Hadri 检验方法检验序列的平稳性，两种检验方法表明 *wmfe*、*foreignfe* 和 *relativesize* 均为平稳变量。为消除模型包含的固定效应，运用横截面上的均值差分消除时点效应。使用前向均值差分，即"Helmert 转换"消除个体效应。在两个方程中 AIC、BIC、HQIC 都显示，滞后两阶为最优滞后阶。PVAR 估计结果见表 5。PVAR 估计结果显示，在全球市场份额方程中，国内市场规模（*relativesize*）对本土品牌企业在全球市场上的份额（*wmfe*）没有显著影响。在国外市场份额方程中，国内市场规模的滞后一期和二期对本土品牌企业在国外市场上的份额（*foreignfe*）也没有显著影响。这印证了中国国内市场规模对本土品牌企业出口竞争力的贡献度低的结论，并进一步确定了中国电子消费品行业的国内市场规模与本土品牌企业出口竞争力并没有显著的因果关系。

表 5　面板 VAR 模型的估计结果

全球市场份额方程			国外市场份额方程		
h_ wmfe			*h_ foreignfe*		
L. h_ wmfe	1.192***	(4.20)	*L. h_ foreignfe*	1.049***	(4.50)
L. h_ relativesize	0.002	(0.09)	*L. h_ relativesize*	0.006	(0.51)
L2. h_ wmfe	−0.254	(−1.15)	*L2. h_ foreignfe*	−0.204	(−1.46)
L2. h_ relativesize	0.000	(0.04)	*L2. h_ relativesize*	0.009	(0.97)
h_ relativesize			*h_ relativesize*		
L. h_ wmfe	0.237	(0.27)	*L. h_ foreignfe*	0.815	(0.82)
L. h_ relativesize	0.955***	(11.71)	*L. h_ relativesize*	1.217***	(14.12)
L2. h_ wmfe	−0.252	(−0.34)	*L2. h_ foreignfe*	−0.574	(−1.23)
L2. h_ relativesize	−0.151**	(−2.16)	*L2. h_ relativesize*	−0.312***	(−4.99)
N	265		*N*	254	
AIC	−6.206		*AIC*	−6.347	
BIC	−5.077		*BIC*	−5.196	
HQIC	−5.750		*HQIC*	−5.882	

注：( ) 内为 t 统计值，* $p < 0.1$，** $p < 0.05$，*** $p < 0.01$，*h_* 表示变量已经过 Helmert 转换。

以脉冲响应函数衡量随机扰动项的一个标准差的冲击对其他变量当前和未来取值的影响轨迹。通过给予变量一个标准差的冲击，使用 Monte Carlo 模拟 500 次得到脉冲响应函数图如图 1 和图 2 所示。根据图 1（B），一个标准差的国内市场规模（relativesize）的冲击并没有引起本土品牌企业国外市场份额的显著反应。根据图 2（B），国内市场规模的冲击也没有引起本土品牌企业全球市场份额的显著正向反应。因此，脉冲响应函数进一步验证了，中国电子消费品国内市场规模扩张并没有显著提升土企业出口竞争力。①

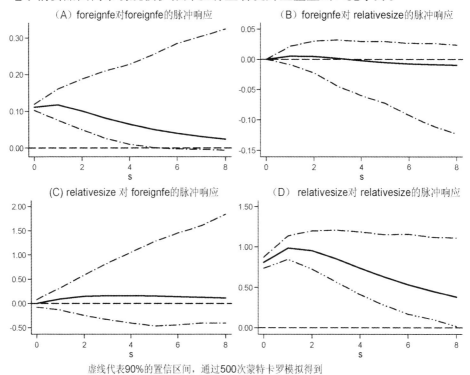

虚线代表90%的置信区间，通过500次蒙特卡罗模拟得到

图 1　中国本土企业在国外市场上的份额（foreignfe）和国内市场规模（relativesize）的脉冲响应

　　注：虚线代表 90% 的置信区间，通过 500 次蒙特卡罗模型得到

---

　　① 由于面板 VAR 估计和脉冲响应分析表明，中国国内市场规模的变动并没有引起本土企业出口竞争力的显著变化，故方差分解和因果检验省略。实际上，方程分解的结果也表明，国内市场规模对本土企业出口竞争力的解释力度很低，约为 0.03，因果检验也表明国内市场规模不是本土企业出口竞争力的因。

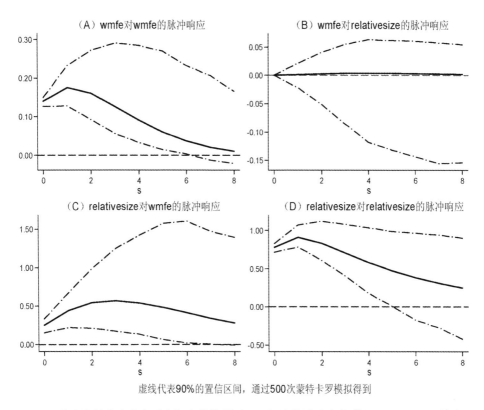

虚线代表90%的置信区间，通过500次蒙特卡罗模拟得到

图2　本土品牌企业在全球市场上的份额（wmfe）和国内市场规模（relativesize）的脉冲响应

注：虚线代表90%的置信区间，通过500次蒙特卡罗模型得到

▶▶ 三、理论解释

为什么中国电子消费品行业巨大的国内市场需求没有支撑起本土企业的出口竞争力？这就需要厘清国内大市场提升本土企业出口竞争力的机制及其实现条件。

（一）国内大市场提升本土企业出口竞争力机制

无论是竞争力理论（Porter，1990）还是注重国内市场的经典贸易理论（Linder，1961；Weder，1996；Krugman，1980；Melitz，2003）都认为，国内市场需求通过两条机制影响本土企业出口竞争力：规模与成本的静态效应和竞争与创新的动态效应，后者是本土企业出口竞争力的根本性、持久性来源。

机制一：规模与成本的静态效应。国内市场需求规模是本土企业内部规模经济和外部规模经济的重要来源（Krugman，1980）。一方面，国内大市场可以支撑起本土企业内部规模经济，从而形成成本优势。由于出口需要负担较国内贸易更高的贸易成本，只有达到出口临界经济规模的本土企业才能实现出口，而国内大市场支撑起本土企业进入国际市场的临界经济规模（Krugman，1980），因此一国出口本国需求较大的"代表性产品"（Linder，1961）。另一方面，国内大市场在促进产业外部规模经济形成时具有两个优势：其一，报酬递增产业会偏向集中在本地市场需求大的区域（Krugman，1980），产业集聚使得厂商间信息交流增加、技术外溢增强，形成外部规模经济效应。其二，国内大市场容纳的企业和消费者也较多，从而增加企业、个人以及相关产业的投资，改善整个产业环境，这种外部经济是无法跨越国界、被国外企业所获得，成为本土企业特有的竞争优势（Porter，1990）。

机制二：竞争与创新的动态效应。首先，国内大市场能容纳更多企业和更大的产品空间，使得竞争加剧（Porter，1990；Melitz 和 Ottaviano，2008），而市场竞争是企业竞争力提升的原动力。一方面，国内大市场通过容纳更多企业，加剧国内市场竞争，市场竞争的"自选择"会提高整个行业生产率水平（Melitz，2003；Melitz & Ottaviano，2008）。另一方面，国内市场激烈的竞争也激励本土企业寻求竞争优势升级的新途径。因为本土企业在要素成本、市场地缘、上游供应商等条件都相同，激烈的国内市场竞争迫使本土企业摆脱对低层次优势资源条件的依赖，通过创新寻求更高层次及更具持久力的竞争优势（Porter，1990）。其次，国内市场激烈的竞争会起到培养消费者的作用，消费者会有更高的要求，本土企业为了满足消费者对产品质量的期望而快速改进产品和推出新产品，创造新的竞争优势。同时竞争性市场更容易达到市场饱和，饱和性市场的消费者更加挑剔，从而迫使本土企业改进产品质量和开发新产品（Porter，1990）。再次，国内大市场分摊研发成本，降低创新风险，提高创新的预期收益。创新具有高风险和高成本特征，而国内大市场不仅能分摊研发费用，还具有降低创新风险的优势：大的国内市场容纳更多企业和促进产业集聚，使得同类企业家以及工人的技术溢出与知识交流更为普遍（Corsetti 等，2007），增强了技术外溢程度，提高创新成功的概率；

大的国内市场通过容纳更加拥挤的产品空间，支撑起细分差异产品的规模经济，降低差异产品创新失败的概率（Desmet 和 Parente，2010）。

（二）国内大市场发挥作用的实现条件及中国考察

国内大市场对本土企业出口竞争力具有双面效应：一方面国内大市场具有激励本土企业扩大规模和创新的动力，从而提升企业竞争力；但另一方面，国内大市场所支撑的获利机会也可能弱化本土企业外海扩张的意愿，妨碍竞争力的提升。因此国内大市场并不总是导致本土企业竞争力的提升（Porter，1990）。国内大市场提升本土企业出口竞争力的机制需要满足诸多条件才能实现。

实现条件一：规范有序与创新导向的市场环境及中国现实。

规范有序的市场竞争和"只有创新才有竞争力"的市场环境是国内大市场发挥作用的根本性前提。注重国内市场的经典贸易理论和波特的竞争力理论都认为，国内大市场的竞争与创新效应是本土企业出口竞争力的根本性、持久性来源，在解释国内市场规模影响出口竞争力时都遵循的基本逻辑是：国内市场需求规模大—企业多、产品空间大—竞争激烈—企业创新—出口竞争力提升。而这一逻辑有两个基本隐含假设：其一，规范有序的市场竞争。在梅里兹（2003）和梅里兹、奥塔维亚诺（2008）的经典贸易理论中，大的国内市场规模之所以能通过"自选择"引发了整个行业更高的生产率水平和更低的成本加价，是由于大的国内市场蕴含了更加激烈的市场竞争，而规范有序的市场竞争是"自选择"机制实现的基本条件。并且由于本土企业都面临相同的国内市场与资源条件，规范有序的国内市场竞争迫使本土企业降低对低层次优势条件的依赖，以创新寻求更高层次的竞争优势（Porter，1990）。正如神原英姿和波特（2001）研究发现的那样，日本在国际市场上有竞争力的产业，如传真机、机器人和相机都是国内市场竞争非常激烈的产业，而政府干预和垄断性产业的国际竞争力都普遍较弱。其二，经济中没有"非创新获利"空间，本土企业只有创新才有持久的竞争优势。因为创新的风险大、成本高，当经济中存在"非创新获利"空间时，本土企业就会偏向"非创新获利"，而非"创新获利"，从而极大抑制本土企业创新的积极性。

中国电子消费品行业规范有序、创新导向的市场环境还没有形成。基于低质、同质产品的价格竞争仍然是中国目前本土企业的主要竞争方式①。如"以价换量"的恶性竞争使得我国家用影视设备商品零售价格指数自 2002—2013 年一直处于负增长状态（见图 3）。这种为获得规模经济的恶性成本竞争，非但不会增强本土企业的国际竞争力，反而会削弱其国际竞争力（Porter，1990）。基于低质、同质产品的价格竞争之所以是中国目前本土企业的主要竞争方式，原因在于：（1）快速扩张的市场国内规模为本土企业以"以价换量"的获利模式提供了空间。随着中国人均收入的增长，农村与低收入群体的消费潜能不断释放，使得中国电子消费品市场规模在 2003—2012 年期间平均以 16% 的速度在增长，这一快速扩张的国内市场为本土企业以同质产品薄利多销的获利模式提供了空间，使得中国本土企业在国内市场销售占总销售比例从 56.3% 上升到 72.7%，同时也弱化了中国本土企业以创新进行海外扩张的动力。② （2）市场规制不健全导致的无序竞争使得中国电子消费品"以价换量"的恶性竞争成为常态。知识产权保护不力、行业进入门槛低以及缺乏对企业失信的惩戒机制等，助长了以价格竞争为主的无序竞争，一个突出表现就是低价"山寨产品"层出不穷，导致市场无法通过"自选择"机制提升整个行业的竞争力。这种低端产品依靠模仿，以低成本、低价格占取电子消费品大部分市场份额，扰乱市场竞争，使得市场竞争的"自选择"机制不畅，制约了本土企业核心竞争力的提升。（3）由国内市场规模扩张保障的低质、同质产品的获利空间和无序竞争又反过来弱化了本土企业技术创新动力，导致本土企业技术投入不足。如我国家用影视设备制造业的技术投入比率在 2002—2008 年一直处于 1.2% 的水平，并且近年来进一步降低（见图 3）。而技术优势的缺乏使得本土企业只能以价格优势来参与国际竞争，但这种低成本竞争方式，在跨国公司通过整合全球产业链所带来的成本优势和技术优势的双重夹击下，在国外市场竞争中举步维艰，只能依靠本土市场的便利在全球市场上占一席之地。这就解释了为什么拥有巨大国内市场的中国本

---

① 如家电行业的价格战是一个不争的事实，"以价换量"是我国家电行业竞争的主要方式。见《家电业开启"以价换量"疯狂竞争模式》，《经济观察报》2016 年 1 月 4 日。

② 这一点与上世纪美日电视产品的竞争有较强的相似性，20 世纪 70 年代当率先发明电视机的美国还沉迷于国内市场的利润时，日本企业已经在国内市场饱和压力下，努力降价，开拓海外市场，到 80 年代末期，日本成为全球的电视机产业王国。

土品牌企业的绝大部分产品都在国内市场销售，而国外市场份额低。

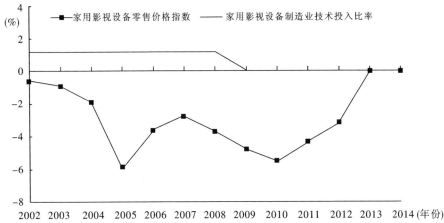

图3　中国家用影视设备零售价格指数与技术投入比率

数据来源：北京中关村电子产品贸易商会。

实现条件二：国内需求与国外需求相匹配及中国现实。

无论是注重国内市场的经典贸易理论还是波特的竞争力理论，在预期国内市场规模提升本土企业出口竞争力时，都有国内需求能转化为国外需求的隐含假设。正如波特（1990）在论述国际竞争力时指出，"具有规模经济的产业面临的最重要问题是：究竟哪个国家的企业可以率先生产出既满足国内需求，又符合国外市场需求的产品？"尽管国内市场需求规模具有重要意义，但如果国外没有相同的需求，国内大市场不一定有助于本土企业出口竞争力的提升。国内需求的国际化是本土企业依托国内市场需求提升出口竞争力的关键性前提条件（Weder，1996）。当一个国家的国内市场需求与国际市场上的主要需求相同，而本土企业又有先发优势，国内市场需求才成为本土企业出口竞争力的根本性来源（Porter，1990）。前瞻性需求（anticipatory demand）被认为是实现国内需求和国际需求有效对接的关键，因为前瞻性需求一般代表国际需求的发展趋势。并且前瞻性需求能帮助本土企业掌握新产品的信息与发展趋势，激励企业不断进行产品升级，从而增强出口竞争力。国内市场的前瞻性需求可能催生本土企业的竞争力，而国内市场的需求规模则能强化这一竞争力（Porter，1990）。而一国特质型消费（idiosyncratic demand），即便规模大，由于没有相似的国外需求，也难以转化为本土企业的出口竞争优势（Porter，1990）。因此，国内需求与国际需求的差异程度成为影响国内市场规模能否支撑起本土企业出口竞争力的重要因素，而导致这一差异的不仅仅是各国的消费偏好的不同，也受到收入水平、政府管制、质量标准、自然环境等诸多因素的影响（Weder，1996）。

中国本土品牌企业生产的电子消费品难于立足于国外市场的一个重要原因在于，本土品牌产品难于满足国外市场对产品的质量、技术、节能环保、社会责任等方面的要求。这既体现了国外市场利用技术性贸易壁垒抵制中国电子消费品的低价销售，同时也反映了中国本土企业供给的电子消费品与国际需求的背离。当前电子消费品的国际需求整体上趋向于高端化、智能化、个性化、绿色化。而中国电子消费品行业长期依赖低成本的规模扩张模式，难以满足这一国际需求，体现在：（1）中国电子消费品企业多年来的规模扩张造成企业良莠不齐，自主创新能力普遍较弱，核心技术受制于人、产品处于价值链中低端①，难以满足电子消费品高端化、智能化的国际消费特征。（2）中国电子消费品设计同质化现象普遍，在核心设计方面追求主流的产品设计理念，没有形成独具一格的设计方式②，也难以满足电子消费品个性化的国际消费特征。（3）由于中国电子消费品长期以来以实用为主，国内绿色低碳的电子消费品市场处于起步阶段③，本土品牌企业的相关经验和技术积累不足，也无法满足国际市场上电子消费品的绿色化要求。但另一方面，当前国内需求结构已处于升级过程中，对电子消费品的前瞻性需求表现在从基本满足过渡到品质需要。但电子消费品行业供给端的转换才刚刚开始，滞后于需求转换，使得国内消费者被迫转向国外生产的同类高端产品。国内庞大的前瞻性需求不仅没能助推本土品牌企业提升出口竞争力，反而给国外竞争企业提供了无限商机。④

实现条件三：良好消费环境下消费者与生产商的有效互动及中国现实。

① 在中国电子消费品行业中，绝大部分核心技术受控于国外企业。如电视机产品中的 LED 背光、OLED、3D 立体显示技术等由跨国公司所掌握；国产手机企业还未能完全掌握基带芯片、射频芯片、软件等核心技术。
② 如中国手机系统大部分都是 Android 系统，或是 Android 系统的改良版，没有苹果 iOS 系统在手机界一枝独秀，手机内部应用软件也基本雷同。
③ 根据 2015 年 11 月国务院发布的《关于积极发挥新消费引领作用加快培育形成新供给新动力的指导意见》，中国消费结构正在发生深刻变化，时尚消费、绿色消费、品质消费理念正在形成。
④ 根据 2014 年《中国奢侈品报告》，中国是全球奢侈品的最大消费国，2013 年中国购买了全球 47% 的奢侈品，而境外消费额却高达 73%，但没有一个被世界认可的中国本土奢侈品品牌。

国内市场上消费者－生产商互动（local user-producer interaction）是本土企业竞争力提升的重要微观基础。本土企业对国内消费形态和特征的认知、解读和回应的过程就是本土企业创新及国际竞争力提升的过程（Porter，1990）。有效的消费者－生产商互动可使本土企业及时把握国内需求特征及其变化趋势，使产品渗入市场和生产改进更加顺利（Porter，1990）。因此，消费者－生产商互动被认为是解释企业国际竞争力差异的一个重要原因（Fagerberg，1995）。消费者－生产商互动过程中，专业而挑剔的消费者被认为是本土企业学习效应的关键（Beise-Zee 和 Rammer，2006）。专业而挑剔的客户是本土企业追求高质量和精致服务的压力来源，激励本土企业不断进行产品升级，从而增强国际竞争力（Weder，1996），而国内大市场则能强化这一竞争力（Porter，1990）。消费者与生产商互动受到消费环境和市场竞争程度的影响（Beise-Zee & Rammer，2006）。良好的消费环境和国内市场激烈的竞争会起到培养消费者的作用，消费者更加专业和挑剔，专业而挑剔消费者既有利于维持本土企业的竞争优势，更有利于帮助本土企业创造新的竞争优势（Porter，1990）。

但在中国本土企业传统经营模式与不完善消费环境下，国内消费者还没有成为本土企业创新的主要学习途径和压力来源。消费者－生产商互动过程中，国内高端、苛刻的消费者对塑造技术革新和提高产品质量尤为重要。对于本土企业而言，挑剔型消费者的质量诉求，不是企业发展的障碍，而是企业提高产品质量和研发新产品的重要方向。但在国内电子消费产品同质化与低价竞争的环境下，大多数本土企业还没有建立以消费者为中心的产品设计、生产与服务平台。多数电子消费品生产链并没有从传统的"设计—生产—消费"经营模式转变为"设计—生产—消费—信息反馈—再设计"模式，使得消费者的质量诉求和消费偏好无法反映在产品创新过程中，消费者－生产商互动机制不畅。更为重要的是，个性化逐渐成为电子消费品设计的主流，需要消费者参与到产品价值创造与价值增值过程中，从最初研发到设计过程都体现消费者的偏好，从而推动电子消费品不断升级。这就需要良好的消费环境使得本土企业对消费者的诉求做出解读和回应。但目前中国国内消费环境不完善，假冒伪劣商品屡禁不止，消费侵权形势严峻。如国家工商总局2015年3月发布的《2014年全国工商和市场监管部门受理消费者咨询投诉举报情况分析》显示：2014年，全国工商和市场监管部门共受理消费者投诉116.22

万件，增长 14.3%，投诉量及增幅均居五年来最高。其中以手机为主的通信器材和家用电器等电子消费品的消费投诉分别为 11.5 万件和 11.04 万件，占商品消费投诉比例分别为 16.3% 和 15.6%。不完善消费环境下，企业没有压力对消费者的诉求做出解读和回应，消费者－生产商互动机制无法实现，国内老练、苛求的购买者无法成为本土企业改进、创新产品的压力。正如波特（1990）指出的那样，"当本国客户不能为企业创新提供压力时，这个产业要在创新的竞赛中胜过国外竞争对手是很困难的"。

▶ 四、结论及启示

随着传统要素成本优势的削弱，利用日渐庞大的国内市场规模和不断升级的需要结构培育"以技术、品牌为核心的新型出口优势"已成为学界和决策者的共识。基于中国区域、行业出口数据的实证研究大都认为，国内大市场规模是推动中国出口的优势之一。本文采用全球电子消费品行业 1252 家品牌企业数据，以本土企业的国外市场份额客观度量其出口竞争力，寻找中国电子消费品这一代表性行业，国内大市场提升本土企业出口竞争力的微观证据。分析发现：尽管中国是全球最大的电子消费品市场，且本土企业享有本地市场销售便利，但巨大的国内市场需求并没有支撑起本土企业的出口竞争力，中国巨大的国内市场规模仍是有待开发的出口优势潜在源泉。本文的研究启示，不再仅仅局限于构建国内统一大市场以发挥国内市场效应的政策思路，因为中国本土企业的大部分电子消费品都在国内市场销售，而更应当注重国内大市场发挥作用的前提条件。通过规范市场秩序等途径，构建国内大市场发挥作用的市场环境，形成立足国内大市场的"内需驱动型"外贸发展模式，不仅能有效推进"国际国内市场深度融合"（"十三五"规划建议），也是培育新型出口优势的有效途径。

第一，规范市场秩序，形成创新导向的市场环境。首先，治理竞争环境，规避无序竞争，实现市场竞争的"自选择"机制。加快构建守信激励和失信惩戒机制，实施企业经营异常名录、失信企业"黑名单"、强制退出等制度，淘汰劣质企业，规范行业发展，通过有序竞争实现市场的"自选择"机制，优化企业创新环境。其次，理顺劳动力、资金、土地与能源等要素价格，压缩同质、低质产品的利润空间，形成"只有创新才能生存和发展"的倒逼机制。这一倒逼机制将迫使本土企业放弃依靠要素低成本优势和出口政策优惠实现低价竞争的短效发展模式，转向依托国内市场需求规模实现技术创新的长效发展模式。再次，构建行业创新平台，孵化企业的创新能力。为适应国内消费升级，对国内供给的转换必须辅之以必要的技术支撑。为此，国家政策不仅需要聚焦提升创新能力、产业链合作、加大行业创新支持力度等方面，也需要构建企业交流平台，集中企业有限资源对若干关键技术予以突破，使企业核心技术精细化、专业化。

第二，以国内需求升级为依托促进产品升级，实现国内需求与国际需求的对接，打破本土企业扩展国际市场时面临的国内外需求差异的藩篱。由于发展阶段的差异，国内生存型需求与国际发展型、个性化、服务型需求的差异，是本土企业难以开拓国际市场的重要原因。随着居民收入水平提高、人口结构调整和科技进步，城乡居民的物质文化需求结构不断升级，为产品升级提供强有力的需求保障，必将大幅度增加国内与国际的"重叠需求"（Linder，1961），为国内需求的国际化提供广阔空间。这就需要政府以国内需求升级为契机，通过提高国内标准与国际标准水平一致性程度、消除不合理本地规则、鼓励产品创新等措施，构建消费结构升级引领产品升级的良好环境和长效机制。对本土企业而言，基于国内前瞻性需求与国际需求的细分市场目标定位，在产业链和价值链的关键环节寻求技术突破，沿着产品升级、品牌跃升的方向，扎实推进技术创新与制造升级。以国内消费升级为依托促进产品升级，实现国内需求与国际需求的对接，真正实现内外贸一体化和"国际国内市场深度融合"。

第三，构建以消费者－生产商有效互动为核心的企业经营模式和良好的消费环境，把消费者的质量诉求转变为本土企业创新的压力和动力。对本土企业而言，构建以消费者－生产商有效互动为核心的企业经营模式，是提升竞争力的关键途径。为此，需要改变"先有产品再有用户"的传统经营思路，坚持"先有用户再有产品"的新思路。在组织上，彻底打破过去的科层体制与部门分割，建立以用户为中心的共享与开放的业务和职能平台，把传统被动购买产品的顾客转变成为个性化需求的用户。在激励机制上，围绕是否为用户创造价值和增加价值，重新设计企业的激励体系、薪酬结构和考核机制。在商业模式上，探索从产品产销向经营用户转变，探索通过互联网实现与用户零距离接触的商业模式，以产品的个性化定制推动产品升级。对政府而言，需要通过加强质量监管、畅通消费维权渠道、提升市场监管效能和消费维权工作现代化水平、完善消费维权法律法规和规章制度等途径，进一步加大消费维权力度，营造安全、便利、诚信的良好消费环境。在完善的消费环境和以消费者为中心的企业经营模式下，消费者 - 生产商互动机制才能畅通，国内挑剔型消费者需求的形态和特征才能转化为本土企业改进产品质量的压力和动力，国内大市场提升本土企业出口竞争力的微观机制才能实现。

▶ 参考文献

［1］茅锐、张斌，2013，《中国的出口竞争力：事实、原因与变化趋势》，《世界经济》第 12 期。

［2］裴长洪，2009，《中国贸易政策调整与出口结构变化分析：2006—2008》，《经济研究》第 4 期。

［3］钱学锋、黄云湖，2013，《中国制造业本地市场效应再估计：基于多国模型框架的分析》，《世界经济》第 6 期。

［4］邱斌、尹威，2010，《中国制造业出口是否存在本土市场效应》，《世界经济》第 6 期。

［5］徐康宁、冯伟，2010，《基于本土市场规模的内生化产业升级：技术创新的第三条道路》，《中国工业经济》第 11 期。

［6］许德友，2015，《以内需市场培育出口竞争新优势：基于市场规模的视角》，《学术研究》第 5 期。

［7］宣烨、徐圆、宣思源，2015，《内需驱动与服务业国际竞争力提升——基于"母市场效应"的研究》，《财贸经济》第 3 期。

［8］杨汝岱，2008，《中国工业制成品出口增长的影响因素研究》，《世界经济》第 8 期。

［9］姚洋、章林峰，2008，《中国本土企业出口竞争优势和技术变迁分析》，《世界经济》第 3 期。

［10］易先忠、欧阳峣、傅晓岚，2014，《国内市场规模与出口产品结构多元化：制度环境的门槛效应》，《经济研究》第 6 期。

［11］袁欣，2010，《中国对外贸易结构与产业结构："镜像"与"原像"的背离》，《经济学家》第 6 期。

［12］张帆、潘佐红，2006，《本土市场效应及其对中国省间生产和贸易的影响》，《经济学（季刊）》第 1 期。

［13］张昊，2014，《国内市场如何承接制造业出口调整——产需匹配及国内贸易的

意义》,《中国工业经济》第 8 期。

[14] 张少军, 2013,《贸易的本地偏好之谜: 中国悖论与实证分析》,《管理世界》第 11 期。

[15] 朱希伟、金祥荣、罗德明, 2005, 《国内市场分割与中国的出口贸易扩张》,《经济研究》第 12 期。

[16] Beise-Zee, R., & Rammer, C., 2006, "Local User-Producer Interaction in Innovation and Export Performance of Firms", Small Business Economics, Vol. 27, No. 2, pp. 207 – 222.

[17] Corsetti, G., Martin, P. & Pesenti, P., 2007, "Productivity, Terms of Trade and the 'Home Market Effect'", Journal of International Economics, Vol. 73, No. 1, pp. 99 – 127.

[18] Desmet, K. & Parente, S., 2010, "Bigger is Better: Market Size, Demand Elasticity and Innovation", International Economic Review, Vol. 51, No. 2, pp. 319 – 333.

[19] Fagerberg, J., 1995, "User-Producer Interaction, Learning and Comparative Advantage", Cambridge Journal of Economics, Vol. 19, No. 1, pp. 243 – 256.

[20] Krugman, P., 1980, "Scale Economies, Product Differentiation, and the Pattern of Trade", America Economic Review, Vol. 70, No. 5, pp. 950 – 959.

[21] Linder, S. B., 1961, "An Essay on Trade and Transformation", New York: Wiley and Sons.

[22] Melitz, M. J., 2003, "the Impact of Trade on Intra-Industry Reallocations and Aggregate Industry Productivity", Econometrica, Vol. 71, No. 6, pp. 1695 – 1725.

[23] Melitz M. J. & Ottaviano, G., 2008, "Market Size, Trade, and Productivity", Review of Economic Studies, VOL. 75, No. 1, pp. 295 – 316.

[24] Porter, M. E., 1990, "The Competitive Advantages of Nations", New York: The Free Press.

[25] Sakakibara, M., & Porter M, E., 2001, " Competing at Home to Win Abroad: Evidence from Japanese Industry", Review of Economics and Statistics, Vol. 83, No. 2, pp. 310 – 322.

[26] Weder, R., 1996, "How Domestic Demand Shapes the Pattern of International Trade", World Economy, Vol. 19, No. 3, pp. 273 – 286.

[27] Yuan, G., 2014, "China is Biggest Consumer Electronics Market", China Daily, 2014 – 01 – 06.

Large Domestic Market and Export Competitiveness of Local Enterprises

—New Evidence and Explanations from Consumer Electronics Industry

Abstract China's expanding domestic market scale and the upgrading demand structure provide a characteristic path to cultivate new export advantage. But, does large domestic market necessarily promote export competitiveness of local enterprises? Based on the data of 1252 brand owners in global Consumer Electronics, this paper seeks the evidence of the export competitiveness driven by the large domestic market in China. It shows that 1) the home bias of Chinese local enterprises is getting stronger with enlarging of domestic market. 2) the contribution of China's domestic market size to the export competitiveness is rather low comparing with the main exporters. 3) China's domestic market size does not significantly promote the export competitiveness. All these evidences indicate that China's large domestic market is still a potential source of export advantage. The reasons lies that innovation-oriented market environment, internationalization of the domestic demand, and the effective user-producer interaction, are the premises of the domestic market mechanisms. Therefore, cultivating new export advantage based on large domestic market should focus on the premises of the domestic market mechanisms.

Key Words: Domestic Market Demand; Local Enterprises; Export Competitiveness; Market Environment

中国工业企业规模与生产率的异质性①

高凌云　屈小博　贾　鹏

高凌云，现为中国社会科学院世界经济与政治研究所副研究员。2008 年毕业于中国社会科学院财政与贸易经济研究所，获经济学博士学位；2009—2011 年曾在中国社会科学院世界经济与政治研究所理论经济学流动站开展博士后研究。主要研究领域为国际贸易理论、中国对外贸易发展。主持和参与国家自然科学基金面上项目、国家社会科学基金重大项目和重点项目、国家部委委托和招标项目 30 余项，在《经济研究》《经济学季刊》等刊物发表论文 50 余篇。

① 本文原载于《世界经济》2014 年第 6 期。

内容提要： 虽然企业异质性假设的引入对贸易理论的发展至关重要，但其引入异质性的方式，通常是依据企业规模的分布形态，假定企业生产率也服从同类分布，并不区分企业规模异质性和生产率异质性的差别，缺乏对生产率分布的科学估计和严格检验；而针对企业规模分布的研究，也存在样本代表性差、以估计替代检验等问题。本文利用中国经济普查数据库中的全样本工业企业，以及分布参数的极大似然估计和非参数检验，从总体和行业层面，具体估计、检验和比较了中国工业企业规模和生产率的异质性特征。结果显示：（1）中国企业整体上仍面临扩张约束，较大规模企业所占比重略小于目标状态；（2）部分规模较大企业的生产率水平实际不高，存在明显的资源配置问题；（3）总体和细分行业层面的生产率分布存在较大差异；（4）在细分行业层面，企业规模和生产率的分布并不能简单类推。

关键词： 企业规模；生产率；异质性；替代性分布

一、引言

大量基于微观企业生产和贸易数据的研究发现，即使在定义很狭窄的行业之内，企业之间在生产规模和效率等方面，仍然存在显著的差异（Salter，1960；Chew et al.，1990；Bartelsman and Doms，2000；Bernard et al.，2007等），而这显然有悖于新古典贸易理论和新贸易理论中，同质代表性企业的经典假定。在这一背景下，以 Melitz（2003）、BEJK（2003）、Yeaple（2005）等为代表，通过引入企业异质性假设，建立并拓展了异质性贸易理论，将分析进一步深入到企业的生产、贸易和投资行为层面，突破了以产业为对象的研究范畴，提出了国际贸易研究中一些新的发展方向，如多产品企业、外包、公司内贸易等，构成了目前国际贸易研究的前沿领域。

虽然异质性贸易理论的发展，如 Melitz（2003）在分析出口企业的自选择效应时，最初仅是直接引入企业异质性假设，并没有给出生产率分布的具体函数形式；但是，考虑到贸易中的企业行为特征等因素（Bernard et al.，2007），后续基于异质性贸易理论的研究，在分析和检验特定问题，尤其是在需要给出模型解析解或具体定量结果的时候，又必须假设分布函数恰当的具体形式（Chaney，2008）。

可是，现有文献中假设的、企业生产率可能服从的分布较多，常见的有帕累托分布（Chaney，2008）、对数正态分布（Capuano and Schmerer，2013）和指数分布（Caliendo and Rossi-Hansberg，2012）等。至于为什么选择这些分布，Chaney（2008）、Combes et al.（2012）、Capuano and Schmerer（2013）等认为，除数理上方便处理外，主要是因为企业规模服从类似分布。但问题是，就算这一逻辑合理，现有假设及检验企业规模分布的文献，得到的企业规模分布类型也不一致，常见的有齐普夫定律（Axtell，2001）、对数正态分布（Cefis et al.，2009）、幂律分布（Gaffeo et al.，2003）和帕累托分布（Konno，2013）等。

　　相比于异质性贸易理论及其在不同领域的快速发展，现有研究反而对一些基础性的问题，如：对企业规模和生产率分布所做的假设是否合理；为什么不同研究之间具有如此大的差异；同时，这些分布之间具有什么样的内在联系，企业规模的分布和生产率的分布能否直接类比，等等，缺乏科学合理的解答。不仅如此，Bartelsman et al.（2003）提出，某经济单元某一时点有大量不同规模或生产率的新企业进入，新企业进入后会与该时点仍在位的、不同规模或生产率的企业在产品、要素等市场展开竞争，企业之间的竞争使得该经济单元同时出现获利企业和亏损企业（也称获胜企业和失败企业），进而，新进入企业和原在位企业在对其生产和经营环境认识加深的基础上，做出扩张、收缩或退出的决策；因此，在同一时点，还会存在大量的企业退出，竞争中的失败者会因亏损而退出该产业，与此同时，退出企业的生产要素和市场份额在该进入单元仍在位的企业间重新配置，并形成某种均衡的分布状态。这意味着，企业规模或生产率的分布可以在很大程度上反映出该经济单元的生态特征和健康状态，对它们的正确认识，还可以为经济政策的制定提供参考（杨其静等，2010）。

　　本文利用中国经济普查的全样本工业企业数据，依据分布参数的极大似然估计和分布的非参数检验，从总体和行业层面，具体估计、检验和比较了我国工业企业规模和生产率的异质性，试图对上述疑问提供严格的分析，以期为异质性贸易理论的发展及其在中国的应用提供坚实的基础。本文的后续安排为：第二部分是相关文献的综述，以判断本文在现有文献中的地位；第三部分以中国为例，具体分析了齐普夫定律、帕累托分布和幂律之间的内在一致性，以及帕累托分布、对数正态分布与指数分布之间的区别和联系；以此为基础，第四部分提供了针对帕累托分布尺度参数估计和检验，以及替代性分布检验的具体思路和方法；第五部分对经济普查数据库和指标进行了详细的说明；第六和第七部分则分别提供了利用我国全样本工业企业数据库得到的、总体和行业层面的企业规模和生产率分布的估计检验结果及说明；最后是结论与启示。

▶ 二、文献综述

本文的研究主要与两类文献相关。一类是探讨企业规模的分布特征、动态变化及原因的文献。首先，对企业规模分布特征的研究，迄今已有近一个世纪的历史。Gibrat（1931）认为同一行业中的企业，无论其规模大小，同一时期内其规模成长的概率是相同的，即企业的成长率独立于其初始的规模（通常称为 Gibrat 法则或比例效应法则），因而企业规模应近似服从对数正态分布。但之后，Mansfield（1962）从理论上提出，对那些具有较高最低效率规模行业的新进入企业来说，生存的前提是必须迅速达到，能以最低长期平均成本生产的有效规模；在 Mansfield（1962）的基础上，Gabaix（1999）证明，如果企业规模服从有界的随机游走过程，那么其分布呈现的是幂律形态，而不是对数正态。与此对应，检验企业规模服从何种分布的经验研究，其结论也存在类似差异。如 Bottazzi and Secchi（2003）利用 3000 家美国企业的销售额数据，发现美国企业规模服从对数正态分布，得到类似结论的还有 Gallegati and Palestrini（2010）等；但 Axtell（2001）利用美国 5 百万家纳税企业的数据，发现美国企业规模近似服从的是幂律分布。

其次，是对企业规模分布动态变化和影响因素的研究。Cabral and Mata（2003）利用葡萄牙经济普查库中 33678 家企业的就业数据发现，因为融资约束的原因，企业规模分布具有明显的右偏，而且在不同的年份几乎没有什么变化，但不同经营年限的队列（cohort）分析显示，随着企业经营年限的增加，企业规模的分布渐次逼近对数正态分布。而 Angelini and Generale（2008）利用意大利 15000 家企业的调查数据和世界银行的 WBES 数据库，发现放松融资约束对企业规模分布的影响并不明显，因为融资约束的放松虽然可以促进在位企业更快扩张，但也会引致更多规模较小的新企业进入，尽管他们也得到了类似的企业规模分布的动态变化特征。另外，Luttmer（2007）还认为，负向的外部冲击导致部分企业退出也是企业规模分布变化的重要原因；Rossi-Hansberg et al.（2007）还发现，不同行业内企业规模的分布存在非常大的差异，人力资本存量越少的行业会越快经历规模报酬递减，因此特定行业人力资本的密集度与大规模企业的比重正相关。

　　另一类是研究企业生产率分布及其与规模分布关系的文献。首先，尽管对生产率分布而非生产率水平的关注，是近些年来经济增长理论的核心主题之一，但现有研究多侧重于对生产率分布中不同分位企业生产率相对差异（也称生产率离散化）的研究。Syverson（2011）等发现，即使在市场经济最为发达的美国，生产率离散化现象也是长期存在的。其次，更为关键的是，尽管不同分位企业的生产率差异很难刻画企业生产率的整体分布，但现有针对企业生产率分布估计和检验的研究很少，以至于异质性贸易理论引入生产率异质性更多是通过假设的方式①。最后，在封闭经济的条件下，di Giovanni and Levchenko（2011）证明，企业生产率如果服从帕累托分布，企业规模同样会服从帕累托分布，尽管分布参数不同。最后，章韬和孙楚仁（2012）在非出口和出口企业生产率分布参数不同、但都为帕累托分布的假设下发现，中国非出口企业和出口企业生产率分布和规模分布形态均存在显著差异，但不同类企业规模分布形态与生产率分布形态高度一致。

　　整体来看，针对本文的主题，上述企业规模和生产率分布方面的研究还是存在一些不足。第一，认为企业规模服从某种分布的研究，如 Bottazzi and Secchi（2003）、Fujiwara et al.（2004），除了依据的样本不具有代表性、多数没有深入到行业层次②等问题之外，通常是先简单假设某一具体的分布，然后利用 OLS 或修正的 OLS 估计出该分布的参数，并直接采用拟合优度值代替分布检验，没有考虑存在替代性分布拟合程度更好的可能性。第二，如 Axtell（2001）等认为的，偏离目标（target）分布是由竞争排斥所引致的推断，忽略了企业规模或生产率分布并不服从目标分布的可能性。第三，结合 Chaney（2008）和 di Giovanni and Levchenko（2011）等研究还可以发现，现有文献在企业规模异质性和生产率异质性的关系上，存在循环论证的问题，缺乏对企业生产率分布的科学估计和严格检验，在生产率分布的选择上较为

---

　　① Arkolasis（2010）在产品差异化、企业生产率异质性和市场边际覆盖成本递增的基础上，发展了一个动态贸易理论模型，该模型在进入企业生产率变动具有几何布朗运动（Geometric Brownian Motion）形态等条件下，内生地决定了企业生产率服从右拖尾的帕累托分布，但这一研究并没有提供实证估计和检验。Combesetal.（2012）虽利用法国企业的数据，估计了不同类城市，企业生产率对数正态和帕累托混合分布的分布参数，但也没有提供检验。

　　② 章韬和孙楚仁（2012）在帕累托分布假设下，分 GBT2 位数行业对不同类企业规模和生产率的帕累托分布参数进行了估计。

随意。

本文的边际贡献主要体现在两个方面：第一，相比 Axtell（2001）、di Giovanni and Levchenko（2011）等，细致阐释了传统估计方法可能存在的问题，并在参数极大似然估计的基础上，将分布检验和替代性分布检验引入企业规模和生产率分布研究中；第二，利用中国经济普查数据库中的全样本工业企业，分别从总体和行业层次对我国企业规模和生产率的分布进行了严格的估计和检验，是对 Combes et al.（2012）研究的有益补充。

三、不同分布的联系与区别

如引言部分所归纳的，现有的异质性贸易理论及实证文献，经常假设或验证的、企业规模和生产率服从的分布包括：幂律分布（Power Law）、齐普夫定律（Zipf's Law）、帕累托分布（Pareto Distribituon）、对数正态分布（Log-normal Distribution）和指数分布（Exponential Distribution）等。这几类分布的共性是，大多数事件的规模、程度或频次很小，而只有少数事件的规模、程度或频次相当大。由于齐普夫定律、帕累托分布和幂律分布本质上具有一致性，所以本部分先论证齐普夫定律、帕累托分布、幂律的内在联系，以简化后文的分析。事实上，现有文献在齐普夫定律、帕累托分布或幂律分布相互之间关系的认识上有些模糊，有些文献甚至将这些分布截然对立（Adamic and Huberman，2000）。然后，再以帕累托分布为代表，比较它们与对数正态分布和指数分布之间的联系。

（一）齐普夫定律、帕累托分布与幂律分布的一致性

齐普夫定律，是由 Zipf（1936）在对英语文献中单词出现频次进行大量统计、以检验前人的定量化公式时提出的词频分布定律，具体可以表述为：如果把一篇较长文章中每个词出现的频次统计起来，按照高频词在前、低频词在后的递减顺序排列，那么不同词的序号与其出现频次的积，将近似地为一个常数。若用 x 表示频次，r 表示等级序号，即有 $x \times r = C$，C 为常数，这一关系常用 rank-size 图刻画。帕累托分布，是目前文献中最常见的生产率分布假设，除此以外，还被广泛用于描述自然和社会中的众多现象，如城市规模大小的分布、地震规模大小的分布等（Newman，2005）。与齐普夫定律不同的是，帕累托分布是累积分布的概念，指的是规模或频次大于 x 的事件发

生的概率与 x 之间的反向关系。如果 X 是一个随机变量，则 X 的概率分布为：$P(X > x) = \left(\dfrac{x}{x_{\min}}\right)^{-k}$。其中 x 是任何大于 $x_{\min}$ 的数，$x_{\min}$ 是 X 最小的可能值①，k 为正，通常被称为尺度参数（scaling parameter）。而幂律一般是指概率密度函数近似服从幂函数，即概率密度函数为 $p_X(x) \, \mathrm{d}x = Pr(x \leqslant X \leqslant x + \mathrm{d}x) = Cx^{-a} \mathrm{d}x$ 的随机变量 X 的分布，其中 $C = (a-1) x_{\min}^{a-1}$②。与帕累托分布不同的是，幂律是概率密度的概念，指的是规模、程度等于 x 的事件发生的概率与 x 之间的反向关系。

由上述定义可以推知，对同一随机变量分布的描述，无论齐普夫定律、帕累托分布，还是幂律，其内在分布关系是一致的，只是表述方式有所不同。首先，尽管齐普夫定律是规模与其排序的关系，而帕累托分布是规模与其频数的关系，但齐普夫定律和帕累托分布本质上是可以等同的。不妨以企业规模为例说明，按定义，齐普夫定律描述的是，排在第 r 位的企业，其规模为 x，这等价于：有 r 个企业，其规模大于等于 x，而这又恰恰是帕累托分布的定义。唯一的差别在于，对齐普夫定律来说，r 在横轴上，x 在纵轴上；而帕累托分布是 r 在纵轴上，x 在横轴上。其次，由累积分布函数 $P(X \leqslant x) = 1 - P(X > x)$，求导就可以得到服从幂律分布的随机变量 X 的密度分布函数：

$$p_X(x) = \frac{k}{x_{min}}\left(\frac{x}{x_{min}}\right)^{-k-1}, \quad k = a - 1。$$

为了明确上述分析，本处利用中国工业企业规模的总体分布情况来提供齐普夫定律、帕累托分布和幂律分布之间关系的例证。与 Axtell（2001）类似，此处暂且采用从业人员合计测度企业规模③。首先，图 1（1）刻画了企业从业人员合计与其频次的关系，散点图显示绝大多数企业的规模很小，只

---

① 因为 $k > 0$，分布 $P(X > x) = \left(\dfrac{x}{x_{\min}}\right)^{-k}$ 在 $x \to 0$ 的时候发散，所以 Pareto 分布必然存在下限 $x_{\min}$。

② 由 $\displaystyle\int_{x\min}^{\infty} P(x)\,\mathrm{d}x = C\int_{x\min}^{\infty} x^{-a}\mathrm{d}x = 1$ 得到。

③ 数据来自 2008 年中国第二次经济普查工业企业数据库，论文第五部分提供了详细的处理和说明。

有少数企业的规模比较大①。其次，图1（2）描述对数刻度下的企业规模与其频次的对应，散点图显示了企业规模等于 x 的事件发生的概率与 x 之间的反向关系。而且，在等间隔的情况下，呈现出越往尾部噪声越大的典型帕累托分布特征，即越往右相同间隔包括的样本企业数量越少、统计波动越大。再次，图1（3）、（4）分别是双对数刻度的企业规模与其排序的 *rank-size* 图、双对数刻度的企业规模与其累积概率图，正如前文所分析的，两图之间的差别仅在于，对齐普夫定律来说，排序在横轴上，规模在纵轴上；而帕累托分布是累计概率在纵轴上，企业规模在横轴上。因此，后文不再区分齐普夫定律、帕累托分布和幂律分布，而是仅从帕累托分布出发，估计、检验和比较中国工业企业规模和生产率的异质性。

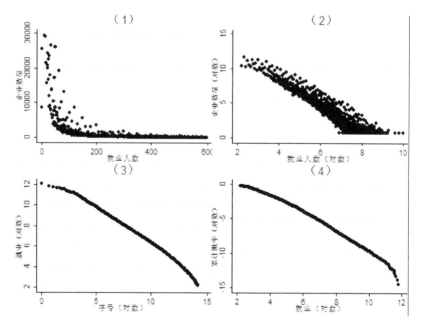

图1　中国全样本工业企业从业人员合计的分布情况

（二）帕累托分布、对数正态分布和指数分布的联系

在双对数坐标图上，幂律分布、齐普夫定律和帕累托分布一般都表现为

---

① 为了清晰表述这一关系，我们仅保留了就业人数小于600人的企业，如果包括所有的企业，规模和频次的散点图将简化为与坐标轴重合的"L"形折线。

一条斜率为幂指数的负数的直线，特别是在大样本的情况下。但是，与幂律分布、齐普夫定律和帕累托分布相比，对数正态分布和指数分布还是存在明显不同。下面以帕累托分布作为联系纽带，分析和比较三类分布之间的联系和差异。

首先，对数正态分布是指：若随机变量 X 的对数 $\ln X$ 服从正态分布 $N(\mu, \sigma)$，则 X 服从对数正态分布。它的概率密度函数为：$C_1 \dfrac{1}{x} \exp\left[-\dfrac{(\ln x - \mu)^2}{2\sigma^2}\right]$，根据 $\int_{x_{\min}}^{\infty} Cf(x)\mathrm{d}x = 1$ 可得：$C_1 = \sqrt{\dfrac{2}{\pi\sigma^2}}\left[\mathrm{erfc}\left(\dfrac{\ln x_{\min} - \mu}{\sqrt{2}\sigma}\right)\right]^{-1}$，erfc 为误差函数，$\mu$ 和 σ 分别被称为对数正态分布的对数均值和对数标准差。对数正态分布与帕累托分布的主要差别在于，对对数正态分布的密度函数两边取对数只能得到 $\ln f(x) = -\ln x - \ln\sqrt{2\pi}\sigma - \dfrac{(\ln x - \mu)^2}{2\sigma^2}$，在双对数坐标图上，仅在对数标准差足够大的情况下才能近似表现为一条直线。而对帕累托分布的两边取对数，可以直接得到线性形式。

其次，相比于帕累托分布，指数分布在取对数的情况下，同样不能得到线性形式的表达式。因为指数分布的密度函数为：$C_2 \mathrm{e}^{-\lambda x}$，分布的区间是 $[0, \infty)$。根据 $\int_{x_{\min}}^{\infty} Cf(x)\mathrm{d}x = 1$ 可得：$C_2 = \lambda \mathrm{e}^{\lambda x_{\min}}$。其中，$\lambda > 0$ 是分布的一个参数，常被称为率参数。指数分布和帕累托分布的联系在于，如果随机变量 X 服从参数为 $x_{\min}$ 和 k 帕累托分布，可以推得 $Y = \ln\left(\dfrac{X}{x_{\min}}\right)$ 服从率参数为 k 的指数分布。反过来，如果 Y 服从率参数为 k 的指数分布，则 $x_{\min}\mathrm{e}^Y$ 服从参数为 $x_{\min}$ 和 k 的帕累托分布。因为 $Pr(Y < y)$ 等价于 $Pr\left(\ln\left(\dfrac{X}{x_{\min}}\right) < y\right)$，可得 $Pr(X < x_{\min}\mathrm{e}^y) = 1 - \left(\dfrac{x_{\min}}{x_{\min}\mathrm{e}^y}\right)^k$，即 $Pr(Y < y) = 1 - \mathrm{e}^{-ky}$。

为了对帕累托分布、对数正态分布和指数分布之间的差异有更直观的认识，本处仍然利用中国工业企业就业规模的总体分布情况，来提供帕累托分布与对数正态分布和指数分布之间关系的例证。图 2 显示，在就业规模分布的右尾部位，帕累托分布和对数正态分布对就业规模分布的拟合效果明显好于指数分布（其中，实直线为帕累托分布拟合线，虚线为对数正态分布拟合线，点线为指数分布拟合线），而在右尾底部，对数正态分布的偏离程度要大于帕累托分布。但是，在就业规模分布的左部，指数分布的拟合效果要好于对数正态分布和帕累托分布。

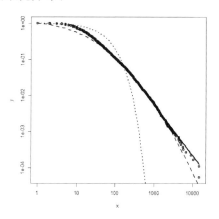

图2　帕累托、对数正态和指数分布对企业就业规模的拟合效果

四、分布估计与检验的方法体系

判断随机变量是否服从某种分布 $P(x)$，需要通过三个阶段的工作：第一，假设关注的随机变量确实服从分布 $P(x)$，进而利用合适的方法估计该分布的所有参数；第二，在参数估计的基础上，设定检验统计量，判断假设的分布是否合理；第三，利用替代性分布检验，判断是否有其他分布拟合效果更好。

（一）帕累托分布的估计与检验

针对帕累托分布，从估计的角度，最常用的方法，是对帕累托分布函数的两边直接取对数，得到线性形式的 $\log P(x) = k \times \log(x_{min}) - k \times \log(x)$，然后采用最小二乘法估计尺度参数（Arnold，1983；Axtell，2001；章韬和孙楚仁，2012；等），而且还可以考虑直接利用最小二乘估计的 R^2 值作为分布拟合优度检验的依据（Axtell，2001；di Giovanni et al. 2011 等）。但这一简单估计方法可能存在较多问题：首先，最小二乘估计要求误差项服从正态分布，即被解释变量是高斯白噪声的。但是，对 $P(x)$ 取对数后，累积概率变量就不再为白噪声了，因为一旦假定 $\log P(x)$ 服从正态分布，那么 $P(x)$ 只能是服从对数正态分布，这导致估计及检验随机变量服从何种分布的工作变得毫无意义。其次，由于帕累托分布是累计分布的概念，即 $P(x) = P(x -$

1）$-p(x)$，这使得被解释变量存在严重的自相关问题。再次，不管随机变量总体服从何种分布，最小二乘回归的拟合线通常无法满足 $\int_{x_{\min}}^{\infty} p(x)\mathrm{d}x = 1$ 的约束条件（Weisberg，1985）。最后，最小二乘估计并没有考虑 $x_{\min}$ 值对尺度参数估计的重要性。如前文所分析的，帕累托分布只在 $[x_{\min}, \infty)$ 区间成立，估计时如果 $x_{\min}$ 取值过小，会导致最小二乘估计纳入那些不服从分布的样本，从而影响尺度参数的正确估计，而取值过大又会丢掉有价值的样本点信息，增大尺度参数估计的误差。另外，从分布拟合评价标准的角度，最小二乘估计的 R^2 值可能只是必要条件，其他的常见分布，如对数正态分布、指数分布等，一定区间内采用最小二乘估计也可能得到较大的 R^2 值。

基于此，Wasserman（2003）、Bauke（2007）等证明了在大样本的情况下，极大似然估计能提供尺度参数的准确估计。不妨假设企业规模或生产率确实是服从参数为 k 和 $x_{\min}$ 的帕累托分布，由此可构造帕累托分布的对数似然函数：$L = \ln p(x \mid k) = \ln \prod_{i=1}^{n} \frac{k-1}{x_{\min}} \left(\frac{x_i}{x_{\min}}\right)^{-k}$，其中，$n$ 表示样本数量。由 $\partial L/\partial k = 0$，可以得到具有渐近正态、一致等特性，同时标准差等于 $\frac{\hat{k}-1}{\sqrt{n}} + O(1/n)$①的尺度参数的极大似然估计②：

$$\hat{k} = 1 + n \left[\sum_{i=1}^{n} \ln \frac{x_i}{x_{\min}}\right]^{-1}$$

但是，上面尺度参数的极大似然估计，是建立在真实的 $x_{\min}$ 值已知的假定下，正如在评价最小二乘估计缺点时所提到的，选择不同的 $x_{\min}$ 值对尺度参数的估计结果影响非常大。那么实际估计过程中，该如何确定 $x_{\min}$ 值，是否可以假定其为已知的值，如随机变量序列中的最小值，又或者从累计概率分布图、概率密度分布图等图形中通过直观的观测得到呢？Goldstein et al.（2004）利用非参数 Kolmogorov-Smirnov 统计量（后简称 K-S 统计量），较好地解决了这个问题。不仅如此，基于 K-S 统计量的 K-S 检验，还可以很方便

---

① 因为均值（$\int_{x_{\min}}^{\infty} x P(x)\mathrm{d}x = C\int_{x_{\min}}^{\infty} x^{-k+1}\mathrm{d}x$）在 $k \leq 2$ 的情况下发散，此处隐含假设 $k > 1$。

② 由于本文估计采用的是 2008 年第二次全国经济普查的企业数据，文中仅提供了连续型变量极大似然估计的结果，离散型变量帕累托分布参数极大似然估计的结果可见 Clauset et al.（2009）。

地用来检验实际分布是否符合拟合的理论分布（Clauset et al.，2007，2009）。K-S 统计量的基本算法在于，计算和寻找实际累积分布和理论累积分布之间的最大差值（取绝对值），即：

$$D = \max_{x \geq x_{\min}} |S(x) - P(x)|$$

其中，$S(x)$ 表示观测值的实际累积分布函数，$P(x)$ 表示具有估计参数的理论累积分布函数，然后选择 $\underset{x_{\min}}{\operatorname{argmin}}(D)$ 作为所求的 $x_{\min}$ 估计量。

针对验证企业生产率是否服从帕累托分布的意图，仅是准确地估计出企业生产率分布的尺度参数和 $x_{\min}$ 值还远远不够。上面提到，验证随机变量是否服从帕累托分布之前，需要先假定该随机变量服从帕累托分布，可事实上，无论随机变量是否服从帕累托分布，通过极大似然估计和 K-S 统计量，可以将尺度参数和 $x_{\min}$ 值都估计出来，但这并不能说明企业的生产率就服从帕累托分布。因此，与 Clauset et al.（2007）、Clauset et al.（2009）一致，我们也采用较为常用的、基于 K-S 统计量的 K-S 拟合优度检验法，对企业生产率是否服从帕累托分布进行验证①。

（二）替代性分布检验

利用极大似然估计和 K-S 统计量准确估计出帕累托分布的尺度参数和 $x_{\min}$ 值，进而利用 K-S 分布拟合优度检验，即使发现企业生产率服从帕累托分布的原假设不能拒绝，也还不足以说明帕累托分布就是拟合程度最好的，因为，仍然存在其他分布，如前文提到的、常用的对数正态分布（Capuano and Schmerer，2013）、指数分布（Caliendo and Rossi-Hansberg，2012）假设，具有更好拟合的可能。这就要求我们在进行帕累托分布参数的估计和分布拟合检验后，继续进行替代性分布检验。

K-S 分布拟合优度检验需要对不同的替代性分布，重复本文第三部分的过程，然后比较不同替代性分布 p 值的大小。而现在的问题是，在通过帕累托分布检验之后，我们只需要知道是否有其他分布比帕累托分布拟合的更好。针对随机变量的实际观测值数据集，常用的直接检验何种分布拟合程度更好的方法，包括 χ^2 检验、似然比检验（Vuong，1989）和 Bayesian 检验（Stouffer et al.，2005）等。但 χ^2 检验更适用于离散分布的检验，对于连续分

---

① 附录提供了检验过程需注意的细节。

布，由于需要对资料分组而失去较多信息，而 Bayesian 检验会在一定程度上减弱抽样波动的影响，从而不能识别偶然性对检验结果的影响，因此本文采用似然比检验对替代性分布进行判断。

利用似然比检验对替代性分布进行选择的基本思路是，对相同的数据集，比较不同分布假设下的似然值，越大说明拟合的越好，比较似然比对数的正负号与此等价。因此，针对企业规模和生产率数据，假设存在两个候选的分布，其概率密度函数分别为 $p_1(x)$、$p_2(x)$，由此可以得到两个分布的似然值为：

$$L_1 = \prod_{i=1}^{n} p_1(x_i), \quad L_2 = \prod_{i=1}^{n} p_2(x_i)$$

进而，这两个分布的对数似然比就可以表示为：

$$R = \sum_{i=1}^{n} [\ln p_1(x_i) - \ln p_2(x_i)]$$

Vuong（1989）证明，利用实际数据集估计出的 $\hat{R}$ 值大于等于真实 R 值绝对值的概率可以表示为：

$$p(\hat{R} \geqslant |R|) = \frac{1}{\sqrt{2\pi n\sigma^2}} \Big[\int_{-\infty}^{-|R|} e^{-t^2/2n\sigma^2} dt + \int_{|R|}^{+\infty} e^{-t^2/2n\sigma^2} dt \Big]$$

其中，$\sigma^2 = \frac{1}{n} \sum_{i=1}^{n} \Big[(\ln p_1(x_i) - \ln p_2(x_i)) - \Big(\frac{1}{n} \sum_{i=1}^{n} \ln p_1(x_i) - \frac{1}{n} \sum_{i=1}^{n} \ln p_2(x_i) \Big) \Big]^2$。考虑真实的 R 值为零或接近于零的情况，这表示似然比对数不能区分哪种分布更合适，$p(\hat{R} \geqslant |R|)$ 等价于得到给定 $\hat{R}$ 的概率，此时，如果 $p(\hat{R})$ 很小（如 $p < 0.1$），就可以拒绝真实的 R 值为零或接近于零的原假设，说明 $\hat{R}$ 值的符号可以作为判断何种分布拟合程度更好的依据。

五、数据库、指标的选择与说明

根据帕累托分布的概率分布函数 $P(X > x) = \left(\frac{x}{x_{\min}} \right)^{-k}$，上文分析了 $x_{\min}$ 的选择，对于尺度参数估计以及后续的帕累托分布检验和替代性分布检验为什么至关重要，因为选择的 $x_{\min}$ 值过小，不符合帕累托分布的样本点进入会导致错误的估计结果，而选择的 $x_{\min}$ 值过大又会损失大量符合要求的样本信息，从而降低估计和检验的准确性，这也是本文选择 K-S 统计量确定 $x_{\min}$ 值的原因。更进一步，上述逻辑对估计企业规模、生产率分布所用数据库的选择也提出了更高的要求。因为，如果估计和检验依据的数据库，不是全样本、或者来自全样本随机抽样产生的具有代表性的子样本，就无法估计出准确的 x_{min} 值，自然也无法得到企业相关变量的真实分布（Combes et al.，2012）。

目前，对中国经济问题的研究，有相当多的国内外学者使用了中国工业企业数据库，虽然这一数据库具有样本大、指标多、时间长等优势，但是，这一数据库并不适用于对企业规模、生产率等分布的研究，因为除了样本匹配混乱、指标大小异常、测度误差明显和变量定义模糊等问题之外（聂辉华等，2012），针对本文的主题，中国工业企业数据库最大的不足在于，它仅仅只提供了全部国有及规模以上非国有工业企业的数据。对具有典型右拖尾特征的分布来说（Bernard et al.，2007），这一数据库实际上截除了大部分处于分布左边的、规模较小和生产率较低的样本企业，这必然导致实际估计得到的 x_{min} 值过大，并增加服从帕累托分布的可能性。帕累托分布虽然具有标度无关性（scale-free），但应该是在证明某一随机变量服从这一分布之后，再利用任意子样本进行相关研究，而不是相反。

因此，本文后续估计和检验基本是建立在 2008 年第二次经济普查数据库中全样本工业企业或从中随机抽样的基础上。2008 年全国经济普查的对象是在我国境内从事第二产业和第三产业的全部法人单位、产业活动单位和个体经营户，其优势在于既包括规模以上企业，又包括规模以下企业。其中，第二产业的具体范围包括：采矿业、制造业、电力、热力、燃气及水生产和供应业，合计有工业企业 1979135 家。而中国工业企业数据库中，在不做任何剔除的情况下，2008 年的工业企业只有 399594 家，只占全部工业企业数的 20.1%。不过，经济普查数据库也有一些劣势，因为一年的数据无法进行时序的比较，对生产率分布的研究也只能限于单要素生产率分析；同时，经济普查数据库仅有规模以上企业提供了财务数据，而规模以下企业除了企业代码、名称和国民经济行业代码等定性指标外，只提供了年末从业人员合计、全年营业收入合计等少数几个相关的数量指标。

与 Axtell（2011）、Fujiwara et al.（2004）等一致，本文同样利用年末从业人员合计、全年营业收入合计作为企业规模的代理变量，而用全年营业收入除年末从业人员合计表示企业生产率。需特别强调的是，对劳动生产率或全要素生产率的衡量，标准的做法是采用更能反映企业生产效率的工业增加值，而不是营业收入。只是由于我国第二次经济普查对规模以下企业仅提供了少数指标，没有工业增加值数据，也无法通过会计恒等式计算获得，因而此处利用人均收入来代替企业的生产效率。虽然全年营业收入合计与工业增加值具有较高的相关系数，但全年营业收入合计是指企业在销售商品、提供劳务及让渡资产使用权等活动中形成的收入，核算的基础是工业产品的销售总量，不管是否为本期生产；而工业增加值的核算前提是工业产品的生产总量，只要是本期生产的，不论是否销售，都需计入工业总产值，并反映在减去中间投入后的工业增加值中，两者之间还是存在一定的出入。

另外，不同工业行业内部的企业在很多方面均存在较大的差异。例如，图 3 显示了 2008 年不同二位数工业行业内企业数量占样本总体比重，其中，烟草制品业（代码 06）所含的企业数量最少，为 206 个，约占样本总量的 0.01%；而非金属矿物制品业（代码 31）所含的企业数量最多，为 199256 个，是烟草制品业的 967 倍，占样本总量的比重超过 10.9%。这说明对企业异质性的研究，除了总体层次的分析外，还需深入到工业行业内部。

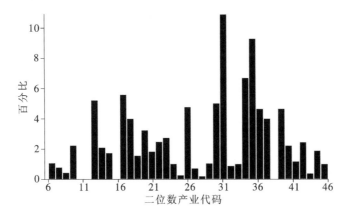

图 3　不同二位数工业行业内企业数量占总体的比重

六、中国工业企业规模的分布特征

针对工业企业规模分布的估计与相关检验①，本文使用了年末从业人员

---

① 本文六、七部分的计算和检验过程由 R 软件（V3.0.2）及其中的部分软件包（powerlaw）完成，该软件包是按幂律分布估计；由于计算设备的限制，在进行全样本分布的参数估计和检验时，仅从中随机抽取 50% 的样本；本文所有的过程数据、结果及程序代码备索。

合计和全年营业收入合计两个指标①，并分行业总体和二位数行业两个层次进行判断，其中，每一层次采用的处理顺序为：（1）利用极大似然方法和 *K-S* 统计量分别估计$\hat{x}_{\min}$和$\hat{k}$，并绘制累积分布图与帕累托分布拟合线；（2）对这一结果进行非参数 *K-S* 分布检验，并计算检验 *p* 值；（3）对应现有研究中常用的对数正态分布和指数分布假设，进行两次替代性分布检验，计算帕累托分布相对它们的对数似然比和检验 *p* 值；（4）根据检验 *p* 值的选择原则，判断合适的分布类型。

（一）企业就业规模的分布特征

考虑以年末从业人员合计测度的企业规模，表 1 中分布的估计和检验结果显示，整体而言，相比于对数正态分布和指数分布，帕累托分布对企业规模的拟合效果更好。首先，在全样本的情况下，估计的$\hat{x}_{\min}$和$\hat{k}$分别为 201 和 2.26，*K-S* 分布检验的 *p* 值为 1.00；同时，对数正态分布的替代性分布检验 *p* 值为 0.95，超过接受原假设的临界值，而指数分布的替代性分布检验 *p* 值为 0.07，尽管符合接受原假设的临界值，但是 *R* 值为 1.80，说明帕累托分布的似然值更大，拟合程度更好。因此，全样本估计与检验的结果支持企业就业规模服从帕累托分布的判断，这一结果与 Axtell（2001）、Fujiwara et al.（2004）一致。

其次，如 Rossi-Hansberg et al.（2007）和本文第五部分所分析的，分行业估计得到的$\hat{x}_{\min}$和$\hat{k}$，与全样本相比，差异较大。如烟草制品业的$\hat{x}_{\min}$值等于 811，而电力、热力的生产和供应业的$\hat{x}_{\min}$值只有 11；有色金属矿采选业的$\hat{k}$为 2.74，而石油与天然气开采业的$\hat{k}$只有 1.55。这说明，总体层次的估计，并不能体现行业之间，企业就业规模分布的显著差异。

再次，除食品制造业、工艺品及其他制造业外，分行业工业企业就业规模均服从帕累托分布；值得注意的是，食品制造业、工艺品及其他制造业同时服从帕累托分布、对数正态分布和指数分布；其中，食品制造业对数正态分布和指数分布的替代性分布检验，得到的 *p* 值分别为 0.08、0.00，*R* 值分别为 −1.78、8.04，而工艺品及其他制造业对数正态分布和指数分布的替代性分布检验，得到的 *p* 值分别为 0.10、0.00，*R* 值分别为 −1.67、6.14，说

① 单位分别为人、千元人民币。

明对这两个行业，对数正态分布的拟合程度比帕累托分布更高，而帕累托分布又优于指数分布。

表1　中国工业企业就业规模分布的估计及检验结果

样本行业	帕累托分布			对数正态分布		指数分布		支持分布
	$\hat{x}_{min}$	$\hat{k}$	p 值	$\dot{R}$	p 值	$\dot{R}$	p 值	
所有行业	201	2.26	1.00	0.07	0.95	1.80	0.07	P
煤炭开采和洗选业	452	1.93	1.00	0.07	0.94	3.11	0.00	P
石油和天然气开采业	43	1.55	0.99	0.12	0.91	7.13	0.00	P
黑色金属矿采选业	52	2.24	1.00	-0.32	0.75	5.91	0.00	P
有色金属矿采选业	420	2.74	1.00	0.12	0.91	1.90	0.06	P
非金属矿采选业	51	2.31	1.00	-0.22	0.82	2.46	0.01	P
其他采矿业	28	2.68	1.00	0.51	0.61	2.64	0.01	P
农副食品加工业	34	2.21	1.00	-0.91	0.36	5.89	0.00	P
食品制造业	23	1.99	1.00	-1.78	0.08	8.04	0.00	L
饮料制造业	31	2.08	1.00	-0.68	0.50	5.96	0.00	P
烟草制品业	811	2.11	0.81	-0.21	0.83	1.74	0.08	P
纺织业	216	2.58	1.00	-0.29	0.77	3.35	0.00	P
纺织服装、鞋、帽制造业	198	2.60	1.00	-1.13	0.26	1.64	0.10	P
皮革、毛皮、羽毛（绒）及其制品业	287	2.32	1.00	-0.59	0.56	3.77	0.00	P
木材加工及木、竹、藤、草制品业	34	2.39	1.00	-0.89	0.37	4.41	0.00	P
家具制造业	44	2.21	1.00	-0.51	0.61	5.43	0.00	P
造纸及纸制品业	79	2.34	1.00	-0.30	0.77	3.50	0.00	P
印刷业和记录媒介的复制	33	2.37	1.00	-0.20	0.84	6.28	0.00	P
文教体育用品制造业	130	2.23	1.00	-0.65	0.52	2.80	0.01	P
石油加工、炼焦及核燃料加工业	14	1.73	0.93	-1.26	0.21	9.77	0.00	P
化学原料及化学制品制造业	81	2.33	1.00	-0.27	0.78	4.22	0.00	P
医药制造业	243	2.41	1.00	-0.81	0.42	3.03	0.00	P
化学纤维制造业	174	2.09	1.00	-0.45	0.65	5.21	0.00	P

续表

样本行业	帕累托分布			对数正态分布		指数分布		支持
	$\hat{x}_{\min}$	$\hat{k}$	p 值	$\hat{R}$	p 值	$\hat{R}$	p 值	分布
橡胶制品业	23	1.94	1.00	−1.48	0.14	6.13	0.00	P
塑料制品业	45	2.27	1.00	−0.28	0.78	4.80	0.00	P
非金属矿物制品业	34	2.34	1.00	−0.44	0.66	2.79	0.01	P
黑色金属冶炼及压延加工业	117	1.99	1.00	0.18	0.86	3.27	0.00	P
有色金属冶炼及压延加工业	117	2.14	1.00	−0.33	0.74	3.43	0.00	P
金属制品业	46	2.26	1.00	−0.98	0.32	4.53	0.00	P
通用设备制造业	127	2.39	1.00	−0.19	0.85	2.54	0.01	P
专用设备制造业	158	2.54	1.00	0.20	0.84	2.68	0.01	P
交通运输设备制造业	28	1.91	1.00	−1.60	0.11	8.40	0.00	P
电气机械及器材制造业	263	2.51	1.00	−0.31	0.76	3.39	0.00	P
通信、计算机及其他电子设备制造业	80	1.94	1.00	−0.90	0.37	7.58	0.00	P
仪器仪表及文化、办公用机械制造业	35	2.02	1.00	−0.11	0.91	7.10	0.00	P
工艺品及其他制造业	34	2.10	1.00	−1.67	0.10	6.14	0.00	L
废弃资源和废旧材料回收加工业	27	2.40	1.00	−0.17	0.87	6.52	0.00	P
电力、热力的生产和供应业	11	1.71	1.00	−0.62	0.53	5.06	0.00	P
燃气生产和供应业	27	1.91	1.00	−0.51	0.61	10.71	0.00	P
水的生产和供应业	181	2.39	1.00	−0.04	0.97	2.88	0.00	P

注：P、L、E 分别表示帕累托、对数正态和指数分布；加黑表示有其他分布比帕累托分布拟合更好，下同。

（二）企业收入规模的分布特征

考虑到与 Axtell（2001）、Fujiwara et al.（2004）的可比性，本处对以全年营业收入合计测度的企业规模分布做类似分析，另一层含义是为企业就业规模分布提供稳健性检验。表 2 的结果显示，在总体特征上，基于收入规模的估计和检验结果与就业规模大体类似。首先，在全样本的情况下，估计的 $\hat{x}_{\min}$ 和 $\hat{k}$ 分别为 86500 和 2.18，K-S 分布检验的 p 值为 1.00；同时，对数正态分布的替代性分布检验的 p 值为 0.89，同样超过接受原假设的临界值，而指数分布的替代性分布检验的 p 值虽为 0.00，符合接受原假设的临界值，但 $\hat{R}$ 值为 4.88，说明帕累托分布的似然值更大，拟合程度更好。因此，全样本估计与检验的结果支持企业收入规模服从帕累托分布的判断。而分行业估计得到的参数值，与全样本相比，差异同样较大再次说明，总体层次的分布估计，并不能体现行业内部企业收入规模分布的显著差异。

其次，除饮料制造业、纺织业、仪器仪表及文化办公机械制造业、废弃资源和废旧材料回收加工业外，其余分行业工业企业收入规模全部服从帕累托分布；其中，饮料制造业对数正态分布和指数分布的替代性分布检验，得到的 p 值分别为 0.07、0.00，$\hat{R}$ 值分别为 -1.82、7.96；纺织业对数正态分布和指数分布的替代性分布检验，得到的 p 值分别为 0.07、0.00，$\hat{R}$ 值分别为 -1.79、9.79；仪器仪表及文化办公机械制造业对数正态分布和指数分布的替代性分布检验，得到的 p 值分别为 0.04、0.00，$\hat{R}$ 值分别为 -2.01、4.44；废弃资源和废旧材料回收加工业对数正态分布和指数分布的替代性分布检验，得到的 p 值分别为 0.02、0.00，$\hat{R}$ 值分别为 -2.26、7.01；说明这四个行业，对数正态分布比帕累托分布具有更好的拟合性，而帕累托分布又优于指数分布。

表 2　中国工业企业收入规模分布的估计及检验结果

样本行业	帕累托分布			对数正态分布		指数分布		支持分布
	$\hat{x}_{\min}$	$\hat{k}$	p 值	$\hat{R}$	p 值	$\hat{R}$	p 值	
所有行业	86500	2.18	1.00	0.14	0.89	4.88	0.00	P
煤炭开采和洗选业	41892	2.04	1.00	-0.95	0.34	7.40	0.00	P
石油和天然气开采业	4905	1.37	0.99	-1.17	0.24	125.7	0.00	P
黑色金属矿采选业	65110	2.27	1.00	-0.28	0.78	5.05	0.00	P
有色金属矿采选业	276914	2.73	1.00	0.08	0.93	4.12	0.00	P
非金属矿采选业	71850	3.70	0.99	-0.25	0.81	4.06	0.00	P
其他采矿业	6600	1.82	0.93	-0.47	0.63	2.47	0.01	P
农副食品加工业	35512	2.02	1.00	-0.80	0.42	4.85	0.00	P
食品制造业	65312	2.22	1.00	-0.03	0.98	3.95	0.00	P

续表

样本行业	帕累托分布			对数正态分布		指数分布		支持分布
	$\hat{x}_{min}$	$\hat{k}$	p值	$\hat{R}$	p值	$\hat{R}$	p值	
饮料制造业	4936	1.64	0.59	-1.82	0.07	7.96	0.00	L
烟草制品业	32621	1.46	1.00	-1.11	0.27	3.98	0.00	P
纺织业	54970	2.28	1.00	-1.79	0.07	9.79	0.00	L
纺织服装、鞋、帽制造业	65725	2.62	1.00	-0.07	0.95	4.31	0.00	P
皮革、毛皮、羽毛（绒）及其制品业	45962	2.20	1.00	-0.89	0.37	6.50	0.00	P
木材加工及木、竹、藤、草制品业	69078	2.68	1.00	-0.56	0.58	5.87	0.00	P
家具制造业	65024	2.41	1.00	0.08	0.93	3.93	0.00	P
造纸及纸制品业	53420	2.27	0.98	-1.52	0.13	6.57	0.00	P
印刷业和记录媒介的复制	4910	1.82	0.63	-1.08	0.28	6.54	0.00	P
文教体育用品制造业	56077	2.46	1.00	-0.50	0.61	5.80	0.00	P
石油加工、炼焦及核燃料加工业	556908	2.19	1.00	0.09	0.93	2.63	0.01	P
化学原料及化学制品制造业	139122	2.22	1.00	-0.04	0.97	117.3	0.00	P
医药制造业	57381	2.12	1.00	-0.98	0.33	7.25	0.00	P
化学纤维制造业	87035	1.93	1.00	-0.85	0.40	6.10	0.00	P
橡胶制品业	37429	2.10	1.00	0.07	0.95	2.55	0.01	P
塑料制品业	40511	2.32	1.00	-0.85	0.40	6.76	0.00	P
非金属矿物制品业	99127	2.53	1.00	-0.20	0.84	4.08	0.00	P
黑色金属冶炼及压延加工业	141252	1.82	1.00	-0.09	0.93	3.32	0.00	P
有色金属冶炼及压延加工业	120823	2.15	1.00	-0.12	0.91	4.11	0.00	P
金属制品业	28006	2.11	1.00	0.07	0.94	2.64	0.01	P
通用设备制造业	28905	2.15	1.00	-0.31	0.75	4.66	0.00	P
专用设备制造业	56556	2.17	1.00	-0.56	0.57	4.80	0.00	P
交通运输设备制造业	140817	1.98	1.00	0.07	0.94	1.45	0.15	P
电气机械及器材制造业	46551	1.91	1.00	-0.81	0.42	4.34	0.00	P
通信、计算机及其他电子设备制造业	53400	1.79	1.00	-1.24	0.22	5.21	0.00	P
仪器仪表及文化、办公机械制造业	2217	1.71	0.15	-2.01	0.04	4.44	0.00	L

续表

样本行业	帕累托分布			对数正态分布		指数分布		支持
	$\hat{x}_{\min}$	$\hat{k}$	p 值	$\hat{R}$	p 值	$\hat{R}$	p 值	分布
工艺品及其他制造业	96540	3.10	1.00	0.14	0.89	3.10	0.00	P
废弃资源和废旧材料回收加工业	4951	1.69	1.00	−2.26	0.02	7.01	0.00	L
电力、热力的生产和供应业	90285	1.82	1.00	−0.46	0.65	2.72	0.01	P
燃气生产和供应业	191324	2.21	1.00	−0.51	0.61	4.36	0.00	P
水的生产和供应业	11773	1.97	1.00	−0.77	0.44	4.01	0.00	P

（三） 企业规模分布估计和检验结果的经济含义

Luttmer（2007）等强调，只有在政府管制较少、较自由的竞争市场条件下，企业在规模上才会呈现帕累托指数大致等于 1 的分布状态①，当存在扭曲竞争的因素时，该经济体的帕累托指数就会偏离 1。正向偏离（大于 1）说明企业之间的异质性较小，较大规模企业所占比重明显小于目标状态，企业存在扩张约束，如融资和准入限制；而负向偏离表示企业之间的异质性较大，较大规模企业所占比重明显大于目标状态，存在垄断等竞争不足问题。但是，由于对任何随机分布都可以估计出帕累托分布参数，因此检验企业规模的帕累托指数是否偏离 1，其前提是需要验证，表征企业规模的变量确实服从帕累托分布，之前的研究大多没有注意帕累托指数因分布函数误设产生偏离的情况。而本节的估计和检验结果表明，中国全样本工业企业的就业和收入规模，整体服从帕累托分布，从而排除了因分布函数误设产生偏差的可能。

在此基础上，本文利用 2008 年中国全样本工业企业就业和收入衡量的企业规模，得到的帕累托指数分别为 1.26 和 1.18，说明我国较大规模企业所占比重略小于目标状态，整体来看企业发展面临扩张约束；从细分行业的结果也可以看出，帕累托指数大于 1 的行业所占比重大于帕累托指数小于 1 的行业，如从就业和收入规模分布的角度，帕累托指数大于 1 的行业分别为 29 和 25 个。但是，帕累托指数大于和小于 1 的行业同时存在，说明那些旨在消除企业扩张约束、或促进竞争的单一目标政策，其效应在不同的行业会截然不同。因此，新形势下我国深化企业改革的一系列政策，其指向应该力求明确。

---

① R 软件软件包（powe rlaw）采用幂律分布的函数形式，因而得到的帕累托指数应该是 $k = a - 1$。

七、中国工业企业生产率的分布特征

对中国工业企业生产率分布特征的分析，同样包括所有行业和二位数行业个体两个层次，其中每一层次的处理顺序，与对企业规模分布的分析完全相同。

（一）工业企业生产率的分布特征

表3的估计和检验结果显示，首先，全样本条件下，中国工业企业生产率分布的 $\hat{x}_{\min}$ 值为 666.67[①]，$\hat{k}$ 为 3.21，显示企业规模分布的上尾比生产率分布的上尾更厚；同时，帕累托分布检验的 p 值为 1.00，而对数正态分布替代性检验的 p 值和指数分布替代性检验的 p 值均大于 0.10，说明帕累托分布对全样本工业企业生产率的拟合效果更好。另外，对那些帕累托分布提供了更好拟合的二位数工业行业来说，其 $\hat{x}_{\min}$ 值和 $\hat{k}$ 与全样本相比，差异依然较大。如其他采矿业的 $\hat{x}_{\min}$ 值和 $\hat{k}$ 仅分别为 186.73 和 2.65，这些都与企业就业、收入规模分布的结论类似。

表3　2008 年中国工业企业生产率分布的估计及检验结果

样本行业	帕累托分布			对数正态分布		指数分布		支持分布
	$\hat{x}_{\min}$	$\hat{k}$	p 值	$\hat{R}$	p 值	$\hat{R}$	p 值	
所有行业	666.67	3.21	1.00	-1.50	0.13	0.46	0.65	P
煤炭开采和洗选业	89.89	1.85	0.02	-8.65	0.00	6.50	0.00	N
石油和天然气开采业	180.00	2.21	0.13	-2.98	0.00	4.03	0.00	L
黑色金属矿采选业	216.28	2.20	0.33	-5.76	0.00	2.92	0.00	L
有色金属矿采选业	127.62	2.03	0.68	-5.74	0.00	7.39	0.00	L
非金属矿采选业	460.00	3.06	1.00	-0.41	0.68	3.44	0.00	P
其他采矿业	186.73	2.65	0.99	-0.16	0.87	3.45	0.00	P
农副食品加工业	265.80	2.29	0.60	-5.20	0.00	1.49	0.14	L
食品制造业	341.67	2.70	1.00	-2.15	0.03	2.07	0.04	L
饮料制造业	360.00	2.68	1.00	-1.78	0.07	2.99	0.00	L
烟草制品业	80.94	1.60	0.00	-3.78	0.00	-0.52	0.60	N

① 单位：千元人民币。

续表

样本行业	帕累托分布			对数正态分布		指数分布		支持
	$\hat{x}_{min}$	$\hat{k}$	p 值	$\hat{R}$	p 值	$\hat{R}$	p 值	分布
纺织业	428.51	2.94	1.00	−2.09	0.04	1.11	0.27	L
纺织服装、鞋、帽制造业	269.43	2.78	1.00	−0.48	0.63	4.42	0.00	P
皮革、毛皮、羽毛（绒）及其制品业	190.32	2.51	1.00	−2.10	0.04	5.17	0.00	L
木材加工及木、竹、藤、草制品业	247.50	2.83	1.00	−2.13	0.03	3.00	0.00	L
家具制造业	356.37	3.06	1.00	−1.45	0.15	1.83	0.07	P
造纸及纸制品业	287.60	2.85	1.00	−2.14	0.03	2.56	0.01	L
印刷业和记录媒介的复制	292.69	3.04	1.00	−0.79	0.43	4.20	0.00	P
文教体育用品制造业	246.73	2.90	1.00	−1.70	0.09	2.67	0.01	L
石油加工、炼焦及核燃料加工业	1914.66	5.07	0.30	−2.74	0.01	−6.95	0.00	E
化学原料及化学制品制造业	357.51	2.43	0.40	−5.05	0.00	−1.17	0.24	L
医药制造业	851.76	3.38	1.00	−2.32	0.02	−1.63	0.10	L
化学纤维制造业	1033.20	3.11	0.01	−5.54	0.00	−9.65	0.00	N
橡胶制品业	260.00	2.63	1.00	−2.06	0.04	3.86	0.00	L
塑料制品业	360.00	2.89	1.00	−1.61	0.11	2.73	0.01	P
非金属矿物制品业	286.53	2.69	1.00	−1.43	0.15	4.18	0.00	P
黑色金属冶炼及压延加工业	2311.88	6.56	0.34	−2.44	0.01	−4.46	0.00	E
有色金属冶炼及压延加工业	194.44	1.95	0.00	−9.32	0.00	−0.53	0.60	N
金属制品业	246.16	2.62	1.00	−2.44	0.01	4.54	0.00	L
通用设备制造业	266.67	2.82	1.00	−2.31	0.02	3.25	0.00	L
专用设备制造业	480.00	2.99	1.00	−0.96	0.34	2.74	0.01	P
交通运输设备制造业	286.67	2.72	1.00	−2.14	0.03	3.41	0.00	L
电气机械及器材制造业	219.29	2.40	0.97	−3.91	0.00	4.75	0.00	L
通信、计算机及其他电子制造业	298.43	2.49	1.00	−3.19	0.00	2.54	0.01	L
仪器仪表及文化、办公机械制造业	318.38	2.77	1.00	−1.91	0.06	2.69	0.01	L
工艺品及其他制造业	283.38	2.76	1.00	−1.15	0.25	4.34	0.00	P
废弃资源和废旧材料回收加工业	348.33	2.40	0.92	−3.92	0.00	2.18	0.03	L
电力、热力的生产和供应业	246.67	2.40	1.00	−2.99	0.00	3.81	0.00	L
燃气生产和供应业	729.60	2.90	0.96	−3.06	0.00	−1.86	0.06	L
水的生产和供应业	449.50	3.32	1.00	−1.17	0.24	1.02	0.31	P

注：N 表示无法判断，下同。

其次，企业就业规模只在两个行业、企业收入规模只在四个行业存在对数正态分布拟合程度更高的情况。但是，企业生产率分布，在所有 39 个二位数工业行业内，帕累托分布拟合优于对数正态分布和指数分布的只有 10 个行业，而对数正态分布拟合优于帕累托分布和指数分布的占到了 23 个，指数分布优于对数正态分布和帕累托分布的也有 2 个，分别是石油加工、炼焦及核燃料加工业，黑色金属冶炼及压延加工业。也就是说，Chaney（2008）、Caliendo and Rossi-Hansberg（2012）和 Capuano and Schmerer（2013）等研究所做的生产率分布假设，只有在特定行业才有其合理性。这意味着，仅仅依据企业规模的分布，简单类推企业生产率的分布是不合理的。

再次，表 1、表 2 的结果显示，针对企业就业规模分布和收入规模分布，如果仅仅是进行帕累托分布的参数估计和分布拟合检验，那么总体样本和所有二位数工业行业样本都不能拒绝服从帕累托分布的假设；但是，在估计和检验工业企业生产率分布的时候，表 3 第四列中，煤炭开采和洗选业、烟草制品业、化学纤维制造业、有色金属冶炼及压延加工业等四个行业，K-S 分布检验的 p 值仅分别为 0.02、0.00、0.01、0.00，这验证了前面提到的，无论企业生产率是否服从帕累托分布，通过极大似然估计和 K-S 统计量，可以将尺度参数和 $x_{\min}$ 值都估计出来，但这并不能说明企业的生产率就服从帕累托分布。

最后，煤炭开采和洗选业、烟草制品业、化学纤维制造业、有色金属冶炼及压延加工业等四个行业，没有通过帕累托分布检验，虽然通过了对数正态分布或指数分布的替代性分布检验，但替代性检验只是判断何种分布拟合程度更好，在没有通过初始分布检验的情况下，并不能得到这四个行业内企业生产率服从对数正态分布或指数分布的结论。而且，对这四个行业，分别利用对数正态分布和指数分布替换帕累托分布，重复本文第三部分的过程，得到的分布检验 p 值仍都小于 0.10。

（二）稳健性分析

上节的结果表明，与企业就业、收入规模分布不同，大部分细分工业行业中，对数正态分布对企业生产率的拟合效果，要优于帕累托分布和指数分布。但这一结论是普遍性的规律，还是会随不同年份的经济普查样本、相同年份但不同营业年限等发生改变呢？本节利用相同估计和检验方法，依据不同类别的中国全样本工业企业，为企业生产率分布特征的稳健性提供证据。

首先，我们利用中国2004年第一次经济普查中的全样本工业数据库，比较不同年份工业企业生产率的分布是否存在显著差异。相比于2008年的第二次经济普查，2004年我国的第一次经济普查，包括工业企业1355278家，剔除年末从业人员合计、全年营业收入合计、资产总计等指标缺失的企业142085家、企业生产率两端各0.5%分位的异常企业13088家，最后可用于估计和检验的工业企业为1295562家。表4的估计和检验结果显示，我国工业企业生产率的分布特征非常稳定。从总体样本的角度，帕累托分布对2004年工业企业生产率分布的拟合效果最好；从细分行业角度，相比于2008年的23个工业行业，2004年有22个工业行业，对数正态分布的拟合效果优于帕累托分布和指数分布；而且，除煤炭开采和洗选业、烟草制品业等少数行业外，2004年和2008年生产率分布保持一致的工业行业有31个。

表4 2004年中国工业企业生产率分布的估计及检验结果

样本行业	帕累托分布			对数正态分布		指数分布		支持分布
	$\hat{x}_{\min}$	$\hat{k}$	p 值	$\hat{R}$	p 值	$\hat{R}$	p 值	
所有行业	373.17	4.24	1.00	0.03	0.97	1.69	0.09	P
煤炭开采和洗选业	350.00	3.80	0.97	0.35	0.73	1.28	0.20	P
石油和天然气开采业	191.67	2.77	1.00	-3.44	0.00	2.57	0.01	L
黑色金属矿采选业	237.89	2.60	0.86	-5.44	0.00	-2.81	0.00	L
有色金属矿采选业	148.08	2.60	1.00	-3.14	0.00	1.78	0.07	L
非金属矿采选业	342.08	3.24	1.00	-1.48	0.14	0.56	0.58	P
其他采矿业	1180.39	8.34	0.53	-0.23	0.82	-0.57	0.57	P
农副食品加工业	408.00	3.56	1.00	-1.64	0.10	-0.76	0.45	L
食品制造业	366.00	2.97	0.97	-4.28	0.00	-3.00	0.00	L
饮料制造业	133.05	2.52	1.00	-3.30	0.00	1.97	0.05	L
烟草制品业	288.89	3.72	1.00	0.03	0.97	2.76	0.01	P
纺织业	276.67	3.87	1.00	-0.90	0.37	0.90	0.37	P
纺织服装、鞋、帽制造业	318.65	3.62	1.00	-1.10	0.27	0.80	0.42	P
皮革、毛皮、羽毛（绒）及其制品业	224.56	3.32	1.00	-1.15	0.25	1.74	0.08	P
木材加工及木、竹、藤、草制品业	221.87	2.66	1.00	-4.21	0.00	-1.54	0.12	L

续表

样本行业	帕累托分布			对数正态分布		指数分布		支持分布
	$\hat{x}_{min}$	$\hat{k}$	p 值	$\hat{R}$	p 值	$\hat{R}$	p 值	
家具制造业	161.26	3.15	1.00	−0.32	0.75	3.29	0.00	P
造纸及纸制品业	329.25	3.09	1.00	−2.80	0.01	−1.10	0.27	L
印刷业和记录媒介的复制	198.29	3.08	1.00	−1.26	0.21	2.19	0.03	P
文教体育用品制造业	176.31	2.70	1.00	−3.44	0.00	0.70	0.48	L
石油加工、炼焦及核燃料加工业	816.67	4.63	1.00	−2.78	0.01	−4.32	0.00	E
化学原料及化学制品制造业	232.50	3.21	1.00	−1.91	0.06	0.90	0.37	L
医药制造业	215.75	2.87	1.00	−1.71	0.09	0.97	0.33	L
化学纤维制造业	150.00	2.24	0.40	−6.83	0.00	−0.99	0.32	L
橡胶制品业	499.50	3.17	0.97	−4.01	0.00	−4.77	0.00	E
塑料制品业	437.50	3.81	1.00	−0.59	0.55	0.32	0.75	P
非金属矿物制品业	320.00	3.36	1.00	−1.29	0.20	1.21	0.23	P
黑色金属冶炼及压延加工业	129.99	2.51	1.00	−4.25	0.00	1.50	0.13	L
有色金属冶炼及压延加工业	187.50	2.84	1.00	−1.84	0.07	2.74	0.01	L
金属制品业	233.84	2.89	1.00	−2.66	0.01	0.85	0.39	L
通用设备制造业	154.77	2.49	1.00	−3.94	0.00	2.14	0.03	L
专用设备制造业	190.22	3.03	1.00	−1.54	0.12	2.10	0.04	P
交通运输设备制造业	162.42	2.79	1.00	−1.79	0.07	3.00	0.00	L
电气机械及器材制造业	568.75	3.62	1.00	−2.01	0.04	−2.04	0.04	L
通信、计算机及其他电子制造业	82.40	2.10	0.89	−6.06	0.00	2.00	0.05	L
仪器仪表及文化、办公机械制造业	397.57	3.11	0.97	−2.07	0.04	−1.65	0.10	L
工艺品及其他制造业	314.18	3.14	1.00	−1.26	0.21	1.32	0.19	P
废弃资源和废旧材料回收加工业	95.80	2.53	1.00	−2.08	0.04	4.72	0.00	L
电力、热力的生产和供应业	275.47	2.48	0.00	−2.49	0.01	−2.14	0.03	N
燃气生产和供应业	179.82	2.57	1.00	−3.10	0.00	1.77	0.08	L
水的生产和供应业	282.35	3.49	1.00	−0.29	0.77	3.93	0.00	P

表5 2008年不同经营年限企业生产率分布的估计及检验结果

样本行业	经营年限≤10							经营年限>10						
	帕累托分布		对数正态分布		指数分布		支持分布	帕累托分布		对数正态分布		指数分布		支持分布
	$\hat{k}$	p值	$\hat{R}$	p值	$\hat{R}$	p值		$\hat{k}$	p值	$\hat{R}$	p值	$\hat{R}$	p值	
0	2.54	1.00	-2.50	0.01	4.82	0.00	L	2.41	1.00	-4.41	0.00	5.88	0.00	L
1	1.78	0.00	-9.90	0.00	2.10	0.04	N	2.06	0.98	-4.14	0.00	7.71	0.00	L
2	2.49	0.59	-1.20	0.23	2.52	0.01	P	2.08	0.00	-2.41	0.02	2.81	0.00	N
3	2.20	0.65	-5.18	0.00	4.45	0.00	L	2.31	0.91	-4.08	0.00	3.21	0.00	L
4	2.10	0.95	-4.11	0.00	8.44	0.00	L	1.92	0.38	-6.15	0.00	9.35	0.00	L
5	2.92	1.00	-0.38	0.71	4.34	0.00	P	2.94	1.00	-0.83	0.41	4.33	0.00	P
6	2.63	0.58	-0.06	0.96	3.81	0.00	P	2.91	0.82	0.08	0.94	1.85	0.06	P
7	2.46	0.90	-3.25	0.00	1.54	0.12	L	2.46	0.79	-4.12	0.00	0.89	0.37	L
8	2.75	1.00	-0.97	0.33	3.91	0.00	P	2.52	1.00	-2.30	0.02	3.48	0.00	L
9	2.43	0.98	-3.12	0.00	3.63	0.00	L	2.45	1.00	-2.72	0.01	4.13	0.00	L
10	1.69	0.02	-1.47	0.14	0.26	0.80	N	2.18	0.01	-1.06	0.29	-0.06	0.95	N
11	2.54	0.98	-3.37	0.00	2.91	0.00	L	2.76	1.00	-2.01	0.04	3.36	0.00	L
12	2.81	1.00	-0.18	0.85	5.08	0.00	P	2.80	1.00	-0.99	0.32	3.34	0.00	P
13	2.67	1.00	-1.25	0.21	3.96	0.00	P	2.37	1.00	-3.06	0.00	5.86	0.00	L
14	2.76	1.00	-2.29	0.02	2.47	0.01	L	2.78	1.00	-2.00	0.05	2.98	0.00	L
15	2.97	1.00	-0.41	0.68	4.51	0.00	P	3.09	1.00	-0.67	0.50	2.97	0.00	P
16	3.03	1.00	-1.68	0.09	1.15	0.25	L	2.65	1.00	-2.33	0.02	4.11	0.00	L
17	2.98	1.00	-0.56	0.57	3.33	0.00	P	3.22	1.00	-1.50	0.13	1.51	0.13	P
18	3.14	1.00	-1.34	0.18	1.23	0.22	P	2.75	1.00	-1.75	0.08	4.08	0.00	L
19	2.79	0.01	-6.09	0.00	-9.05	0.00	N	2.15	0.00	-8.15	0.00	-7.08	0.00	N
20	2.46	0.67	-4.49	0.00	0.25	0.81	L	2.69	0.84	-3.74	0.00	-1.89	0.06	L
21	3.05	1.00	-2.17	0.03	-0.76	0.45	L	2.41	0.65	-4.63	0.00	-0.06	0.95	L
22	2.96	0.01	-5.12	0.00	-7.03	0.00	E	2.06	0.00	-6.42	0.00	-2.31	0.02	N
23	2.66	1.00	-2.01	0.04	4.43	0.00	L	2.85	1.00	-1.16	0.25	3.30	0.00	P
24	2.79	1.00	-1.47	0.14	4.23	0.00	P	2.91	1.00	-1.38	0.17	1.99	0.05	P

续表

| 样本行业 | 经营年限≤10 | | | | | | 经营年限 > 10 | | | | | |
| | 帕累托分布 | | 对数正态分布 | | 指数分布 | | 支持分布 | 帕累托分布 | | 对数正态分布 | | 指数分布 | | 支持分布 |
	$\hat{k}$	p 值	$\hat{R}$	p 值	$\hat{R}$	p 值		$\hat{k}$	p 值	$\hat{R}$	p 值	$\hat{R}$	p 值	
25	2.66	1.00	-1.80	0.07	3.54	0.00	L	2.67	1.00	-2.37	0.02	2.70	0.01	L
26	1.86	0.00	-11.9	0.00	-4.56	0.00	N	5.02	0.21	-2.14	0.03	-3.97	0.00	L
27	1.91	0.00	-10.2	0.00	-1.05	0.29	N	2.46	0.01	-6.02	0.00	-5.36	0.00	N
28	2.84	1.00	-1.64	0.10	2.62	0.01	P	2.74	1.00	-1.99	0.05	2.40	0.02	L
29	2.84	1.00	-0.76	0.44	5.52	0.00	P	2.52	0.99	-3.09	0.00	4.29	0.00	L
30	2.77	1.00	-1.91	0.06	2.04	0.04	L	2.70	1.00	-2.20	0.03	2.50	0.01	L
31	2.64	1.00	-2.05	0.04	4.07	0.00	L	2.55	1.00	-2.52	0.01	4.96	0.00	L
32	2.62	1.00	-2.60	0.01	3.15	0.00	L	2.57	1.00	-2.80	0.01	1.34	0.18	L
33	2.73	1.00	-1.76	0.08	2.22	0.03	L	2.56	1.00	-3.29	0.00	1.77	0.08	L
34	2.66	1.00	-1.93	0.05	2.39	0.02	L	2.59	1.00	-1.71	0.09	4.53	0.00	L
35	2.84	1.00	-0.36	0.72	4.59	0.00	P	2.94	1.00	-0.58	0.56	4.67	0.00	P
36	2.35	0.94	-3.85	0.00	3.08	0.00	L	2.47	0.83	-2.94	0.00	1.83	0.07	L
37	2.73	1.00	-2.14	0.03	1.51	0.13	L	2.39	1.00	-3.09	0.00	3.15	0.00	L
38	3.01	0.90	-1.45	0.15	-0.20	0.84	P	2.64	0.35	-2.26	0.02	0.46	0.65	L
39	3.15	1.00	-1.39	0.17	1.86	0.06	P	3.92	1.00	-0.31	0.76	0.73	0.46	P

注：0–39 与表1、2、3、4 的样本行业一一对应。

其次，按 Cabral and Mata（2003）、Angelini and Generale（2008）等的逻辑，伴随企业经营年限的增加，其内、外部经营环境会逐渐改善。因此，我们推测，经营年限较长的企业样本，其生产率分布的右偏程度会更小，从而更可能服从对数正态分布。我们按经营年限是否超过 10 年为标准①，将 2008 年的全样本工业企业划分为两个子样本后，表 5 提供的结果显示，虽然不同子样本的细分行业中，有 28 个行业，生产率服从的最优分布没有发生变化，

---

① 经营年限依据 2008 年经济普查数据库中的"开业时间"计算，实际估计时剔除了经营年限超过 60 年的企业；另外，采用其他年数（如 5 年、15 年）作为划分标准，不会改变总体特征；对其他分类样本估计和检验结果感兴趣的读者可向作者函索。

但同时，正如我们所预计的，有 8 个行业，如食品制造业、黑色金属冶炼及压延加工业等，在经营年限小于等于 10 年的子样本里服从帕累托分布或无法判断分布，而在经营年限大于 10 年的子样本里服从对数正态分布。

（三）企业生产率分布估计和检验结果的经济含义

本文针对企业生产率分布的估计和检验结果具有明确的经济含义。首先，从异质性贸易理论发展的角度，由于生产率分布形态在不同行业并不相同，因此，后续非总体层面的理论或实证研究，应该尽量与 Melitz（2003）、Combes et al.（2012）等一致，采用生产率分布的一般形式，这是异质性贸易文献应该遵循的基本原则。其次，2004 年、2008 年我国工业企业总体样本生产率分布的 $\hat{k}$ 由 4.24 下降为 3.21，同时 $\hat{x}_{\min}$ 值由 373.17 上升为 666.67，说明伴随着对外开放和社会主义市场经济体制改革的逐渐深入，我国工业企业整体的生产率水平有显著提升，且异质性程度加大，高生产率企业所占的比重明显增加。再次，如章韬和孙楚仁（2012）等所指出的，企业生产规模分布是否和生产效率分布一致，在一定程度上反映了现实经济中的扭曲情况；而 2008 年中国工业企业就业规模和收入规模的 $\hat{k}$ 分别为 2.26 和 2.18，低于同年生产率分布的 $\hat{k}$，企业规模分布的右尾，比生产率分布的右尾更厚，规模分布的差异程度明显高于生产率分布，说明我国仍然存在着明显的资源错配问题，企业间生产要素的流动受到限制，部分较大规模企业的生产率水平实际不高。

▷ 八、结论

企业规模和生产率异质性的假设，是异质性贸易理论发展的基石。相比新古典贸易理论和新贸易理论中的同质性企业假设，虽然涉及企业异质性的贸易文献都认为企业异质性假设更接近现实，但至今鲜有文献对企业异质性假设，特别是企业生产率的异质性，进行科学的估计和严格的检验。针对企业规模分布的研究，也存在样本不具有代表性、以估计替代检验等问题，有些将齐普夫定律、帕累托分布和幂律分布对立，有些甚至将企业规模异质性与企业生产率异质性等同。

基于此，本文首先分析了企业规模和生产率异质性文献中常见的分布，如：齐普夫定律、帕累托分布、幂律分布、对数正态分布和指数分布等之间的联系与区别，然后引入了针对帕累托分布尺度参数估计和非参数检验的方法；而且，考虑到企业规模或生产率通过了帕累托分布的检验，仍然存在其他分布拟合程度更好的可能性，论文进一步引入了替代性分布检验的具体思路和方法；进而，根据帕累托分布的特征，利用中国两次经济普查的全样本数据库，从总体和细分行业两个层次，具体估计检验和比较了中国工业企业规模和企业生产率的异质性，并提供了相应的稳健性分析。

本文的基本结论和政策启示有：（1）我国较大规模企业所占比重略小于目标状态，整体来看企业发展面临扩张约束；（2）总体层次的企业规模和生产率分布估计，并不能体现行业之间在企业规模分布和生产率分布上的显著差异，因此，新形势下我国深化企业改革的相关政策，应该具有明确的指向；（3）对中国工业企业来说，企业规模的异质性和生产率异质性存在明显的区别，规模分布的尾部比生产率分布的尾部更厚，显示我国仍然存在着明显的资源配置问题，部分较大规模企业的生产率水平实际不高，进一步克服和改善资源配置上的低效率是提高中国生产效率的关键；（4）本文利用经济普查全样本数据得到的企业规模和生产率的$x_{\min}$值、$\hat{k}$等，还可用于那些以异质性贸易理论为基础的数值模拟研究之中。

最后，本文还存在一些不足之处，如与侧重于研究中国工业企业规模、生产率分布差别相比，探究企业规模或生产率分布变动的影响因素可能更加具有实践价值；另外，企业规模分布与生产率分布之间的差异，又是由什么原因造成的？而且，依据中国普查数据得到的结论，是否具有普遍性？等等，都有待后续进一步的研究。

▶ 参考文献

［1］聂辉华、江艇、杨汝岱，2012，《中国工业企业数据库的使用现状和潜在问题》，《世界经济》第5期。

［2］杨其静、李小斌、方明月，2010，《市场、政府与企业规模分布——一个经验研究》，《世界经济文汇》第1期。

［3］章韬、孙楚仁，2012，《贸易开放、生产率形态与企业规模》，《世界经济》第8期。

［4］Angelini, P. and Generale, A., 2008, "On the Evolution of Firm Size Distributions", American Economic Review, 98, pp. 426 – 438.

[5] Arkolakis, C., 2010, "Market Penetration Costs and the New Consumers Margin in International Trade", Journal of Political Economy, 118 (6), pp. 1151 – 1199.

[6] Axtell, R. L., 2001, "Zipf Distribution of U. S. Firm Sizes", Science, 293 (5536), pp. 1818 – 1820.

[7] Bartelsman, E. and Doms, M., 2000, "Understanding Productivity: Lessons from Longitudinal Microdata", Journal of Economic Literature, 38 (3), pp. 569 – 595.

[8] Bernard, A. B., Jensen, J., Redding, S. J. and Schott, P. K., 2007, "Firms in International Trade", Journal of Economic Perspectives, 21 (3), pp. 105 – 130.

[9] Bottazzi, G. and Secchi, A., 2003, "Common Properties and Sectoral Specificities in the Dynamics of U. S. Manufacturing Companies", Review of Industrial Organization, 23, pp. 217 – 232.

[10] Cabral, M. B. and Mata, J., 2003, "On the Evolution of the Firm Size Distribution: Facts and Theory", American Economic Review, 93 (4), pp. 1075 – 1090.

[11] Caliendo, L. and Rossi-Hansberg, E., 2012, "The Impact of Trade on Organization and Productivity", The Quarterly Journal of Economics, 127 (3), pp. 1393 – 1467.

[12] Capuano, S. and Schmerer, H. J., 2013, "Trade and Unemployment Revisited: Do Institutions Matter?", World Economy, forthcoming.

[13] Cefis, E., Marsili, O. and Schenk, H., 2009, "The Effects of Mergers and Acquisitions on the Firm Size Distribution", Journal of Evolutionary Economics, 19, pp. 1 – 20.

[14] Chaney, T., 2008, "Distorted Gravity: the Intensive and Extensive Margins of International Trade", American Economic Review, 98 (4), pp. 1707 – 1721.

[15] Clauset, A., Young, M. and Gledistch, K. S., 2007, "On the Frequency of Severe Terrorist Attacks", Journal of Conflict Resolution, 51 (1), pp. 58 – 88.

[16] Clauset, A., Shalizi, C. R. and Newman, M., 2009, "Power – law Distributions in Empirical Data", SIAM Review, 51 (4), pp. 661 – 703.

[17] Combes; Pierre-Philippe, Gilles, D., Laurent, G., Diego, P. and Sébastien, R., 2012, "The Productivity Advantages of Large Cities: Distinguishing Agglomeration from Firm Selection", Econometrica, 80 (6), pp. 2543 – 2594.

[18] Fujiwara, Y., di Guilmi, C., Aoyama, H., Gallegati, M. and Souma, W., 2004, "Do Pareto-Zipf and Gibrat Laws Hold True? An Analysis with European Firms", Physica A: Statistical Mechanics and its Applications, 335 (1 – 2), pp. 197 – 216.

[19] Gabaix, X., 1999, "Zipf's Law For Cities: An Explanation", Quarterly Journal of Economics, 114 (3), pp. 739 – 767.

［20］Gaffeo, E., Gallegati, M. and Palestrini, A., 2003, "On the Size Distribution of Firms: Additional Evidence from the G7 Countries", Physica A: Statistical Mechanics and its Applications, 324 (1 - 2), pp. 117 - 123.

［21］Gibrat, R. Les inegalite's economiques. Applications: Aux ine'galite's des richesses, a la concentration des entreprises, aux populationsdes villes, aux statistiques des familles, etc., d'une loi nouvelle: La loi de l'effect proportionnel. Paris: Sirey, 1931.

［22］di Giovanni, J., Levchenko, A. and Ranciére, R., 2011, "Power Laws in Firm Size and Openness to Trade: Measurement and Implications", Journal of International Economics, 85 (1), pp. 42 - 52.

［23］Goldstein, M., Morris, S. and Yen, G., 2004, "Problems with Fitting to the Power-law Distribution", The European Physical Journal, 41 (2), pp. 255 - 258.

［24］Konno, T., 2013, "Pareto Distribution of Firm Size and Knowledge Spillover Process as a Network", Economics Bulletin, 33 (3), pp. 2407 - 2413.

［25］Luttmer, E., 2007, "Selection, Growth, and the Size Distribution of Firms", The Quarterly Journal of Economics, 122 (3), pp. 1103 - 1144.

［26］Mansfield, E., 1962, "Entry, Gibrat's Law, Innovation and the Growth of Firms", American Economic Review, 52 (5), pp. 1023 - 1051.

［27］Melitz, M. J., 2003, "The Impact of Trade on Intra-Industry Reallocations and Aggregate Industry Productivity", Econometrica, 71 (6): pp. 1695 - 1725.

［28］Rossi-Hansberg, E., Wright, M. and of Minneapolis, F., 2007, "Establishment Size Dynamics in the Aggregate Economy", American Economic Review, 97 (5), pp. 1639 - 1666.

［29］Stouffer, D. B., Malmgren, R. D. and Amaral, L., 2005, "Comment on Barabasi." Nature, 435, pp. 207 - 211.

［30］Syverson, C., 2011 "What Determines Productivity?", Journal of Economic Literature, 49 (2), pp. 326 - 365.

［31］Vuong, Q., 1989, "Likelihood Ratio Tests for Model Selection and Non-nested Hypotheses", Econometrica, 57 (2), pp. 307 - 333.

［32］Wasserman, L. A., 2003, "All of Statistics", New York: Springer-Verlag.

［33］Weisberg, S., 1985, "Applied Linear Regression", New York: Wiley and Sons.

［34］Zipf, G., 1936, "The psycho-biology of language: an introduction to dynamic philology", Boston: Psychology Press.

中国制造业本地市场效应再估计：
基于多国模型框架的分析[①]

钱学锋　黄云湖

钱学锋，南京大学经济学博士，中南财经政法大学文澜特聘教授、博士生导师、经济贸易系主任，全国高校国际贸易学科协作组青年论坛副秘书长，教育部新世纪优秀人才支持计划、湖北省新世纪高层次人才工程（优秀青年骨干人才）、湖北五四青年奖章、湖北省有突出贡献中青年专家获得者。主要研究领域为国际经济学和空间经济学，已在 *World Development* 和《中国社会科学》《经济研究》《经济学（季刊）》《管理世界》等权威期刊发表论文 50 余篇，出版专著 2 部，多次荣获安子介国际贸易研究奖、商务部发展研究奖等；主持国家自然科学基金项目 3 项，教育部人文社科基金青年项目、霍英东基金高校青年教师基础研究项目、湖北省社科基金和湖北省教育厅人文社科基金项目各 1 项。

①　本文原载于《世界经济》2013 年第 6 期。

内容提要： 本文通过拓展的多国 HME 模型框架和经验估计方法，利用 1977—2007 年中国和 14 个主要贸易伙伴 ISIC 两位数制造业的贸易和产出数据，在控制市场准入效应后，对多国框架下的中国制造业本地市场效应进行了估计。结果发现：中国制造业总体上存在显著的本地市场效应。加工贸易等行业异质性并不能实质上改变本地市场效应的存在性，但不同行业对外部市场准入性的依赖确实存在差异。在控制本地偏向需求后，中国制造业本地市场效应仍然稳健的存在。这表明，在劳动力比较优势日益削弱的背景下，通过扩大国内市场需求，中国制造业出口仍然存在强劲的内生动力。

关键词： 多国模型；本地市场效应；本地偏向需求；市场准入效应

▶ 一、引言

长期以来，中国的出口繁荣被认为主要源于廉价劳动力的比较优势。但是，随着国内外经济和市场环境的变化，这种比较优势越来越体现出其内在的脆弱性。Krugman（1980）指出，在一个存在报酬递增和贸易成本的世界中，那些拥有相对较大国内市场需求的国家将成为净出口国，此即"本地市场效应"（Home Market Effects，下文简称 HME）。这意味着，如果一国拥有较大的国内市场规模，那么该国出口持续增长的动力，除了第一性的无法改变的外生要素禀赋优势之外，还来源于第二性的基于规模经济的内生比较优势——本地市场效应。因为一国的要素禀赋存量随着时间的推移可能逐步减少，所以，培育国内市场并形成报酬递增的规模经济从而涵养本地市场效应，对于一国出口贸易的稳定增长和持续发展将至关重要。这一理论同时昭示的政策含义还有，政府正确识别产业区位选择的因素（要素禀赋还是本地需求）将最大限度地提高资源的配置效率（钱学锋和梁琦，2007）。

从经验研究的角度来看，在国内区域层次和双边甚至多边层次上检验中国产业部门是否存在本地市场效应自然就显得十分迫切而重要。一方面，它将纠正人们长期以来形成的廉价劳动力比较优势是中国出口发展的最重要源泉的片面认识，从而意味着，即便劳动力比较优势日益削弱甚至不复存在，只要存在本地市场效应，中国的出口增长仍然具备强劲的内生动力；另一方面，它将有利于使政府贸易政策的制订由单纯偏向外部市场转向内外市场并重的方向上来，因为本地市场效应说明国际贸易来源于国内贸易，国内市场需求培育了出口竞争力。这又从理论上有力地支撑了中国扩大内需的政策举措——扩大内需同样可以起到巩固和稳定出口的作用。

显然，国内学者已然受到了本地市场效应所蕴含的丰富政策含义的巨大激励，许多文献已经从不同角度检验和估计了中国产业部门的本地市场效应。这些文献大致可以分为两类：一类文献着重考察了中国区域间的产业空间分布和贸易是否存在本地市场效应。例如，张帆和潘佐红（2006）使用新经济地理学模型和中国 1997 年 31 个省（市、区）19 个产业的生产、需求和资源禀赋资料，发现本地市场效应在决定中国地区间生产和贸易的类型上起着显著的作用。类似的，范剑勇和谢强强（2010）直接采用 Davis 和 Weinstein（1996、1999）的经验检验方法，发现本地市场效应在中国各产业的空间分布中稳健地存在。另一类文献则关注中国制造业在对外贸易中是否存在本地市场效应。例如，钱学锋和陈六傅（2007）借鉴 Schumacher（2003）的引力模型方法对中美双边贸易的估计表明，本地市场效应已经成为中国对美出口最重要的比较优势源泉之一。林发勤和唐宜红（2010）使用投入 – 产出数据，在控制要素禀赋和加工贸易进口后发现中国制造业中存在部分本地市场效应。邱斌和尹威（2010）利用 2001—2008 年中国制造业 28 个细分行业面板数据，也发现中国制造业总体上存在本地市场效应，但在贸易方式和行业特性上存在一些差异。

毫无疑问，这些文献为我们观察与分析中国产业部门的本地市场效应提供了借鉴。但从经验分析的角度来看，稍微令人遗憾的是，现有文献无一例外地将基于两国两部门"俩俩性"（two-ness）纯然假设的理论模型直接应用至多国情形并据此推导出经验估计模型的做法，不仅与现实世界相去甚远，而且给 HME 存在性的判别条件与识别基准造成了混乱，造成估计结果出现偏差，进而可能形成政策方向上的误导。① 近年来，国际经济学文献已经在更为符合现实的多国框架下，进行本地市场效应的理论建模和经验估计，并取得了一定的进展。其核心是在综合考虑国内市场需求的影响和外部市场准入性（market access）② 的情况下，实现对本地市场效应的精确定义与估计

---

① 需要指出的是，现有国内部分文献对本地市场效应的理解存在偏差，往往将本地需求效应错误地当成本地市场效应。根据 Krugman（1980）的定义，只有当本地需求对产出的弹性大于 1 的情形下才是本地市场效应存在的证据。部分国内文献在进行经验检验时，将本地需求对产出的弹性大于 0 即视为本地市场效应存在的证据，是不正确的。

② 指外部市场的可进入程度，而外部市场准入效应则是指外部市场需求对本国产出的影响程度。

（Behrens 等，2004；Südekum，2007）。但从经验估计的角度来看，目前也仅有 Bourtchouladze（2007）等为数不多的文献。基于一个多国模型推导出的经验估计方程，Bourtchouladze（2007）发现 1979—1999 年欧盟 24 个制造业部门中的许多部门存在本地市场效应，并证实了控制外部市场准入性的重要性。

本文试图在现有文献的基础上，完善对本地市场效应进行经验检验的估计技术。借鉴 Bourtchouladze（2007）拓展的多国 HME 模型框架和经验估计方法，本文利用 1977—2007 年中国和 14 个主要贸易伙伴 ISIC 两位数制造业的贸易和产出数据，在控制市场准入效应（market access effects）后，对多国框架下的中国制造业本地市场效应进行了估计。结果发现：中国制造业总体上存在显著的本地市场效应；细分到具体行业，18 个行业中有 12 个行业存在显著的本地市场效应。加工贸易等行业异质性并没有实质上影响本地市场效应的存在性，但不同行业对外部市场准入性的依赖程度存在一定的差异。进一步的，我们还在控制本地偏向需求（home biased demand）后进行了稳健性检验，发现中国制造业本地市场效应仍然存在。

本文可能的边际贡献主要体现在两个方面。与现有国内文献相比，应用国际文献中新近拓展的多国模型框架所构建的经验估计技术，充分考虑外部市场准入性的影响，将能够更为准确地对中国制造业本地市场效应进行经验估计，其所蕴含的政策含义也将更为明确。与国际文献相比，基于多国框架进行的经验研究并不多见，本文对中国制造业本地市场效应的经验估计将丰富新经济地理学的经验文献与实践案例，并可能因为出口贸易中的高加工贸易比例而展现出中国贸易发展实践的独特性。特别的，在经验估计技术上，鉴于本地偏向需求对本地市场效应的影响，本文还控制了本地偏向需求的影响，这也是对现有国际文献的一个有益补充。

文章其余结构安排如下：第二部分论述多国模型框架的重要性，第三部分介绍本文的模型基础和估计方法，第四部分报告基本估计结果，第五部分在控制本地偏向效应后进行本地市场效应的稳健性检验，最后是结论和政策含义。

二、多国模型框架为什么重要

自 Krugman（1980）开创性的发展出本地市场效应模型以来，随着理论模型的不断拓展和数据处理技术的日益完善，出现了以 Davis 和 Weinstein（1996、1999、2003）为代表的一批经验检验文献。但是，这些文献在构建估计 HME 的计量模型时，却仍然基于两国模型框架。在两国模型框架下，当一国的本地需求份额增加或减少时，另一个国家的需求份额将势必减少或增加。而在多国框架下，当一国的本地需求份额因受到外界冲击而发生变化时，其他国家的需求份额并不一定发生相对应的反向变化。因此，Davis 和 Weinstein（1996、1999、2003）等基于两国模型框架的研究结论是不可靠的。[①] Behrens 等（2004）及 Head 和 Mayer（2004）指出，由于第三国效应（third country effects）的存在，本国需求的增加对其产出份额的影响未必大于 1，即 HME 不一定存在，甚至还可能出现"本地市场阴影"（home market shadow）。[②] 因而，基于多国模型框架来构建估计 HME 的精确计量技术，对于正确判断和识别一国产业部门是否存在 HME 就成为一项基础而又十分重要的任务。

然而，正如 Krugman（1993）指出的，在一个多国经济中，本地市场效应没有直接的定义，因为没有一个显而易见的基准来衡量不完全竞争部门企业超比例生产的存在。这也是 Head 和 Mayer（2004）总结的检验基于 Krugman（1980）模型的本地市场效应所必须面对的一个重要困难，即如何测度多国框架下的需求份额。Behrens 等（2004）正式在多国框架下考察了本地市场效应，认为难以在多国框架下构建一个本地市场效应假设的原因在于，国家作为生产区位的吸引力既取决于相对国内市场规模（吸引力），也取决于同其他外国市场的接近程度（准入性）。因此，在多国框架下要想对本地市场效应进行一般性的精确定义，就必须区分静态本地市场效应（static HME）与动态本地市场效应（dynamic HME）。在多国框架下，静态本地市场效应要求：$\frac{\lambda_1^*}{\theta_1} \geqslant \frac{\lambda_2^*}{\theta_2} \geqslant \cdots \geqslant \frac{\lambda_M^*}{\theta_M}$。$\lambda$ 代表产出，θ 代表需求。在这种情况下不存在国家需求份额的交叉现象（leap-frogging），静态本地市场效应并不受第三国市场准入性的影响；动态本地市场效应要求：$\sum_j \frac{\partial \lambda_i^*}{\partial \theta_j} \frac{d\theta_j}{d\theta_i} \frac{\theta_i}{\lambda_i^*} > 1$。显然，在这种情况下由于无法确定需求比例 θ，HME 的识别需要综合考虑国内市场需求的影响和外部市场的准入性，因此，HME 至少应当满足：$\lambda^* = \beta W \lambda^{size} + (1-\beta)\lambda^{hub}$。$\lambda^{size}$ 代表相对国内市场规模，λ^{hub} 衡量了准入性，β 体现了贸易成本，显然贸易成本越小准入性对本地需求的影响越大。这意味着要想获得真实的本地需求信息需要对准入性进行过滤：$\lambda^{size} = (\beta W)^{-1}[\lambda^* - (1-\beta)\lambda^{hub}]$。

进一步的，Südekum（2007）认为，Behrens 等（2004）只是指出了在多国框架下动态本地市场效应被颠覆的理论可能性，但是，他们并没有归纳出什么样的第三国效应将消除本地市场效应。在一个三国模型中，Südekum（2007）证明，当且仅当本国需求份额外生增加时，才可以将动态本地市场效应从两国推广至三国模型；如果外部发生一个需求向拥有较好准入性国家的转移，那么将对本国产业份额造成负面影响；而当两个外部国家具有同等的准入性时，外部需求转移并不影响本国的产业份额；对于一个给定的转向较好准入性国家的需求，本地市场效应出现的条件是本国需求增加足够大。但当某个外部国家与本国存在一个同时的需求增加，只要这个外部国家具有更好的市场准入性，那么本地市场效应将消失。应该说，Südekum（2007）的工作比较好地阐明了第三国效应影响本地市场效应的机制，是对 Behrens 等（2004）的进一步补充和完善。

综上所述，由于第三国效应的影响，使得本国需求份额的增加，并不能使该国的产出份额以大于 1 的比例增加，产出份额可能小于 1 或者甚至小于 0。因此，建立一个“隔离”第三国效应的模型非常有必要。这一工作主要是由 Bourtchouladze（2007）来完成的。本文对中国制造业本地市场效应的重新估计，正是借鉴了 Bourtchouladze（2007）的工作。下文将对其进行简要介绍。

▶ 三、考虑市场准入性：理论和方法

本文经验研究所借鉴的 Bourtchouladze（2007）的方法，是在 Krugman（1980）和 Behrens 等（2004）的基础上，同时参考 Südekum（2007）关于三国框架下本地市场效应理论的经验设定而建立的一个模型。

（一）基准模型

世界上共包含了 N 个国家，分别是 $i = 1, 2, 3, \cdots, N$；劳动是唯一的生产要素，且在国家间不可流动；国家 i 的人口为 L_i（外生决定），每个消费者提供 1 单位劳动，世界人口和劳动禀赋皆为：$L = \sum L_i$。两个部门：制造业（D）和农业（H）。H 部门为完全竞争的，规模报酬不变，生产同质产品，每单位产出需要单位劳动；D 部门为标准的 D-S 垄断竞争部门，生产差异化

产品，规模报酬递增；所有地区所有产品种类的生产技术都是一致的，成本函数是 $C = F + a_m X$，F 表示固定成本，a_m 表示不变的边际劳动需求。制造业的贸易成本用冰山成本表示（农产品的运输不需要贸易成本），如 τ_{ij} 单位产品从 i 国运输到 j 国，只有 1 单位产品到达目的地。其中 $\tau_{i,j} > 1$，且两国的贸易成本是对称的，即 $\tau_{ij} = \tau_{ji}$；一国内部不存在贸易成本，即 $\tau_{ii} = 1$。所有地区的所有消费者的偏好相同，效用函数用科布 – 道格拉斯函数表示。

在市场均衡条件下，消费者实现效用最大化，企业实现利润最大化。利用需求方程、零利润条件以及 $E = L$（需求 = 劳动收入），可以得到：

$$\sum_l \frac{\phi_{jl} L_l}{\sum_i n_i \phi_{il}} = \frac{\sigma F}{\mu}, j = 1, 2, \cdots, N \tag{1}$$

其中 ϕ_{jl} 表示贸易自由度，μ 表示工业品的需求份额，$0 < \mu < 1$；σ 表示 D 部门产品种类的不变替代弹性，$\sigma > 1$；n_i 为国家 i 的产品种类数，$n^w = \sum n_i$ 则是全世界的产品种类数。对上式两边同时乘以 n_i 并对各国进行加总，得出 $N = \frac{\mu L}{F\sigma}$，可知全世界的产品种类是不变的，且与世界人口成正比。令 $s_{ni} \equiv \frac{n_i}{n^w}$，$s_{Ei} \equiv \frac{L_i}{L}$，利用相关条件可把式（1）转化得到：

$$\sum_l \frac{\phi_{jl} s_{El}}{\sum_i s_{ni} \phi_{il}} = 1, j = 1, 2, \cdots, N \tag{2}$$

Behrens 等（2004）利用市场出清条件得出：

$$\Phi diag(\Phi s_n)^{-1} s_E = 1 \tag{3}$$

对式（3）进行变换，可以得出：

$$s_n = \left[(diag(\Phi)^{-1} 1) \Phi \right]^{-1} s_E \tag{4}$$

其中，$s_n \equiv \begin{pmatrix} s_{n1} \\ s_{n2} \\ M \\ s_{nN} \end{pmatrix}$，$s_E \equiv \begin{pmatrix} s_{E1} \\ s_{E2} \\ M \\ s_{EN} \end{pmatrix}$，$\Phi \equiv \begin{pmatrix} \Phi_{11} & \Phi_{12} & \wedge & \Phi_{1N} \\ \Phi_{21} & \Phi_{21} & \wedge & \Phi_{2N} \\ M & M & O & M \\ \Phi_{N1} & \Phi_{N1} & \wedge & \Phi_{NN} \end{pmatrix}$，$s'_n 1 = s'_E 1 = 1$，

并且 $\Phi_{ij} = \Phi_{ji}$，$\Phi_{ii} = 1$，$\Phi_{il} \equiv \tau_{ij}^{1-\sigma}$。$S_n$ 和 S_E 分别表示某产品的产出份额和需求份额；Φ_{ij} 表示 i j 两国的贸易自由度。

由式（4）可分解得：

$$s_{ni} = \sum_j \frac{f_{ij}}{\sum_t f_{jl}} s_{Ej} \tag{5}$$

其中 f_{ij} 为 $\varPhi_{ij}$ 的协因数。从上式可以看出，产出份额与需求份额存在相对稳定的线性关系。

（二）控制市场准入性

为了控制市场准入性的差异化影响，Behrens 等（2004）将式（5）分解如下：

$$s_{n,it}^k = \frac{f_{iit}^k}{\sum_t f_{ilt}^k} s_{E,it}^k + \sum_{j \neq i} \frac{f_{ijt}^k}{\sum_t f_{jlt}^k} s_{E,jt}^k \tag{6}$$

从而把超常需求分解成了本地需求和所有第三国需求，把市场准入性纳入模型中。进一步地，令 FMA（access to foreign markets）表示所有第三国效应的总和（即式（6）的第二部分）。因此，可以得到多国框架下的本地市场效应估计方程如下：

$$s_{n,it}^k = \beta_0^k + \beta_1^k s_{E,it}^k + \beta_2^k FMA_{it}^k + \varepsilon_{it}^k \tag{7}$$

方程中，$s_{n,it}^k = \dfrac{x_{it}^k}{\sum_j^N x_{jt}^k}$，$x_{it}^k$ 表示 t 时期，i 国 k 行业的产出；$\sum_j^N x_{jt}^k$ 表示 t 时期，全世界 k 行业的产出。$s_{E,it}^k = \dfrac{E_{it}^k}{\sum_j^N E_{jt}^k}$，$E_{it}^k$ 表示 t 时期，i 国 k 行业的需求；$\sum_j^N E_{jt}^k$ 表示 t 时期，所有国家 k 行业的需求总和。

为了计算出 FMA_{it}^k，本文借助引力模型：

$$\ln(X_{ijt}^k) = \delta_{0t}^k + \sum_{i=1}^N \lambda_{it}^k \varLambda_i + \sum_{i=1}^N \mu_{it}^k M_j + \beta_{1t}^k \ln dist^{ij} + \beta_{2t}^k contig^{ij} + \beta_{3t}^k comlang\_ off^{ij} + u_{ijt}^k \tag{8}$$

X_{ijt}^k 表示 t 时期，i 国出口到 j 国 k 行业产品的值；$\varLambda_i$ 为出口国固定效应，当 i 国为出口国时，$\varLambda_i = 1$，否则为 0；M_j 为进口国固定效应，当 j 国为进口国时，$M_j = 1$，否则为 0；$dist^{ij}$ 表示 i、j 两国双边距离；$contig^{ij}$ 表示 i、j 两国是否相邻；$comlang\_ off^{ij}$ 表示 i、j 两国是否同一官方语言；u_{ijt}^k 表示随机误差项。在估计出上述系数后，利用相关数据，通过下式：

$$\phi_{ijt}^k = (dist_{ij})^{\delta_{1t}^k} e^{\delta_{2t}^k contig_{ij} + \delta_{3t}^k comlang\_ off_{ij}} \tag{9}$$

估计出中国及 14 个主要贸易伙伴所有国家对的贸易自由度 $\varPhi_{ij}$，进而得出矩阵 $\varPhi$；对其求逆矩阵，对应每个 $\varPhi_{ij}$ 的元素 f_{ij}，即可与 $S_{E,jt}$ 通过方程

（10）求出 FMA_{it}^{k}。①

$$FMA_{it}^{k} = \sum_{j \neq i} \frac{f_{ijt}^{k}}{\sum_{l} f_{jlt}^{k}} s_{E,jt}^{k} \qquad (10)$$

$$FMA_{it}^{k} = \sum_{j \neq i} \phi_{ijt}^{k} s_{E,jt}^{k} \qquad (11)$$

图 1 描述了中国制造业市场准入性均值在 1977—2007 年间的变化趋势。可以观察到，中国制造业市场准入性总体上呈现上升趋势，即外部市场对中国制造业产出的重要性日益重要。具体而言，在改革开放初期到 1985 年，市场准入性缓慢上升；但在 1986—1993 年间出现了大幅下降；1994 年之后，市场准入性再次迅速上升，而 2001 年之后，上升的幅度则更快。这一变化趋势与中国改革和开放的进程比较吻合。

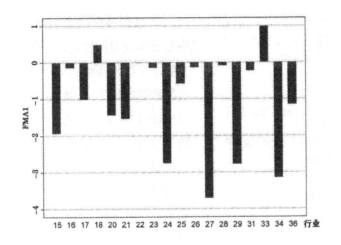

图 1　中国制造业市场准入性均值（1977—2007 年）

图 2 进一步报告了具体行业 1977—2007 年市场准入性的均值。其中，市场准入性最高的是行业 33（医疗器械、精密仪器、光学仪器和钟表的制造），为 0.983；最低的是行业 27（基本金属的制造），为 -3.7；所有行业的平均

---

① 为了保证估计结果的可靠性，我们还构造了另一种市场准入性。根据 Davis 和 Weinstein（2003）及 Redding 和 Venables（2004），可以将 FMA（即市场准入性）构造成一个由所有贸易伙伴需求份额加权而成的平均值，即 FMA 的另一种形式可表示为：$FMA_{it}^{k} = \sum_{j \neq i} \phi_{ijt}^{k} S_{Eijt}^{k}$。其中，$S_{E,jt}^{k}$ 表示 t 时期 j 国 k 行业的需求份额，计算方法同上。ϕ_{ij} 同样表示 i，j 两国的贸易自由度，同时考虑了双边贸易的地理距离和贸易摩擦。附录中给出了该方法计算的中国制造业市场准入性的均值及分行业均值，其总体变化趋势及行业特征与式（10）所构造的 FMA 基本吻合。在下文的计量分析中，我们将式（10）和式（11）的市场准入性分别记为 FMA1 和 FMA2。

值为 -1.07。从行业的科技属性来看，中高及高科技行业的市场准入性均值为 -1.587，略低于中低及低科技行业的 -0.876；从行业的贸易方式来看，高加工贸易行业的市场准入性均值为 -0.887，低加工贸易行业的市场准入性均值为 -1.261。① 不同行业所体现的市场准入性差异是否反映出外部市场准入性对不同行业的影响，我们将在后文给出计量检验。

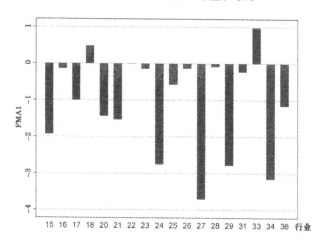

图 2　中国制造业分行业市场准入性均值（1977—2007 年）

四、基本估计结果

（一）数据来源及处理

由于数据的可获得性，本文选取中国及 14 个主要贸易伙伴（澳大利亚、加拿大、法国、印度、印度尼西亚、意大利、日本、韩国、中国香港、马来西亚、荷兰、新加坡、英国、美国）1977—2007 年以 ISIC3.0 标准划分的 18 个两位数制造业行业（表 1）作为研究对象。② 2011 年和 2010 年以上 14 个

---

① 根据经济合作组织（OECD）的分类，本文将行业划分为中高及高科技行业和中低及低科技行业。在本文的 18 个行业中，中高及高科技行业包括 24、29、31、33、34，余则为中低及低技术行业。根据中国海关进出口数据库，本文计算了 2000—2005 年 HS8 位数编码的各类出口产品中加工贸易出口的比重，然后将 HS 编码与 ISIC 编码进行对接，根据所有产品加工贸易出口比重的中位数，本文将高于中位数的行业定义为高加工贸易行业，低于中位数的定义为低加工贸易行业。在本文的 18 个行业中，高加工贸易行业包括 18、21、22、25、29、31、33、34、36，余则为低加工贸易行业。本文第四部分给出了详细的行业代码及说明。

② 制造业的其他 5 个行业：行业 19，皮革的鞣制及修整、皮箱、手提包、马具、挽具及鞋类的制造；行业 30，办公室、会计和计算机械的制造；行业 32，无线电、电视和通信设备与装置的制造；行业 35，其他运输设备的制造；行业 37，回收行业，由于产出数据缺失本文予以舍弃。

国家分别占中国总出口的 62.86% 和 63.83%，在中国的对外贸易中有着举足轻重的影响。本文使用的数据库主要有《国际工业统计年鉴》、NBER 数据库、CEPII 的 BACI 数据库和引力数据库、亚洲开发银行（ADB）数据库、OECD 数据库等。其中，中国和 14 个主要贸易伙伴各行业产出数据来源于国际工业统计年鉴；各国 1977—2000 年双边贸易数据来自 NBER 数据库，2001—2007 年双边贸易数据来自 CEPII 的 BACI 数据库；引力模型中涉及的相关数据均来自 CEPII 的引力数据库。

表 1　行业代码及名称

ISIC 代码	行业名称
15	食品及饮料的制造
16	烟草制品的制造
17	纺织品的制造
18	服装的制造、毛皮修饰及染色
20	木材、木材制品及软木制品的制造，但家具除外；草编物品及编织材料物品的制造
21	纸和纸制品的制造
22	出版、印刷及记录媒介物的复制
23	焦炭、精炼石油产品及核燃料的制造
24	化学品及化学制品的制造
25	橡胶和塑料制品的制造
26	其他非金属矿物制品的制造
27	基本金属的制造
28	金属制品的制造，但机械设备除外
29	未另分类的机械和设备的制造
31	未另分类的电力机械和装置的制造
33	医疗器械、精密仪器、光学仪器和钟表的制造
34	汽车、挂车和半挂车的制造
36	家具的制造、未另分类的制造

考虑到各个国家每年价格变动等因素的影响，本文用工业品出厂价格指数对产出、贸易数据进行平减，从而真实地反映各国各行业的产出及贸易情况。本文的工业品出厂价格指数以 1977 年为基期，除新加坡、马来西亚、中国香港的价格指数来自亚洲开发银行（ADB）数据库外，其他均来自 OECD 数据库。①

———————————

① OECD 数据库网址：http：//stats. oecd. org/Index. aspx? DataSetCode = MEI_ PRICES_ PPI% 20. 在对数据进行平减后，本文采用国内吸收法来计算各国行业层面的需求，即国内需求等同于国内生产加进口再减去出口。本文还涉及不同统计数据之间的转换，如 ISIC 和 HS 的对接等。（参见 Jon Haveman 提供的对照表。详见：http：//www. macalester. edu/research/economics/PAGE/HAVEMAN/ Trade. Resources/TradeConcordances. html. ）

（二）总体回归结果

为了观察中国制造业总体上本地市场效应的存在情况，本文首先根据式（7）对中国两位数制造业（1977—2007）所有行业进行总体混合回归。如表2所示，在模型（1）中，当以 FMA1 衡量准入性时，估计结果显示：需求份额 Se 的系数是 1.0231 > 1，且是非常显著的，即中国制造业总体上是存在本地市场效应的，这和两国框架下以中国制造业为研究对象的已有文献结果是一致的（钱学锋和陈六傅，2007；邱斌和尹威，2010）；FMA1 的系数是0.0076 > 0，且是非常显著的，说明外部需求对中国产出份额的影响是正向的，即从中国制造业总体上来说，第三国需求份额的增加会提高本国产出份额。模型（2）、（3）、（4）的结果与（1）基本一致，这也说明了本文结论的稳健性。虽然模型（4）中 FMA2 的系数为负，但并不显著。因此，上述结果表明，中国制造业总体上是存在本地市场效应的，但需要注意的是，总体回归是包括了所有的制造业行业，具体到各行业时，本地市场效应的存在性是有差异的，因此制造业总体回归结果只能说明总体趋势，细分到各行业的经验研究更加具有现实意义。

表 2　总体混合回归结果

解释变量	以 FMA1 衡量准入性		以 FMA2 衡量准入性	
	（1）	（2）	（3）	（4）
Se	1.0231***	1.0964***	1.0287***	1.1109***
	(0.0235)	(0.0295)	(0.0237)	(0.0285)
FMA	0.0076***	0.0002	0.0302***	− 0.0111
	(0.0011)	(0.0028)	(0.0051)	(0.0131)
模型	OLS	FE	OLS	FE
观察值	558	558	558	558

说明：括号内为标准差，***、**、* 分别表示在1%、5%及10%的显著性水平上显著，下表同。

（三）分行业回归结果

进一步的，为了更清楚地观察多国框架下需求份额对具体行业产出份额影响的差异，本文对制造业进行分行业回归，回归结果如表3所示。当以 FMA1 衡量市场准入性，即模型（5）进行计量时，回归结果显示18个制造业行业的需求份额系数中有12个行业的系数大于1且显著，即此12个行业存在本地市场效应。这12个行业分别是15、17、18、20、22、23、25、27、

28、29、31、34。

表3 分行业回归结果

解释变量	以 FMA1 衡量准入性		以 FMA2 衡量准入性	
	(5)		(6)	
IND	Se	FMA1	Se	FMA2
15	1.0459***	−0.0007	1.0466***	−0.0030
	(0.0051)	(0.0005)	(0.0053)	(0.0025)
16	0.2025	0.7498***	0.4140	0.1369
	(0.1404)	(0.1414)	(0.2060)	(0.2283)
17	1.4706***	0.0098	1.4932***	0.0230
	(0.0698)	(0.0119)	(0.0627)	(0.0492)
18	2.7342***	−0.0404	2.0730**	1.2402*
	(0.7243)	(0.1563)	(0.6601)	(0.5604)
20	1.2669***	0.0081*	1.2711***	0.0260*
	(0.0648)	(0.0032)	(0.0640)	(0.0103)
21	0.9405***	0.0112	0.9445***	0.0392
	(0.0257)	(0.0063)	(0.0320)	(0.0340)
22	1.2063***	0.0150*	1.3542***	−0.1554**
	(0.0331)	(0.0055)	(0.0296)	(0.0498)
23	1.0236***	−0.0077	1.0399***	−0.0358***
	(0.0111)	(0.0045)	(0.0095)	(0.0090)
24	0.9541***	−0.0037	0.9767***	−0.0403***
	(0.0228)	(0.0018)	(0.0196)	(0.0110)
25	1.2596***	0.0036	1.2050***	0.1760
	(0.0283)	(0.0052)	(0.0471)	(0.1524)
26	0.8890***	0.1517***	1.0208***	0.1510
	(0.0471)	(0.0306)	(0.0674)	(0.1300)
27	1.0083***	0.0022	1.0279***	0.0019
	(0.0289)	(0.0023)	(0.0402)	(0.0209)
28	1.2625***	−0.0747	1.2353***	−0.0578
	(0.0359)	(0.0401)	(0.0422)	(0.1157)

续表

解释变量	以 *FMA*1 衡量准入性		以 *FMA*2 衡量准入性	
	(5)		(6)	
IND	*Se*	*FMA*1	*Se*	*FMA*2
29	1.0520 ***	0.0035	1.0649 ***	0.0116
	(0.0456)	(0.0021)	(0.0492)	(0.0096)
31	1.0140 ***	0.0510 ***	1.0301 ***	0.2920 ***
	(0.0388)	(0.0091)	(0.0426)	(0.0634)
33	0.7910 ***	0.0110	0.8111 ***	0.1637
	(0.0444)	(0.0080)	(0.0647)	(0.2275)
34	1.0222 ***	0.0023 ***	1.0091 ***	0.0220 **
	(0.0147)	(0.0006)	(0.0180)	(0.0063)
36	−0.1506	0.0241	−0.0788	−0.0912 ***
	(0.3721)	(0.3721)	(0.2767)	(0.0205)
模型	*OLS*		*OLS*	

　　有 5 个行业的系数小于 1 但大于 0，其中 4 个行业的结果是显著的，即起码有 4 个行业不存在本地市场效应。这 5 个行业分别为："烟草制品的制造"、"纸和纸制品的制造"、"化学品及化学制品的制造"、"其他非金属矿物制品的制造"、"医疗器械、精密仪器、光学仪器和钟表的制造"。家具的制造、未另分类的制造的系数小于 0，但不显著，即可能存在逆向本地市场效应。对于该结果的出现，本文认为主要有两种解释：一方面，该行业包括家具的制造以及未另分类的制造，可见其行业分类不够明确，这可能引起计量结果有偏差；另一方面，如 Larch（2003）所述，当差异产品部门的需求份额非常低或者差异产品的生产变得更技能型劳动密集型和较低的资本密集型时，逆向本地市场效应将会产生，"家具的制造、未另分类的制造"应该就是属于这种部门。

　　但市场准入性的系数则是不稳定的，18 个行业中 13 个为正，其中 6 个行业的结果显著。这 6 个行业分别是"烟草制品的制造"、"木材、木材制品及软木制品的制造，但家具除外；草编物品及编织材料物品的制造"、"出版、印刷及记录媒介物的复制"、"其他非金属矿物制品的制造"、"未另分类的电力机械和装置的制造"、"汽车、挂车和半挂车的制造"。其余 5 个行业皆为负但不显著。

当以 *FMA2* 衡量市场准入性，即模型（6）进行计量时，需求份额的系数除了行业"其他非金属矿物制品的制造"外，其他计量结果与模型（5）的结果一致。而模型（5）、（6）中有三个行业的市场准入性系数略有差异。"服装的制造、毛皮修饰及染色"在模型（5）当中为负但不显著，在模型（6）中则显著为正；"出版、印刷及记录媒介物的复制"在模型（5）当中为正且显著，在模型（6）中则显著为负；"家具的制造；未另分类的制造"在模型（5）当中为负但不显著，在模型（6）中则显著为正。上述结论也验证了 Südekum（2007）的观点：市场准入性引起的第三国效应对于一国的产出的影响大小和方向具有不确定性。

综上所述，对于本地市场效应的估计，具体到 ISIC 两位数各制造业行业时，计量结果得出，18 个行业中 12 个行业存在显著的本地市场效应，5 个行业不存在本地市场效应，1 个行业发现了不显著的逆向本地市场效应。

（四）进一步回归：考虑行业异质性

为了进一步观察行业特征是否会影响本地市场效应，我们还考虑了两种行业异质性：行业的科技水平与行业的加工贸易出口比重。根据 OECD 的分类，我们将 18 个制造业行业分为中高及高科技行业和中低及低科技行业；根据中国海关进出口数据库提供的产品出口贸易方式，我们也将 18 个制造业行业分为高加工贸易行业和低加工贸易行业。[①] 由于不同行业的市场准入性存在差异，我们希望在观察到控制市场准入性的情况下，不同行业在本地市场效应上是否存在不同。

回归结果如表 4 所示。表 4 中，模型（7）～（10）分别以 *FMA1* 和 *FMA2* 作为市场准入性按行业科技类型进行了回归。我们发现，中低及低科技行业与中高及高科技行业都存在显著的本地市场效应，但在市场准入性的影响上，中低及低科技行业要略高于中高及高科技行业，这与中低及低科技行业的市场准入性略高于中高及高科技行业是一致的。模型（11）～（14）则分别以 *FMA1* 和 *FMA2* 作为市场准入性按行业的加工贸易出口比重进行了回归。结果发现，无论是低加工贸易行业还是高加工贸易行业，本地市场效应都显著存在，这与邱斌和尹威（2010）的结论不同。他们发现，加工贸易

---

① 详细的分类方法可参见第三部分关于行业分类的说明。

行业不存在本地市场效应，只有一般贸易中才存在本地市场效应，并进而认为国内需求对于加工贸易并不重要。我们的发现则表明，无论行业的加工出口比重有多高，国内市场需求依然是非常重要的。但外部市场准入性对低加工贸易行业和高加工贸易行业产出的影响确实存在差异。我们发现，高加工贸易行业对外部市场准入性的依赖要显著地高于低加工贸易行业。这同样与高加工贸易行业的外部市场准入性高于低加工贸易行业的事实是一致的。

表4　进一步回归：考虑行业异质性

解释变量	以 *FMA*1 衡量准入性		以 *FMA*2 衡量准入性		以 *FMA*1 衡量准入性		以 *FMA*2 衡量准入性	
	中低及低技术行业 (7)	中高及高技术行业 (8)	中低及低技术行业 (9)	中高及高技术行业 (10)	低加工贸易行业 (11)	高加工贸易行业 (12)	低加工贸易行业 (13)	高加工贸易行业 (14)
Se	1.0170*** (0.0315)	1.0480*** (0.0172)	1.0120*** (0.0320)	1.0460*** (0.0174)	1.0510*** (0.0176)	1.0580*** (0.0520)	1.0470*** (0.0200)	1.0890*** (0.0530)
FMA	0.0100*** (0.0018)	0.0035*** (0.0006)	0.0270*** (0.0066)	0.0240*** (0.0047)	0.0037*** (0.0009)	0.0100*** (0.002)	0.0120 (0.0081)	0.0300*** (0.0075)
模型	*OLS*	*OLS*	*OLS*	*OLS*	*OLS*	*OLS*	*OLS*	*OLS*
观察值	403	155	403	155	279	279	279	279

五 稳健性检验：控制本地偏向需求

　　Krugman（1980）推导本地市场效应的一个假定前提是本国居民对每个外国产品和本国产品需求量的比值小于1。换言之，消费本国产品的消费者要比消费外国产品的消费者多，即本国居民总是更加偏好本国产品。一些文献也证实（Trionfetti，2001），需求是具有本地偏向性的，对于不同产品的本地需求偏向是不一样的，本地需求的偏向会对贸易流量及专业化方式产生影响。因此在研究需求对于产出的影响时，必须剔除这种本地偏向需求可能对本地市场效应估计造成的干扰。参考 Brülhart 和 Trionfetti（2009）的做法，本文首先采用引力模型估计本地偏向需求。

$$\ln im_k^{ji} = \alpha + \beta_1 homedum^{ji} + \beta_2 \ln dist^{ji} + \beta_3 contig^{ji} + \beta_4 \ln tradom^{ij} +$$
$$\beta_5 colony^{ji} + \beta_6 comlang\_off^{ji} + \delta' M^j + \theta' X^i + \kappa' S + \varepsilon_k^{ji} \quad (12)$$

　　其中，im_k^{ji} 表示 j 国从 i 国进口的 k 行业产品的值；当 $i=j$ 时，$homedum^{ji}=$

1，当 $i \neq j$ 时，$homedum^{ji} = 0$，其估计系数即本地偏向需求；ln$tradom$ 为 $trade$-$freedom$ 的对数。$tradefreedom$ 表示 i 国的贸易自由度；M^j 表示进口国固定效应向量；X^i 表示出口国固定效应向量；S 表示行业固定效应向量。在这里需要指出的是，本文用 ln$tradom^{i,j}$ 代替了 Brülhart 和 Trionfetti（2009）中的 ln$tariff^{i,j}$，主要是由于 1977—2007 年，具体到两国间某种产品的关税数据缺失较多。本文借鉴 Head 和 Mayer（2004）推导的贸易自由度的公式，令 $trade$-$freedom^{i,j} = \phi_{cd} = \sqrt{\dfrac{E_{od}E_{do}}{E_{oo}E_{dd}}}$，其中 E_{od} 表示 o 国对 d 国的总出口，E_{do} 表示 d 国对 o 国的总出口，E_{oo} 和 E_{dd} 分别表示 o 国和 d 国的国内销售，即，等于各国总产出减去其总出口。

表5　引力模型估计结果

IND	Homedum	lntradom	lndist
总体	1. 3115***	1. 1769***	− 0. 0869
	(0. 3752)	(0. 0080)	(0. 0445)
15	2. 0265	1. 3525***	− 0. 0932
	(1. 1949)	(0. 0312)	(0. 1414)
16	6. 4307***	1. 0381***	0. 4872**
	(1. 3283)	(0. 0345)	(0. 1617)
17	− 3. 0695*	1. 2116***	− 0. 5542***
	(1. 3727)	(0. 0324)	(0. 1628)
18	1. 2271**	1. 0259***	− 1. 0357***
	(0. 3823)	(0. 0116)	(0. 1983)
20	− 5. 7941***	1. 4160***	− 1. 0196***
	(1. 2373)	(0. 0320)	(0. 1468)
21	4. 2416**	1. 4199***	0. 4124*
	(1. 3662)	(0. 0349)	(0. 1618)
22	− 3. 0981**	1. 2600***	− 0. 5091***
	(1. 0257)	(0. 0253)	(0. 1209)
23	3. 9865**	1. 1205***	0. 0750
	(1. 3758)	(0. 0284)	(0. 1664)

续表

IND	Homedum	Intradom	Indist
24	1.2978 (1.5061)	1.4254*** (0.0371)	0.0072 (0.1776)
25	−4.7885*** (0.9280)	1.3244*** (0.0202)	−0.7756*** (0.1100)
26	1.1452*** (0.2591)	1.0249*** (0.0085)	−0.7660*** (0.1238)
27	0.3615 (1.3462)	1.3579*** (0.0330)	−0.2604 (0.1597)
28	−0.4155 (1.2534)	1.3365*** (0.0310)	−0.2796 (.1479)
29	4.2606* (1.6587)	1.2190*** (0.0346)	0.2688 (0.1970)
31	3.5972* (1.4493)	1.1420*** (0.0276)	0.3215 (0.1717)
33	0.8987 (1.3911)	1.3372*** (0.0315)	0.0582 (0.1664)
34	4.8220*** (1.4279)	1.2757*** (0.0319)	0.3967* (0.1684)
36	0.0964 (1.5765)	1.0790*** (0.0365)	−0.1925 (0.1878)

对式（12）进行回归的结果如表 5 所示。可以发现，homedum 的系数即为本地偏向需求，总体回归的系数为 1.3115 且显著，即从制造业总体上来看，存在本地偏向需求。从表 5 还可以看出，18 个行业中 13 个行业的估计系数为正，8 个行业的结果是显著的。这 8 个行业分别是"烟草制品的制造"、"服装的制造、毛皮修饰及染色"、"纸和纸制品的制造"、"焦炭、精炼石油产品及核燃料的制造"、"其他非金属矿物制品的制造"、"未另分类的机械和设备的制造"、"未另分类的电力机械和装置的制造"、"医疗器械、精密仪器、光学仪器和钟表的制造"。其余 5 个行业有 4 个估计系数显著为负。这

4 个行业分别是"纺织品的制造"、"木材、木材制品及软木制品的制造，但家具除外；草编物品及编织材料物品的制造"、"出版、印刷及记录媒介物的复制"、"橡胶和塑料制品的制造"。

进一步的，为了求出本地偏向效应，本文对下式进行估计：

$$outputshare_s^i = c_{os} + c_{1s}idiobias_s^i + c_{2s}expendishare_s^i + v_s^i \qquad (13)$$

其中 $outputshare_s^i = \dfrac{Output_S^i}{\sum_i Output_S^i}$，$idiobias$ 即表 5 中 $homedum^{ji}$ 的估计系数，

也就是本地偏向需求，$expendishare_s^i = \dfrac{NetExpenditure_s^i}{\sum_i NetExpenditure_s^i}$。

在估计出各行业每个时期的本地偏向需求后，本文对式（13）进行分行业回归，结果如表 6 所示。可以看出，$expendishare$ 的系数全部显著为正，在这一点上也说明了需求对于产出的影响及其重要性。本文重点关注的是 $idiobias$ 系数，亦即本地偏向效应。从表 6 可以看出，有 6 个行业的 $idiobias$ 系数显著为负，[①] 分别为"烟草制品的制造"、"纺织品的制造"、"纸和纸制品的制造"、"出版、印刷及记录媒介物的复制"、"未另分类的机械和设备的制造"、"医疗器械、精密仪器、光学仪器和钟表的制造"。估计系数显著为正的行业只有两个，分别为"焦炭、精炼石油产品及核燃料的制造"、"基本金属的制造"。这实际上说明本地偏向效应对产出的影响不及需求。

在估计出系数即本地偏好效应后，容易得出控制本地偏向效应的本地市场效应估计模型，即：

$$s_{n,it}^k = \beta_0^k + \beta_1^k s_{E,it}^k + \beta_2^k FMA_{it}^k + \beta_3^k HBE_{it}^k + \varepsilon_{it}^k \qquad (14)$$

其中，HBE_{it}^k 即 $idiobias$ 的系数 C_{1s}，其他变量同上。

对式（14），本文先作一个混合回归再进行分行业回归（见表 7）。从混合回归的结果可以看出，模型（15）、（16）的 Se、FMA、HBE 的系数都是一致的。Se 皆大于 1 且显著，即在控制本地偏向效应后，中国制造业总体上依然存在显著的本地市场效应。FMA 的系数皆显著为正，即第三国需求对中国制造业产出的影响总的说来是正向的。HBE 系数皆为负，且在模型（15）中是显著的，事实上，从表 6 本地偏向效应的估计结果即可以判断本地偏向效

---

① 需要指出的是，$idiobias$ 系数与 $homedum$ 的系数无直接联系，前者是对产出的影响，产出还受其他第三国的影响，后者是对贸易交货值的影响。

应对产出的影响是消极的。这意味着，类似歧视性政府采购的政策，对保护本国制造业未必起到促进作用。

表6　本地偏向效应估计结果

IND	expendishare	idiobias	IND	Expendishare	idiobias
15	1.0000 *** (0.0000)	0.0045 (0.0048)	25	0.9992 *** (0.0002)	1.2826 (3.1742)
16	1.0000 *** (0.0000)	−0.0137 * (0.0054)	26	1.0000 *** (0.0000)	0.0058 (0.0057)
17	1.0000 *** (0.0000)	−0.0752 *** (0.0214)	27	1.0000 *** (0.0000)	0.0334 ** (0.0127)
18	1.0010 *** (0.0004)	−0.2162 (3.5278)	28	1.0000 *** (0.0000)	−0.0006 (0.0036)
20	1.0000 *** (0.0002)	0.8474 (2.6424)	29	1.0000 *** (0.0000)	−0.0345 *** (0.0087)
21	1.0000 *** (0.0000)	−0.0102 ** (0.0032)	31	1.0000 *** (0.0000)	−0.0232 (0.0150)
22	1.0000 *** (0.0000)	−0.0127 *** (0.0032)	33	1.0000 *** (0.0000)	−0.1909 *** (0.0243)
23	1.0000 *** (0.0000)	0.0185 * (0.0085)	34	1.00001 *** (0.0000)	−0.0033 (0.0032)
24	1.0000 *** (0.0000)	−0.0036 (0.0068)	36	1.0001 *** (0.0002)	−2.6202 (2.9954)

　　进一步地，本文对模型（15）、（16）进行分行业回归。可以看出，模型（5）、（6）、（15）、（16）中 Se 的系数大致是一致的。略有不同的是，在控制本地偏向效应后，模型（15）和模型（5）相比，"汽车、挂车和半挂车的制造"的本地市场效应不再存在；模型（16）和模型（6）相比，"纸和纸制品的制造"出现了本地市场效应，"其他非金属矿物制品的制造"、"汽车、挂车和半挂车的制造"的本地市场效应消失了。综上，控制本地偏向效应的影响后，在制造业总体上，本地市场效应仍然存在；具体到行业时，本地偏向效应对本地市场效应没有产生实质性的影响。

表 7　纳入 *HBE*（本地偏好效应）回归结果

解释变量	以 *FMA1* 衡量准入性			以 *FMA2* 衡量准入性		
	Se	*FMA1*	*HBE*	*Se*	*FMA2*	*HBE*
IND	(7)			(8)		
总体	1.0224 ***	0.0076 ***	− 0.0005 *	1.0281 ***	0.0293 ***	− 0.0003
	(0.0234)	(0.0011)	(0.0002)	(0.0236)	(0.0051)	(0.0002)
15	1.0434 ***	− 0.0007	0.0183	1.0440 ***	− 0.0032	0.0193
	(0.0062)	(0.0005)	(0.0259)	(0.0063)	(0.0025)	(0.0261)
16	0.2034	0.7580 ***	− 0.0758	0.4072	0.1440	0.0804
	(0.1425)	(0.1450)	(0.1895)	(0.2106)	(0.2333)	(0.2655)
17	1.4357 ***	− 0.0015	− 0.0622 **	1.4406 ***	− 0.0163	− 0.0632 **
	(0.0614)	(0.0109)	(.01933)	(0.0560)	(0.0438)	(0.0190)
18	2.6550 **	− 0.0522	− 0.0014	1.9808 **	1.2868 *	− 0.0018
	(0.7454)	(0.1594)	(0.0024)	(0.6735)	(0.5666)	(0.0022)
20	1.2680 ***	0.0083 *	0.0000	1.2722 ***	0.0266 *	0.0001
	(0.0642)	(0.0032)	(0.0000)	(0.0633)	(0.0102)	(0.0000)
21	0.9763 ***	0.0053	0.1024	1.0150 ***	− 0.0159	0.1583
	(0.0386)	(0.0079)	(0.0828)	(0.0515)	(0.0460)	(0.0924)
22	1.2394 ***	0.0061	− .0219 *	1.3219 ***	− 0.1107 *	− 0.0216 **
	(0.0345)	(0.0066)	(0.0100)	(0.0289)	(0.0474)	(0.0077)
23	1.0079 ***	− 0.0027	0.0070 *	1.0307 ***	− 0.0296 **	0.0046
	(0.0128)	(0.0049)	(0.0033)	(0.0107)	(0.0095)	(0.0027)
24	0.9655 ***	− 0.0048 *	0.0209	0.9801 ***	− 0.0429 ***	0.0152
	(0.0238)	(0.0020)	(0.0145)	(0.0196)	(0.0110)	(0.0120)
25	1.2606 ***	0.0049	− 0.0003	1.1977 ***	0.1958	− 0.0002
	(0.0277)	(0.0051)	(0.0002)	(0.0466)	(0.1504)	(0.0002)
26	0.9050 ***	0.1322 ***	0.1616	0.9921 ***	0.1664	0.3570 **
	(0.0476)	(0.0330)	(0.1129)	(0.0611)	(0.1162)	(0.1253)
27	1.0086 ***	0.0021	− 0.0009	1.0284 ***	0.0020	− 0.0036
	(0.0304)	(0.0024)	(0.0265)	(0.0411)	(0.0213)	(0.0268)
28	1.2878 ***	− 0.0962 *	0.2248 **	1.2778 ***	− 0.1683	0.2320 *
	(0.0331)	(0.0365)	(0.0780)	(0.0416)	(0.1134)	(0.0887)

续表

解释变量	以 *FMA1* 衡量准入性			以 *FMA2* 衡量准入性		
	Se	*FMA1*	*HBE*	*Se*	*FMA2*	*HBE*
IND	(7)			(8)		
29	1.0723 ***	0.0028	0.0334	1.0855 ***	0.0088	0.0367
	(0.0474)	(0.0021)	(0.0248)	(0.0502)	(0.0096)	(0.0250)
31	1.0503 ***	0.0317 ***	−0.0451 ***	1.0740 ***	0.1506 **	−0.0477 ***
	(0.0231)	(0.0059)	(0.0061)	(0.0285)	(0.0468)	(0.0076)
33	0.7575 ***	0.0079	−0.0257 **	0.7751 ***	0.1374	−0.0266 ***
	(0.0382)	(0.0067)	(0.0071)	(0.0545)	(0.1887)	(0.0072)
34	0.9964 ***	0.0025 ***	−0.0597 **	0.9766 ***	0.0258 ***	−0.0650 ***
	(0.0145)	(0.0005)	(0.0173)	(0.0173)	(0.0053)	(0.0176)
36	−0.3701	0.0241 *	−0.0006 ***	−0.2092	−0.0768 ***	−0.0005 **
	(0.3107)	(0.0104)	(0.0002)	(0.2397)	(0.0180)	(0.0001)

六、结语

本文通过一个扩展的多国模型理论框架，在考虑市场准入性的情况下，利用 1977—2007 年中国和 14 个主要贸易伙伴 ISIC 两位数制造业的贸易和产出数据，估计了中国制造业的本地市场效应。结果发现，18 个行业中 12 个行业存在显著的本地市场效应。行业的异质性对本地市场效应没有实质性的影响，但不同行业对外部市场准入性的依赖程度存在较大差异。进一步的，在控制本地偏向需求后，中国制造业本地市场效应仍然稳健的存在。相比现有基于两国模型框架对中国制造业本地市场效应的估计，本文基于多国模型框架的估计结果更为精确，其政策含义也更为明确具体。

我们的结论表明，除了劳动力比较优势之外，本地市场效应也是中国制造业出口竞争力的重要源泉。在劳动力比较优势日益削弱的背景下，中国出口增长仍然具备强劲的内生动力。因此，扩大内需不仅能直接保证宏观经济的持续增长，也将通过本地市场效应培育出口竞争力，促进出口的稳定增长。

参考文献

[1] 范剑勇、谢强强，2010：《地区间产业分布的本地市场效应及其对区域协调发展

的启示》，《经济研究》第 4 期。

［2］林发勤、唐宜红，2010：《比较优势、本地市场效应与中国制成品出口》，《国际贸易问题》第 1 期。

［3］钱学锋、陈六傅，2007：《中美双边贸易中本地市场效应估计——兼论中国的贸易政策取向》，《世界经济研究》第 12 期。

［4］钱学锋、梁琦，2007：《本地市场效应：理论和经验研究的新近进展》，《经济学（季刊）》第 3 期。

［5］邱斌、尹威，2010：《中国制造业出口是否存在本土市场效应》，《世界经济》第 7 期。

［6］张帆、潘佐红，2006：《本土市场效应及其对中国省间生产和贸易的影响》，《经济学（季刊）》第 2 期。

［7］Behrens, K., Lamorgese, A., Ottaviano, G. I. P. and Tabuchi, T., 2004, "Testing the 'Home Market Effects' in a Multi-Country World: A Theory-Based Approach", CEPR Discussion Paper 4468.

［8］Bourtchouladze, N., 2007, "Home Market Effect Hypothesis in a Multi-Country World", HEI WorkingPaper, No. 16/2007.

［9］Brülhart, M. and Trionfetti, F., 2009, "A Test of Trade Theories when Expenditure Is Home Biased", European Economic Review, 53, pp. 830 – 845.

［10］Davis, D. R. and Weinstein, D. E., 1996, "Does Economic Geography Matter for International Specialisation?", NBER Working Paper, No. 5706.

［11］Davis, D. R. and Weinstein, D. E., 1999, "Economic Geography and Regional Production Structure: An Empirical Investigation", European Economic Review, 43, pp. 379 – 407.

［12］Davis, D. R. and Weinstein, D. E., 2003, "Market Access, Economic Geography and Comparative Advantage: An Empirical Test", Journal of International Economics, 59, pp. 1 – 23.

［13］Head, K. and Mayer, T., 2004, "The Empirics of Agglomeration and Trade", CEPR Working Paper 3985 and also in J. V. Henderson and J-F. Thisse eds., Handbook of Urban and Regional Economics, North Holland.

［14］Krugman, P., 1980, "Scale Economies, Product Differentiation, and the Pattern of Trade", America Economic Review, 70 (5), pp. 950 – 959.

［15］Krugman, P., 1993, "The Hub Effect: or, Threeness in International Trade", in W. J. Ethier, E. Helpman and J. P. Neary eds., Theory, Policy and Dynamics in International Trade. Cambridge: Cambridge University Press.

［16］Larch, M., 2003, "The Home Market Effect in Models with Multinational Enterprises", http://www. ecomod. net/conferences/ ecomod2004/ecomod2004_ papers/128. pdf.

［17］Redding, S. and Venables, A. J., 2004, "Economic Geography and International Inequality", Journal of International Economics, 62, pp. 53 – 82.

［18］Schumacher, D., 2003, "Home Market and Traditional Effects on Comparative Advantage in a Gravity Approach", DIW Discussion paper 344.

［19］Suedekum, J., 2007, "Identifying the Dynamic Home Market Effect in a Three-country Model", Journal of Economics, 92（3）, pp. 209 – 228.

［20］Trionfetti, F., 2001, "Using Home-Biased Demand to Test for Trade Theories", Weltwirtschaftliches Archiv, 137, pp. 404 – 426.

附录：以 *FMA*2 计算的中国制造业市场准入性均值及分行业均值

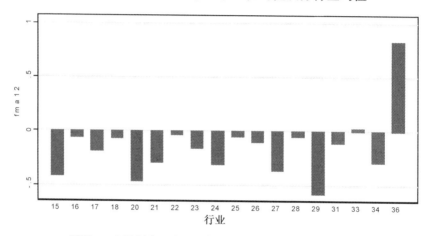

附图 1　中国制造业分行业市场准入性均值（1977—2007）

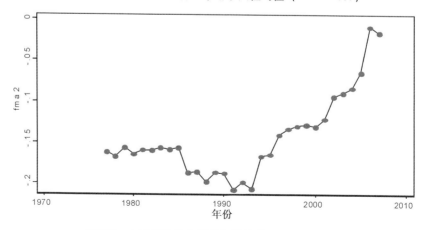

附图 2　中国制造业市场准入性均值（1977—2007）

中国 GDP 出口分解及贡献新测度[①]

张亚斌　范子杰　冯　迪

张亚斌，中国社会科学院经济学博士，湖南大学经济与贸易学院院长、教授、博士生导师，曾留学加拿大 REGINA 大学，2004 年入选教育部"新世纪优秀人才支持计划"。近 5 年，主持"不均质大国对外贸易增长方式转变研究"等国家社科基金重点项目 1 项、一般项目 1 项、省部级重点及一般项目 6 项，出版《内生比较优势理论及中国贸易结构转换》等专著，主编《国际贸易理论与实务》等教材，在《中国社会科学》《中国工业经济》等期刊发表论文 100 余篇，获得省部级科研成果奖 4 项。

[①]　本文原载于《数量经济技术经济研究》2015 年第 9 期。

内容提要： 基于全球价值链分解方法，构建国家整体层面和产业层面 GDP 出口分解框架，分析中国出口对 GDP 及 GDP 增长的贡献和变化机制。研究发现，中国国家整体层面和产业层面出口对 GDP 及 GDP 增长的贡献均呈现先增后减的倒 U 形特征。制造业贡献起主导作用，需巩固传统优势，培育新优势；占国内生产总值比重较大的服务业贡献相对较小，需进一步提升国际竞争力；贡献的变化主要是基于产业增加值出口比重的增长，产业结构变动产生了一定的阻碍作用。

关键词： GDP；出口分解；价值链

一、引言

改革开放以来，中国对外贸易高速发展，继 2009 年中国出口规模跃居世界第一位，进口位居第二位，2012 年正式超越美国成为全球最大的货物贸易国。贸易发展伴随着经济持续高速增长，GDP 从 2003 年开始一直保持 10% 左右的增长率，于 2010 年已超越日本成为世界第二大经济体。中国贸易尤其是出口贸易对经济发展的影响引起了诸多学者和政府管理者的关注。同时，随着国际分工日益深化，中间品贸易在贸易中所占比重日趋增大，一国出口将更多地包含其他国家的增加值，导致传统的贸易统计口径出现高估。WTO 和 OECD 计算数据表明，2008 年中国出口国内增加值率仅为 66.73%[①]，加工贸易出口中的国内增加值比例更低。那么，巨大的出口贸易对中国经济和经济增长的真实贡献到底怎样？各产业表现又是如何？理清上述问题，对于在中国经济"新常态"下，进一步以开放促发展，调整产业结构和促进产业升级，"培育出口竞争新优势"，以出口带动经济增长具有重要意义。本文尝试运用最新的全球价值链分析框架定量研究中国出口贸易对经济增长的贡献及其变化机制，在国家整体和产业层面做出新的解读。

定量研究中国出口贸易与经济增长之间关系是一个历久弥新的论题。很多研究学者采用计量分析和投入产出分析方法，还有部分学者根据国民收入恒等式计算，如林毅夫和李永军（2003）、李军（2008）；或者生产函数分析方法，如帕克和普赖姆（1997）、孙（2000）。在计量分析方法上多基于格兰

[①] 来源于 WTO 和 OECD 发布的 TIVA 数据库。

杰检验和协整分析，如单忠东（Shan，1998）、马章良（2012）、刘洪等（2014）利用多元因果检验方法研究了出口与中国经济增长的关系，王坤（2004）、黄伟力（2006）、德雷格和张（2014）基于协整分析方法检验了中国出口对 GDP 增长的作用，李占风等（2009）通过脉冲响应函数分析认为出口在短期内对经济增长有促进作用。计量分析方法既能检验出口与经济增长的因果关系，而且能够得到出口对 GDP 的边际系数，但容易导致回归误差①，且无法体现产业层面的差异。

投入产出分析方法则在计量分析方法基础上承认出口是推动经济增长的主要动力，利用增加值来估计和度量出口对经济增长的贡献程度。相关研究使用的指标概念比较混乱，甚至出现交互使用现象，易产生混淆。本文进一步梳理了相关文献，主要是基于以下三个指标：指标 1 是考察单位出口中所含国内增加值的价值，有陈锡康（2001）采用"出口对 GDP 的影响"、祝坤福（2007）采用"出口对经济增长带来的效应"，刘遵义等（2007）采用"出口增加值对 GDP 的贡献"，沈利生（2006）、库普曼等（2012）、基和唐（2012）、库普曼等（2014）、刘维林（2015）等采用"出口的国内增加值率（DVAR）"等指标描述；指标 2 是考察出口对 GDP 增长的贡献，有沈利生（2003）、陈怡（2006）采用"出口对 GDP 增长的贡献"，沈利生（2009）、"中国 2007 年投入产出表分析应用课题组"（2010）采用"出口对 GDP 增长的贡献率"指标描述；指标 3 是考察国家和产业 GDP 的出口比重，有沈利生（2003）、陈怡（2006）采用"出口对 GDP 形成的贡献"、吴振宇（2004）采用"出口对 GDP 的贡献率"、尹敬东（2007）采用"出口对 GDP 的贡献"、李昕（2013）采用"重估的贸易依存度"等指标描述。为了不引致混淆，本文结合之前的研究成果将指标 1 统一定义为"出口拉动 GDP"，将指标 2 统一定义为"出口对 GDP 增长的贡献"，指标 3 定义为"出口对 GDP 的贡献"。

利用投入产出方法分析出口对经济增长贡献的研究在基本理论和数据选择上也不断改进，陈锡康（2002）利用 1995 年竞争型投入产出表计算了商品出口拉动 GDP 指标，结果显示中国每出口 1 元商品，GDP 增加 0.57 元。由于竞争型投入产出表没有区分进口中间品和国内中间品，无法剔除出口中

---

① 陈怡和沈利生（2006）认为，单纯地利用出口与 GDP 进行回归得到的边际系数容易忽略消费和投资的贡献，是不准确的。

进口中间品的影响。沈利生（2003）在 1997 年竞争型投入产出表的基础上编制了非竞争型投入产出表，重新计算 1997 年商品出口对 GDP 贡献为 14.11%，估算了 1998 年对 GDP 增长的贡献为 3.11%。吴振宇（2004）利用同样的方法和数据计算了 1997 年商品出口对 GDP 的贡献为 14.10%。陈怡（2006）则根据 1997—2002 年投入产出表计算 1997 年货物出口对 GDP 的贡献为 16.15%，而 1998 年对 GDP 增长的贡献为 - 14.26%，计算结果存在较大差异。刘遵义等（2007）等在非竞争型投入产出表中考虑了加工贸易的影响，计算 2002 年出口拉动 GDP 价值为 0.466 美元，加工出口和非加工出口为 0.287 美元和 0.633 美元。沈利生（2009）根据 2002—2006 年的数据测算出口拉动 GDP 为 0.70 和 0.8 美元之间，比刘遵义等（2007）测算数值偏高，且认为从需求角度出口对 GDP 的贡献在 20% ~28% 之间。通过竞争型投入产出表编制非竞争型投入产出表会受限于进口产品流量数据的缺乏，通常根据一致性假设对进口中间品的投入采用比例分配的方法，因此其结论有待商榷。"中国 2007 年投入产出表分析应用课题组"（2010）对此进行改进，根据进口品使用矩阵从竞争型投入产出表中分离进口产品，编制非竞争型投入产出表，得到 2007 年出口对 GDP 的贡献为 22.39%。之后学者大多基于非竞争性投入产出表对中国区域省份的实证研究，如张汉东和胡朝麟（2012）测算 2007 年浙江省出口对 GDP 的贡献率为 23.9%。

值得注意的是，以上测算方法存在一定局限性：首先在计算出口增加值时没有考虑进口中间品中包含国内增加值以及国内中间品包含国外增加值的情况，将其一并作为国外增加值或国内增加值，另外没有考虑国内增加值依附在中间品中多次进出海关的重复统计问题，这三种情况都会造成出口国内增加值的错估；再次，根据投入产出关联，单个产业出口国内增加值中既包括本产业生产要素贡献的增加值，同时也包括其他上游产业依附在本产业投入中间品中的增加值，要考察产业层面 GDP 出口及对 GDP 的贡献，更应该关注这个产业 GDP 出口量占本产业 GDP 的比重。库普曼等（2014）的全球价值链分解（KPWW）方法能够较好地克服第一个问题，被广泛应用于中国国家或产业层面出口国内增加值估算（如李昕等（2013）、张咏华（2013）、王飞等（2013）、周升起等（2013）、樊茂清等（2014）、刘维林（2015）等）。但 KPWW 方法应用于产业层面忽视了出口增加值和增加值出口两者的区别，而厘清两者的区别是测度产业出口对经济增长贡献的基础。WWZ 方法在 KP-

WW 方法的基础上利用区分了前向关联和后向关联（Wang Z. et al., 2013），考虑了产业增加值的来源，能够较好地克服第二个问题。

区别于已有研究，本文可能的贡献是结合 KPWW 和 WWZ 全球价值链分解方法，根据世界投入产出模型，构建了产业和双边国家层面 GDP 分解框架，区分增加值出口返回国内的部分；在国家和产业层面重新测度和分析了中国出口对 GDP 和 GDP 增长的贡献，并对出口贡献效应进行分解，分析其变化影响机制。

▶ 二、理论分析

构建两个国家（s、r）、两个产业（i、j）的世界投入产出表，其中以 S 国为本国，R 国为外国，如表 1 所示。

表 1 世界投入产出表

		中间投入				最终需求		总产出	出口
		国家 S		国家 R		国家 S	国家 R		
		产业 i	产业 j	产业 i	产业 j				
国家 S	产业 i	M_{ii}^{ss}	M_{ij}^{ss}	M_{ii}^{sr}	M_{ij}^{sr}	F_i^{ss}	F_i^{sr}	Y_i^s	E_i^{sr}
	产业 j	M_{ji}^{ss}	M_{jj}^{ss}	M_{ji}^{sr}	M_{jj}^{sr}	F_j^{ss}	F_j^{sr}	Y_j^s	E_j^{sr}
国家 R	产业 i	M_{ii}^{rs}	M_{ij}^{rs}	M_{ii}^{rr}	M_{ij}^{rr}	F_i^{rs}	F_i^{rr}	Y_i^r	E_i^{rs}
	产业 j	M_{ji}^{rs}	M_{jj}^{rs}	M_{ji}^{rr}	M_{jj}^{rr}	F_j^{rs}	F_j^{rr}	Y_j^r	E_j^{rs}
总投入		X_i^s	X_j^s	X_i^r	X_j^r				
增加值		Va_i^s	Va_j^s	Va_i^r	Va_j^r				

根据表 1，S 国产出可以用矩阵表示为：

$$Y^s = M^{ss} + M^{sr} + F^{ss} + F^{sr} \tag{1}$$

其中，$E^{sr} = M^{sr} + F^{sr}$，Y^s 表示 S 国 2×1 产出向量；M^{ss}、M^{sr} 分别表示 S 国用于本国和 R 国生产投入的 2×2 中间品矩阵；F^{ss}、F^{sr} 分别表示 S 国用于本国和外国消费的 2×1 最终产品向量。根据投入产出关系把式（1）改写为：

$$Y^s = A^{ss} Y^s + F^{ss} + A^{sr} Y^r + F^{sr} \tag{2}$$

A^{ss}、A^{sr} 表示 2×2 的本国投入产出系数矩阵，A^{ss} 表示 S 国产出的用于本国生产的中间品投入系数；A^{sr} 表示 R 国进口 S 国中间品投入产出系数矩阵。对 R 国：

$$Y^r = A^{rr}Y^r + F^{rr} + A^{rs}Y^s + F^{rs} \tag{3}$$

世界市场出清状态时：

$$\begin{bmatrix} Y^s \\ Y^r \end{bmatrix} = \begin{bmatrix} A^{ss} & A^{sr} \\ A^{rs} & A^{rr} \end{bmatrix} \begin{bmatrix} Y^s \\ Y^r \end{bmatrix} + \begin{bmatrix} F^{ss} & F^{sr} \\ F^{rs} & F^{rr} \end{bmatrix} \tag{4}$$

进一步改写为：

$$\begin{bmatrix} Y^s \\ Y^r \end{bmatrix} = \begin{bmatrix} I - A^{ss} & -A^{sr} \\ -A^{rs} & I - A^{rr} \end{bmatrix}^{-1} \begin{bmatrix} F^{ss} & F^{sr} \\ F^{rs} & F^{rr} \end{bmatrix} = \begin{bmatrix} B^{ss} & B^{sr} \\ B^{rs} & B^{rr} \end{bmatrix} \begin{bmatrix} F^s \\ F^r \end{bmatrix} \tag{5}$$

其中，F^s 表示 1×1 最终需求向量，包括国内最终商品销售 F^{ss} 和最终商品出口 F^{sr}；B^{rs} 为 2×2 里昂惕夫逆矩阵，表示最终需求系数矩阵，即增加单位最终需求带动的产出值。

定义 V^s 为增加值系数向量，V^s 的元素表示总产出的国内增加值比重，为单位矩阵减去中间投入品矩阵。即为：

$$V^s = [I - A^{ss} - A^{rs}] \tag{6}$$

其中，$V^s = \begin{bmatrix} v_i^s \\ v_j^s \end{bmatrix}$，对 R 国，增加值系数向量 V^r 表示为 $V^r = [I - A^{rr} - A^{sr}]$，

其中 $V^r = \begin{bmatrix} v_i^r \\ v_j^r \end{bmatrix}$。

借鉴 Wang 等（2013）的方法对产业层面的最终需求进行分解，得到：

$$\hat{V}B\hat{F} = \begin{bmatrix} v_i^s & 0 & 0 & 0 \\ 0 & v_j^s & 0 & 0 \\ 0 & 0 & v_i^r & 0 \\ 0 & 0 & 0 & v_j^r \end{bmatrix} \begin{bmatrix} b_{ii}^{ss} & b_{ij}^{ss} & b_{ii}^{sr} & b_{ij}^{sr} \\ b_{ji}^{ss} & b_{jj}^{ss} & b_{ji}^{sr} & b_{jj}^{sr} \\ b_{ii}^{rs} & b_{ij}^{rs} & b_{ii}^{rr} & b_{ij}^{rr} \\ b_{ji}^{rs} & b_{jj}^{rs} & b_{ji}^{rr} & b_{jj}^{rr} \end{bmatrix} \begin{bmatrix} f_i & 0 & 0 & 0 \\ 0 & f_j & 0 & 0 \\ 0 & 0 & f_i & 0 \\ 0 & 0 & 0 & f_j \end{bmatrix}$$

$$= \begin{bmatrix} v_i^s b_{ii}^{ss} f_i & v_i^s b_{ij}^{ss} f_j & v_i^s b_{ii}^{sr} f_i & v_i^s b_{ij}^{sr} f_j \\ v_j^s b_{ji}^{ss} f_i & v_j^s b_{jj}^{ss} f_j & v_j^s b_{ji}^{sr} f_i & v_j^s b_{jj}^{sr} f_j \\ v_i^r b_{ii}^{rs} f_i & v_i^r b_{ij}^{rs} f_j & v_i^r b_{ii}^{rr} f_i & v_i^r b_{ij}^{rr} f_j \\ v_j^r b_{ji}^{rs} f_i & v_j^r b_{jj}^{rs} f_j & v_j^r b_{ji}^{rr} f_i & v_j^r b_{jj}^{rr} f_j \end{bmatrix} \tag{7}$$

其中 $\hat{V}$ 为 V 的对角化矩阵，$\hat{F}$ 为 F 的对角化矩阵。式（7）给出了两个国家两个产业最终需求的分解矩阵，每一个元素代表单个国家单个产业最终产品诱发的增加值。对于矩阵的行元素，第一行第二列的元素 $v_i^s b_{ij}^{ss}$（$f_j^s + f_j^r$）

表示 S 国 j 产业生产的满足国内消费和出口的最终产品诱发的 i 产业的增加值，第一行第三列的元素 $v_i^s b_{ii}^{sr}(f_i^s + f_i^r)$ 表示 R 国第 i 产业满足出口和国内消费的最终产品生产所诱发的 S 国 i 产业的增加值，这些增加值中的一部分经 R 国出口返回到 S 国消费，另一部分在 R 国消费，同理第一行第四列的元素 $v_i^s b_{ij}^{sr}(f_j^s + f_j^r)$ 表示 R 国 j 产业满足出口和国内消费的最终产品生产所诱发的 S 国 i 产业的增加值。第一行的所有元素则是 S 国第 i 产业的所有增加值的流向，也就是 i 产业所创造的 GDP 的流向。用公式可以表示为：

$$GDP_i^s = v_i^s\left(b_{ii}^{ss}f_i^s + b_{ij}^{ss}f_j^s + b_{ii}^{sr}f_i^r + b_{ij}^{sr}f_j^r\right) = v_i^s y_i^s \qquad (8)$$

式（8）可进一步分解为：

$$GDP_i^s = v_i^s\underbrace{\left[\left(b_{ii}^{ss}f_i^s + b_{ij}^{ss}f_j^s\right) + \left(b_{ii}^{sr}f_i^s + b_{ij}^{sr}f_j^s\right)\right]}_{内需拉动}$$

$$+ v_i^s\underbrace{\left[\left(b_{ii}^{ss}f_i^r + b_{ij}^{ss}f_j^r\right) + \left(b_{ii}^{sr}f_i^r + b_{ij}^{sr}f_j^r\right)\right]}_{外需拉动} \qquad (9)$$

由式（9），S 国 i 产业 GDP 产出主要由两种途径拉动：一是内需拉动，分两种方式，其一是国内需求的直接拉动，其二是通过国内对国外最终产品的需求间接拉动，前一种方式表示在国内生产为最终产品并满足国内需求，后一种方式则是通过中间品的出口在国外制造成最终产品并通过进口返回国内，来满足国内需求，为出口返内销部分。由于出口返内销部分最终是满足国内需求，我们把这部分增加值划为国内需求拉动，考察国外需求对 GDP 的贡献，应剔除这一部分，否则会导致出口对 GDP 贡献的高估。这也是本文构建的分解框架对之前研究方法的一个重要推进。二是外需拉动，即出口贡献。出口对 GDP 的贡献尤其是中间品形式出口的贡献则较为复杂，虽然在式（9）中仅仅为两个部分，实际流向却更为复杂。我们结合两产业的矩阵形式进行分解。

同样，对于 j 产业，也存在：

$$GDP_j^s = v_j^s\underbrace{\left[\left(b_{jj}^{ss}f_j^s + b_{ji}^{ss}f_i^s\right) + \left(b_{jj}^{sr}f_j^s + b_{ji}^{sr}f_i^s\right)\right]}_{内需拉动} +$$

$$v_j^s\underbrace{\left[\left(b_{jj}^{ss}f_j^r + b_{ji}^{ss}f_i^r\right) + \left(b_{jj}^{sr}f_j^r + b_{ji}^{sr}f_i^r\right)\right]}_{外需拉动} \qquad (10)$$

由式（9）和式（10）可得①：

---

① 定义#为下标一致的分块子矩阵相乘或两矩阵相同位置的元素分别相乘（element-wise matrix multiplication operation）。

$$GDP^s = \begin{bmatrix} v_i^s \\ v_j^s \end{bmatrix} \# \begin{bmatrix} b_{ii}^{ss} & b_{ij}^{ss} \\ b_{ji}^{ss} & b_{jj}^{ss} \end{bmatrix} \begin{bmatrix} f_i^{ss} \\ f_j^{ss} \end{bmatrix} + \begin{bmatrix} v_i^s \\ v_j^s \end{bmatrix} \# \begin{bmatrix} b_{ii}^{sr} & b_{ij}^{sr} \\ b_{ji}^{sr} & b_{jj}^{sr} \end{bmatrix} \begin{bmatrix} f_i^{rs} \\ f_j^{rs} \end{bmatrix} +$$

$$\begin{bmatrix} v_i^s \\ v_j^s \end{bmatrix} \# \begin{bmatrix} b_{ii}^{ss} & b_{ij}^{ss} \\ b_{ji}^{ss} & b_{jj}^{ss} \end{bmatrix} \begin{bmatrix} f_i^{sr} \\ f_j^{sr} \end{bmatrix} + \begin{bmatrix} v_i^s \\ v_j^s \end{bmatrix} \# \begin{bmatrix} b_{ii}^{sr} & b_{ij}^{sr} \\ b_{ji}^{sr} & b_{jj}^{sr} \end{bmatrix} \begin{bmatrix} f_i^{rr} \\ f_j^{rr} \end{bmatrix} \tag{11}$$

由式（5）根据里昂惕夫逆矩阵的定义，得到：

$$\begin{bmatrix} I - A^{ss} & -A^{sr} \\ -A^{rs} & I - A^{rr} \end{bmatrix} = \begin{bmatrix} B^{ss} & B^{sr} \\ B^{rs} & B^{rr} \end{bmatrix} \tag{12}$$

对式（12）分块矩阵运算：

$$B^{sr} = (I - A^{ss})^{-1} A^{sr} B^{rr} = L^{ss} A^{sr} B^{rr} \tag{13}$$

$$B^{ss} = (I - A^{ss})^{-1} + (I - A^{ss})^{-1} A^{sr} B^{rr} = L^{ss} + L^{ss} A^{sr} B^{rr} \tag{14}$$

其中，L^{ss} 为本地里昂惕夫逆矩阵，由式（14）可以看到全球里昂惕夫逆矩阵与本地里昂惕夫逆矩阵有区别的，且 $B^{ss} > L^{ss}$，两者之差为 $L^{ss} A^{sr} B^{rr}$，即包括以中间品形式出口到 R 国又以中间品形式返回到国内的部分。这一部分 GDP 依附于产业出口并通过再进口返回到国内，至少要经过两次海关，都计入一国的贸易总额当中，在计算国内需求时应注意这一部分的甄别。由式（11）、式（13）和式（14），得到了类似王（Wang）等（2013）关于 GDP 的分解公式：

$$GDP^s = V^s \# L^{ss} F^{ss} + V^s \# L^{ss} F^{sr} + V^s \# L^{ss} A^{sr} B^{rs} F^{ss} + V^s \# L^{ss} A^{sr} B^{rr} F^{rs} +$$

$$V^s \# L^{ss} A^{sr} B^{rr} F^{rr} + V^s \# L^{ss} A^{sr} B^{rr} F^{sr} \tag{15}$$

式（15）呈现了 S 国 GDP 的完全分解，分为两部分：一部分是未经过出口的 GDP，完全由本地内需拉动（第一项 $V^s \# L^{ss} F^{ss}$），表示 GDP 本地拉动效应；另一部分是通过出口的 GDP，根据产品用途分为两块：一块是通过最终产品出口到 R 国并在 R 国消费（第二项 $V^s \# L^{ss} F^{sr}$），由 R 国最终需求贡献，还有一块（（15）式的第三项到第六项）是通过中间品形式出口到 R 国。中间品形式出口的 GDP 为分为四项：其中第三项 $V^s \# L^{ss} A^{sr} B^{rs} F^{ss}$ 和第四项 $V^s \# L^{ss} A^{sr} B^{rr} F^{rs}$ 分别表示 S 国两产业创造的 GDP 通过中间品的形式投入到本国其他产业制造成中间品出口到 R 国，并在 R 国制造为中间品和最终品返回到 S 国最终消费，这两部分为出口返内销部分，根据最终消费地原则应划分为国内消费；第五项和第六项为国外消费，但又有所不同，其中第五项 $V^s \# L^{ss} A^{sr} B^{rr} F^{rr}$ 表示 S 国两产业创造的 GDP 通过中间品的形式投入到本国自身产业和其他产业制造成中间品出口到 R 国，并在 R 国制造为最终品而消费；第六项 V^s# $L^{ss} A^{sr} B^{rr} F^{sr}$ 表示 S 国 GDP 通过中间品出口到 R 国，并在 R 国制造为中间品返回到 S 国，制造为最终产品又出口到 R 国并在 R 国消费，这一部分 GDP 多次经过海关，也是造成传统统计口径出现"多次统计"的部分，且显著不为 0（Koopman 等，2014）。

本文的重点是关注国外需求即出口对 GDP 的贡献，考察一国出口对 GDP 产出贡献了多大比例，这个指标最直接的反映了一国对外开放（扩大出口）对经济增长的拉动作用，即一国在贸易中获得的福利增进机会[①]。则 GDP 由国内和国外的部分为：

$$GDP^{ss} = V^s \# L^{ss} F^{ss} \tag{16}$$

$$GDP^{sr} = V^s \# L^{ss} F^{sr} + V^s \# L^{ss} A^{sr} B^{rs} F^{ss} + V^s \# L^{ss} A^{sr} B^{rr} F^{rs} +$$
$$V^s \# L^{ss} A^{sr} B^{rr} F^{rr} + V^s \# L^{ss} A^{sr} B^{rs} F^{sr} \tag{17}$$

在出口国外的 GDP 中剔除掉返回国内的部分，GDP 由出口贡献的部分为：

$$\widetilde{GDP^{sr}} = V^s \# L^{ss} F^{sr} + V^s \# L^{ss} A^{sr} B^{rr} F^{rr} + V^s \# L^{ss} A^{sr} B^{rs} F^{sr} \tag{18}$$

我们得到出口贡献的 i 产业 GDP 为：

$$\widetilde{GDP_i^{sr}} = GDP\_F_i^{sr} + GDP\_INT_i^{sr} = (v_i^s l_{ii}^{ss} f_i^{sr} + v_i^s l_{ij}^{ss} f_j^{sr}) +$$
$$\{ [v_i^s l_{ii}^{ss} (a_{ii}^{sr} b_{ii}^{rr} f_i^{rr} + a_{ij}^{sr} b_{ji}^{rr} f_i^{rr} + a_{ii}^{sr} b_{ij}^{rr} f_j^{rr} + a_{ij}^{sr} b_{jj}^{rr} f_j^{rr}) +$$
$$v_i^s l_{ij}^{ss} (a_{jj}^{sr} b_{jj}^{rr} f_i^{rr} + a_{ji}^{sr} b_{ij}^{rr} f_j^{rr} + a_{jj}^{sr} b_{ji}^{rr} f_i^{rr} + a_{ji}^{sr} b_{ii}^{rr} f_i^{rr})] +$$
$$[v_i^s l_{ii}^{ss} (a_{ii}^{sr} b_{ii}^{rs} f_i^{sr} + a_{ij}^{sr} b_{ji}^{rs} f_i^{sr} + a_{ii}^{sr} b_{ij}^{rs} f_j^{sr} + a_{ij}^{sr} b_{jj}^{rs} f_j^{sr}) +$$
$$v_i^s l_{ij}^{ss} (a_{jj}^{sr} b_{jj}^{rs} f_i^{sr} + a_{ji}^{sr} b_{ij}^{rs} f_j^{sr} + a_{jj}^{sr} b_{ji}^{rs} f_i^{sr} + a_{ji}^{sr} b_{ii}^{rs} f_i^{sr})]\} \tag{19}$$

用 $GDPex\_R$ 指数来表示出口对 GDP 的贡献，表示有多大比例的 GDP 通过出口到国外，则对 S 国，在国家层面：

$$GDPex\_R^s = \frac{\widetilde{GDP^{sr}}}{GDP^s} = \left(\frac{\widetilde{GDP_i^{sr}}}{GDP_i^s} \times \frac{GDP_i^s}{GDP^s}\right) + \left(\frac{\widetilde{GDP_j^{sr}}}{GDP_j^s} \times \frac{GDP_j^s}{GDP^s}\right) \tag{20}$$

式（20）显示，$GDPex\_R$ 指数的变化可归结为两个动因：一是产业国内增加值出口率发生变化（$\frac{\widetilde{GDP_i^{sr}}}{GDP_i^s}$、$\frac{\widetilde{GDP_j^{sr}}}{GDP_j^s}$ 发生变化），即使国内产业生产结构

[①] 也反映了一国对贸易（出口贸易）的依存程度，即贸易依存度指标。

没有调整（$\frac{GDP_i^s}{GDP^s}$、$\frac{GDP_j^s}{GDP^s}$不变），则会导致整个国家出口对 GDP 的贡献的变化，这可归纳为产业内效应；另外国内产业结构调整的变化也会导致国家出口对经济增长对 GDP 的贡献变化，这可归纳为产业间效应。我们将 $GDPex\_R$指数的变化分解如下：

产业内效应：

$$GDPex\_R\_intl_i^s = (\frac{\overset{\frown}{GDP_{it}^{sr}}}{GDP_{it}^s} - \frac{\overset{\frown}{GDP_{i(t-1)}^{sr}}}{GDP_{i(t-1)}^s}) \times \frac{GDP_{i(t-1)}^s}{GDP_{(t-1)}^s} + (\frac{\overset{\frown}{GDP_{jt}^{sr}}}{GDP_{jt}^s} -$$

$$\frac{\overset{\frown}{GDP_{j(t-1)}^{sr}}}{GDP_{j(t-1)}^s}) \times \frac{GDP_{j(t-1)}^s}{GDP_{(t-1)}^s} \tag{21}$$

产业间效应：

$$GDPex\_R\_extl_i^s = \frac{\overset{\frown}{GDP_{it}^{sr}}}{GDP_{it}^s} \times (\frac{GDP_{it}^s}{GDP_t^s} - \frac{GDP_{i(t-1)}^s}{GDP_{(t-1)}^s}) + \frac{\overset{\frown}{GDP_{jt}^{sr}}}{GDP_{jt}^s} \times (\frac{GDP_{jt}^s}{GDP_t^s} -$$

$$\frac{GDP_{j(t-1)}^s}{GDP_{(t-1)}^s}) \tag{22}$$

其中，t 表示年份，式（21）和式（22）分别捕捉的是产业内效应和产业间效应，加总就是 $GDPex\_R$ 的变化效应。

同样，出口对 GDP 增长的贡献，即度量产业增加值出口的增长对经济增长的贡献程度。我们用 CON（Contribution）来表示，则 t 年 i 产业的出口增长对经济增长的贡献率为：

$$CON_{it}^s = \frac{GDP_{it}^{sr} - GDP_{i(t-1)}^{sr}}{GDP_{(t)}^s - GDP_{(t-1)}^s} \tag{23}$$

进一步，我们考虑更接近现实的情况，世界拥有三国家（S、R、T）两产业（i、j）。则 S 国 GDP 包含三个部分：

$$GDP^s = GDP^{ss} + GDP^{sr} + GDP^{st} \tag{24}$$

三国情形下，式（12）可变换为：

$$\begin{bmatrix} I-A^{ss} & -A^{sr} & -A^{st} \\ -A^{rs} & I-A^{rr} & -A^{rt} \\ -A^{ts} & -A^{tr} & I-A^{tt} \end{bmatrix} = \begin{bmatrix} B^{ss} & B^{sr} & B^{st} \\ B^{rs} & B^{rr} & B^{rt} \\ B^{ls} & B^{lr} & B^{lt} \end{bmatrix} \tag{25}$$

因此可得：

$$B^{sr} = (I - A^{ss})^{-1} A^{sr} B^{rr} = L^{ss} A^{sr} B^{rr} + L^{ss} A^{st} B^{ts} \tag{26}$$

$$B^{ss} = (I - A^{ss})^{-1} + (I - A^{ss})^{-1} A^{sr} B^{rs} = L^{ss} + L^{ss} A^{sr} B^{rs} + L^{ss} A^{st} B^{ts} \tag{27}$$

则，

$$GDP^{sr} = V^s \# L^{ss} F^{sr} + V^s \# L^{ss} A^{sr} B^{rs} F^{ss} + V^s \# L^{ss} A^{sr} B^{rr} F^{rs} + V^s \# L^{ss} A^{st} B^{tr} F^{rs} +$$
$$V^s \# L^{ss} A^{sr} B^{rr} F^{rr} + V^s \# L^{ss} A^{st} B^{tr} F^{rr} + V^s \# L^{ss} A^{sr} B^{rs} F^{sr} + V^s \# L^{ss} A^{st} B^{ts} F^{sr} \tag{28}$$

三国两产业情形下 GDP 出口相比两国两产业情形多了三项 $V^s \# L^{ss} A^{st} B^{tr} F^{rs}$、$V^s \# L^{ss} A^{st} B^{tr} F^{rr}$ 和 $V^s \# L^{ss} A^{st} B^{ts} F^{sr}$，表示通过第三国 T 国然后再出口到 R 国，是属于再出口的部分，但最终流向却有所不同，其中 $V^s \# L^{ss} A^{st} B^{tr} F^{rs}$ 表示 S 国中间品出口到 T 国，经 T 国以中间品形式再出口到 R 国并以最终产品形式返回到 S 国，这一部分 GDP 没有反映在 S 国对 R 国的双边出口贸易中；$V^s \# L^{ss} A^{st} B^{tr} F^{rr}$ 表示 S 国中间品出口到 T 国，经 T 国以中间品形式出口到 R 国并在 R 国制造为最终产品消费，同样未反映在 S 国对 R 国的双边出口贸易中；$V^s \# L^{ss} A^{st} B^{ts} F^{sr}$ 表示 S 国中间品出口到 T 国，经 T 国以中间品形式返回到 S 国并在 S 国以最终品形式出口到 R 国消费，这部分反映在 S 国对 R 国的双边出口贸易中，且多次进出海关。这个发现对投入产出表的选用具有一定的借鉴意义，因为单国投入产出表就是一个典型的两国模型，利用两国模型计算时无法区分再出口部分，所以利用全球价值链分解模型计算时应尽量采用多国投入产出表。

考虑更一般的情形，世界拥有 G 个国家，每个国家拥有 N 个产业，R 国最终需求对 S 国的 GDP 贡献部分为：

$$GDP^{sr} = V^s \# L^{ss} F^{sr} + V^s \# L^{ss} A^{sr} B^{rs} F^{ss} + V^s \# L^{ss} A^{sr} B^{rr} F^{rs} + \sum_{t \neq r,s}^{G} V^s \# L^{ss} A^{st} B^{tr} F^{rs} +$$
$$V^s \# L^{ss} A^{sr} B^{rr} F^{rr} + \sum_{t \neq r,s}^{G} V^s \# L^{ss} A^{st} B^{tr} F^{rr} + V^s \# L^{ss} A^{sr} B^{rs} F^{sr} + \sum_{t \neq r,s}^{G} V^s \# L^{ss} A^{st} B^{ts} F^{sr} \tag{29}$$

所有国外需求带动的出口对 S 国 GDP 的贡献为：

$$GDP^{sr} = \sum_{r \neq s}^{G} V^s \# L^{ss} F^{sr} + \sum_{r \neq s}^{G} V^s \# L^{ss} A^{sr} B^{rs} F^{ss} + \sum_{r \neq s}^{G} V^s \# L^{ss} A^{sr} B^{rr} F^{rs} +$$
$$\sum_{r \neq s}^{G} \sum_{t \neq r,s}^{G} V^s \# L^{ss} A^{st} B^{tr} F^{rs} + \sum_{r \neq s}^{G} V^s \# L^{ss} A^{sr} B^{rr} F^{rr} + \sum_{r \neq s}^{G} \sum_{t \neq r,s}^{G} V^s \# L^{ss} A^{st} B^{tr} F^{rr} +$$

$$\sum_{r\neq s}^{G} V^s \# L^{ss} A^{sr} B^{rs} F^{sr} + \sum_{r\neq s}^{G} \sum_{t\neq r,s}^{G} V^s \# L^{ss} A^{st} B^{ts} F^{sr} \tag{30}$$

根据前面的分析,我们由式（30）得到多国多产业情形下出口对单个产业 GDP 的贡献：

$$\widehat{GDP_i^{sr}} = GDP\_F_i^{s*} + GDP\_INT_i^{s*} = \sum_{r\neq s}^{G} \sum_j^N v_i^s l_{ij}^{ss} f_j^{sr} +$$

$$\sum_{r\neq s}^{G} \sum_j^N \sum_k^N \sum_u^N v_i^s l_i^{ss} j a_{jk}^{sr} b_{ku}^{rr} f_u^{rr} + \sum_{r\neq s}^{G} \sum_{t\neq r}^{G} \sum_j^N \sum_k^N \sum_u^N v_i^s l_i^{ss} j a_{jk}^{sr} b_{ku}^{rr} f_u^{rr} +$$

$$\sum_{r\neq s}^{G} \sum_{t\neq r}^{G} \sum_j^N \sum_k^N \sum_u^N v_i^s l_i^{ss} j a_{jk}^{sr} b_{ku}^{rs} f_u^{sr} + \sum_{r\neq s}^{G} \sum_{t\neq r}^{G} \sum_j^N \sum_k^N \sum_u^N v_i^s l_i^{ss} j a_{jk}^{sr} b_{ku}^{ts} f_u^{sr} \tag{31}$$

由（21）式、（22）式得到 G 国 N 产业情形下产业内效应和产业间效应：

产业内效应 $GDPex\_R\_intl_{t-(t-1)}^s = \sum_i^N (\dfrac{\widehat{GDP_{it}^{s*}}}{GDP_{it}^s} - \dfrac{\widehat{GDP_{i(t-1)}^{s*}}}{GDP_{i(t-1)}^s}) \times \dfrac{GDP_{i(t-1)}^s}{GDP_{(t-1)}^s}$

$$\tag{32}$$

产业间效应 $GDPex\_R\_intl_{t-(t-1)}^s = \sum_i^N \dfrac{\widehat{GDP_{it}^{s*}}}{GDP_{it}^s} \times (\dfrac{GDP_{i(t+1)}^s}{GDP_{(t+1)}^s} - \dfrac{GDP_{it}^s}{GDP_t^s})$

$$\tag{33}$$

▶ 三、数据来源

本文数据采用多国世界投入产出表（WIOTs）。WIOTs 数据主要基于 SUT（NSI 和 ITS 提供）、用 BEC 分类链接,结合双边贸易数据（BACI）构建的一个全球产业层面的数据,是 WIOD 数据库的核心部分。数据主要内容包含 41 个经济体（40 个国家,包括 OECD 国家,俄罗斯,巴西,中国,印度,印尼和南非;其他国家归为一个经济体 ROW）及其细分 35 个产业的 1995—2011 年的连续 17 年数据。具体指标有：35 产业货物和服务中间品投入及产出；对 35 产业消费支出及存货变化；当年 CIF/FOB 调整价格；当年国际货运毛利；当年产品净税值等。

为分析方便,参考拉赫曼等（2013）要素密集度分类方法将 35 个产业分为 8 大类,具体分类见表 2：

表 2 要素密集度产业分类和 WIOTs 对照产业分类

要素密集度分类	WIOTs 分类	产业名称	要素密集度分类	WIOTs 分类	产业名称
初级产业	c1	农、林、牧、渔	劳动密集型服务业	c18	建筑
	c2	采矿		c19	汽车及摩托车
劳动密集型制造业	c4	纺织及服装制造		c20	燃油零售（除汽车摩托车）
	c5	皮革制品		c21	零售（除汽车摩托车）
	c6	木材加工及木制品		c22	住宿和餐饮
	c16	废品及其他制造业		c26	旅行社务
资本密集型制造业	c3	食品及饮料制造		c35	私人雇佣的家庭服务
	c7	造纸及纸制品	资本密集型服务业	c17	电力煤气水供应
	c8	石油及核燃料加工		c23	内陆运输
	c10	橡胶及塑料制品		c24	水路运输
	c11	非金属矿物制品		c25	航空及其他运输
	c12	金属制品		c27	邮政与通信
知识密集型制造业	c9	化学原料及制品		c29	房地产
	c13	机械制造	知识密集型服务业	c28	金融业
	c14	电气及电子机械制造		c30	租赁和商务服务
	c15	交通运输设备制造			
公共服务业	c31	公共管理和国防、社会保障	公共服务业	c33	卫生和社会工作
	c32	教育		c34	其他社区社会及个人服务

在数据计算中，我们主要提取每一个国家的三个指标，介绍如下：

Y^s 为 35×1 向量，元素表示一国分产业产出；

M^{sr} 为 35×35 矩阵，元素表示 R 国对 S 国分产业中间品消耗；

F^{sr} 为 35×1，向量，元素表示 R 国对 S 国分产业最终消费；

四、测度结果分析

（一）出口对 GDP 的贡献

在本节中，我们主要考察 1995—2011 年中国国家层面和产业层面 GDP 出口对 GDP 的贡献及变化趋势。贝姆斯等（2011）认为，2008 年金融危机造成全球贸易"大崩溃"，诸多研究认为中国在金融危机中受到的影响不大，反而在危机中进一步扩张了市场，那么厘清中国在金融危机中的出口表现和影响机制对未来政策制定具有一定的参考意义。

根据式（31）进行分解计算，对所有产业进行加总，得到1995—2011年中国国家层面 GDP 出口占比（见图1和图2）①。

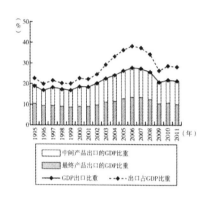 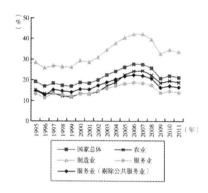

图1 1995—2011 年中国国家层面 GDP 出口占比　图2 国家总体及各产业出口对 GDP 贡献变化趋势

（1）国家和产业层面的出口对 GDP 的贡献变化趋势。图1为1995—2011年中国 GDP 出口占比变化趋势。为了更详尽地对比全球价值链视角下中国出口呈现的新特征，我们列出了传统统计口径下出口总额占 GDP 比重指标，并对出口 GDP 根据产品用途进行细分，分别展示了最终产品和中间产品 GDP 出口占比变化趋势。

总体上，传统海关统计口径高估了中国出口对 GDP 的贡献，在1995—2008 年间这一高估比重达到6%。传统海关统计口径下，出口总量统计中既包括国内增加值，也包括进口中间品所含的国外增加值，国外增加值应计入其他国家要素报酬内，不属于中国 GDP，传统海关统计口径无法区分国外增加值，会造成出口对 GDP 贡献程度的高估。在1995年，高估比例约为3.75%，这一比例保持到1999年，随着加入 WTO 谈判深入，中国加快了对外开放力度，这一比例在1999年后逐渐扩大，在2006年达到峰值（10.6%），高估了近四成。这说明加入 WTO 后中国加工贸易的繁荣发展，

---

① 资料来源：WIOD（2013 年11月发布），http：//www.wiod.org/new_ site/data.htm。作者计算而得。

造成了中间品进口井喷。随着国际分工的深化，中间品贸易在贸易中的比重会越来越大，区分国内增加值和国外增加值的全球价值链分解方法对理解出口贡献和贸易收益则显得愈加重要。

1995—2011 年中国出口对 GDP 的贡献呈现先增后减的倒 U 形特征，以 2008 年金融危机为拐点。1995—2008 年间处在倒"U"上行区间，加入 WTO 后外需引致的出口增长对中国经济的贡献越来越大。1995—1999 年出口对 GDP 的贡献在 17.8% 上下波动，2000 年后迅速攀升，并于 2006 年达到 27.9%，增长了近 56.7%，这说明加入 WTO 后外需的巨大缺口对中国保持经济高速增长提供了动力，这一时间区间内中国经济增长保持 10% 左右的增长率。在总量上出口对 GDP 的贡献更为明显，1995 年中国出口 GDP 为 0.14 万亿美元，2006 年为 0.74 万亿美元（以 1995 年基准货币度量），11 年间增加了 0.6 万亿美元，年均增长率达到 40%。

在产业层面（见图 2），三大产业基本上都保持了与国家总体类似的倒"U"趋势。1995—2008 年的上升趋势表明对外开放对中国经济的贡献是全方位的，凸显进一步扩大对外开放的重要性。产业差异上，制造业出口对 GDP 的贡献较大（以 1995—2008 为考察时间段，均值为 32.9%），服务业次之（由于公共服务业中部分产业的不出口特殊性，这里服务业指的是不计入公共服务业的服务业，考察时间段内均值为 16.93%），初级产业较小（考察时间段内均值为 16.90%）。结合细分产业的变化趋势（见图 3 和图 4），得到以下结论。

第一，中国出口对 GDP 的贡献仍以制造业为主。这与诸多学者研究结论一致。在制造业细分产业差异上（见图 3），劳动密集型、资本密集型和知识密集型制造业出口对 GDP 的贡献从 2000 年后呈现出强劲的上升趋势，尤其是知识密集型制造业上升速度高于总体制造业，知识密集型制造业成为主要力量。这主要基于两方面原因：一方面，加入 WTO 中国逐步放开外商直接投资政策，吸引更多的外资涌入中国制造业，资源配置得到优化，资本密集型制造业的国际竞争力得到提升，表现为出口增加值率上升和占 GDP 比重双线上升，尤其是造纸及纸制品、石油及核燃料加工、金属制品三个产业；另一方面，进口中间品和外商直接投资带来的技术外溢效应，带动了知识密集型制造业蓬勃发展，表现为工业增加值占 GDP 比重的上升（从 1995 年的 11.8% 上升到 2006 年的 14.6%）和出口贡献的上升，其中电器及电子制造产业表现较为抢眼。劳动密集型制造业出口对 GDP 的贡献仍较为重要，这与中国出口导向性战略造成的加工贸易繁荣现状很契合，劳动密集型制造业创造的增加值近半比重出口到国外。但与之前研究结论所区别，有两个问题不容忽视：一是劳动密集型制造业出口对 GDP 的贡献处于波动期，随着中国人口红利的逐渐消失和劳动力成本的上升，后继动力会不足；二是劳动密集型制造业大多处在全球价值链的末端，生产效率较低，虽然劳动密集型制造业出口总额在总出口中占据较大的比重，但由于其加工贸易特性，出口中包含大量进口中间品（2008 年劳动密集型制造业包含的超过 56% 比例的国外增加值），其在国民生产总值的比重却相对较小（2008 年增加值占 GDP 比重约6.5%），且有逐步下降的趋势，随着中国 2007 年对加工贸易调整政策效果的逐渐显现，劳动密集型制造业对 GDP 的贡献会越来越低。

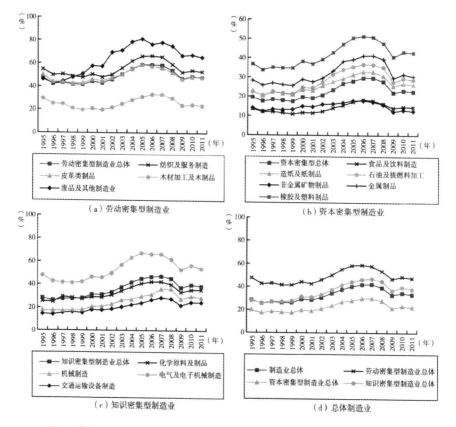

图3 服务业（a）、（b）、（c）和初级产业（d）分产业增加值出口比重

资料来源：WIOD（2013 年 11 月发布），网址：http://www.wiod.org/new_site/data.htm。作者计算而得。

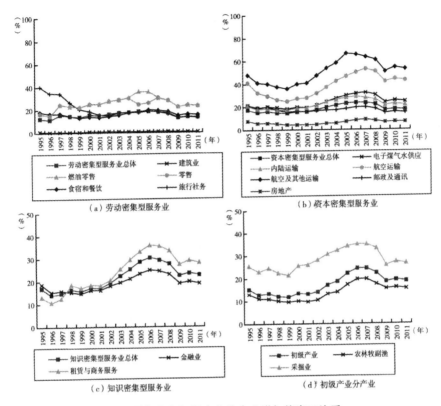

图4　服务业和初级产业分产业增加值出口比重

资料来源：WIOD（2013 年 11 月发布），网址：http：//www. wiod. org/new_ site/ data. htm。作者计算而得。

　　第二，服务业在国民生产总值中的比重越来越大，而出口对 GDP 的贡献上升比较缓慢（见图4）。改革开放以来，中国服务业整体得到了迅速的发展，尤其是 2008 年服务业占国内生产总值比重达到 52.3%（中国国家统计局与 WIOTs 产业分类统计口径不同，中国国家统计局发布信息显示，2013 年服务业在国内生产总值中所占比例首次超过制造业[1]，达到 46.9%[2]，2014

① 中国三次产业分类依据国家统计局 2012 年制定的《三次产业划分规定》。
② 2014 年 12 月 19 日国家统计局《关于修订 2013 年国内生产总值数据的公告》。http：// www. stats. gov. cn/tjsj/zxfb/201412/t20141219_ 655915. html.

年达到 48.2%①，服务业比重越来越大将是长期趋势）。在出口表现上，相对中国服务业的增长速度，受劳动密集型服务业的影响，服务业出口对 GDP 的贡献的提升速度却较为缓慢。通过图 4（a）可以发现，占服务业较大比重的劳动密集型服务业（比重约为 33%）的出口贡献度并没有受加入 WTO 的影响而迅速提升，一直在 19% 的平均水平调整。值得注意的是旅行社务产业的出口对 GDP 的贡献程度却下降了，这从另外一个角度反映了中国服务业的劳动生产率较低的事实，国际竞争力相对较弱。资本密集型服务业增加值出口对 GDP 的贡献缓慢提升，其中水路运输和航空及其他运输这两个产业是主要的上升因素；和资本密集型服务业出口表现不同，知识密集型服务业的出口对 GDP 的贡献在 2000 年后迅速提升，尤其是租赁和商务服务产业。

第三，初级产业在国民生产总值中所占比重越来越低，但出口对 GDP 的贡献表现出较为明显的上扬趋势。初级产业受运输成本和保存条件限制出口比重较小，通过自身产业出口国内增加值比重较低，但是其通过原材料和中间产品蕴含在其他产业中出口的增加值比重却比较大。

（2）2008 年金融危机后变化趋势。诸多学者认为，2008 年全球金融危机对全球生产造成了不可估计的负面影响，同时带来了国际贸易的"大崩溃"（collapse）。我们的发现也基本验证了这一结论：金融危机对中国 GDP 出口的负面影响是全方位的。如图 2、图 3、图 4 所示，不论是国家整体层面和细分产业层面指数在 2008 年后都处于倒 U 形趋势的下行区间，下行趋势主要由于 GDP 出口增长的幅度远远小于 GDP 增长的幅度造成的，说明外需相对内需而言对全球性金融危机的反应更为敏感。这与贝么斯（Bems）等（2011）的研究结论基本一致。贝么斯（Bems）等（2011）认为贸易出现"崩溃"（collapse）的原因是由于金融危机导致外部需求不确定性，这种不确定性会促使企业在生产中更愿意使用已有的库存来替代原材料及中间品的新进口。另外层面的原因也与金融危机中各国政府采取更为严厉的贸易保护政策有关。这一现象持续到 2009 年探底，在 2010 年后出现缓慢全面复苏。由于没有更长时间数据的支持，我们无法判断 2011 年后中国 GDP 出口的贡献走势。

---

① 2015 年 1 月 21 日国家统计局《2014 年 1～4 季度我国 GDP（国内生产总值）初步核算情况》。http：//www. stats. gov. cn/tjsj/zxfb/201501/t20150121_ 671820. html。

（二）出口对 GDP 的贡献变化机制

根据之前分析，指数的变化主要有两个动因：一是产业增加值的变化，二是产业结构变动。为进一步探究出口对 GDP 的贡献内在变化机制，根据式（32）和式（33）对国家层面对指数进行分解（见表 3）。

表 3　指数变化效应及分解（%）

年份	总效应	产业内效应	产业间效应
1995—1996 年	− 2.20	− 2.24	0.04
1996—1997 年	1.46	1.39	0.06
1997—1998 年	− 0.92	− 0.79	− 0.14
1998—1999 年	− 0.51	− 0.55	0.03
1999—2000 年	1.94	1.70	0.24
2000—2001 年	− 0.43	− 0.36	− 0.07
2001—2002 年	1.66	1.68	− 0.02
2002—2003 年	2.42	2.34	0.08
2003—2004 年	1.82	1.94	− 0.12
2004—2005 年	2.05	2.18	− 0.12
2005—2006 年	1.52	1.08	0.44
2006—2007 年	− 0.26	− 0.01	− 0.25
2007—2008 年	− 1.75	− 1.71	− 0.04
2008—2009 年	− 5.15	− 4.68	− 0.47
2009—2010 年	1.29	1.21	0.08
2010—2011 年	− 0.75	− 0.73	− 0.02
1995—2000 年	− 0.24	− 0.51	0.27
2000—2008 年	7.04	6.84	0.20
2008—2011 年	− 4.61	− 4.19	− 0.42

资料来源：WIOD（2013 年 11 月发布），网址：http://www.wiod.org/new_ site/data.htm。作者根据式（31）～式（33）计算得出。

作者根据式（31）～式（33）计算得出。表 3 结果显示，1995—2011 年产业内效应与指数总效应的变化方向基本一致，是总效应变化的主要因素。表明中国出口对 GDP 的贡献以产业内效应为主，产业间效应起的作用较小，说明出口对 GDP 的贡献主要是基于产业增加值出口比重的增长，产业结构变动对 GDP 贡献并不显著。我们进一步具体考察加入 WTO 前后的变化差异。

加入 WTO 前，1995—2000 年出口对 GDP 的贡献有所下降，但下降比例较小（0.24%）。分解结果中产业内效应为正，产业间效应为负，这说明这一时期出口对 GDP 的贡献的变化主要是由于产业增加值出口比重下降造成的，同时产业结构调整对 GDP 出口是起促进作用的。结合国际经济形势，1997 年的亚洲金融危机导致中国向亚洲周边国家和地区的出口增速疲软（1998 年和 1999 年的对 GDP 的贡献变化为负，分别为 -0.92% 和 -0.51%）。但另外一方面，1992 年中国市场化改革的推进和 1994 年的分税制改革的效果逐渐显现，中国外向型的出口导向战略逐步完善，促进产业结构向有利于对外贸易的合理方向调整（1996 年、1997 年、1999 年、2000 年的产业外效应为正）。

中国 2001 年正式加入 WTO 一直到 2008 年全球金融危机前，出口对 GDP 的贡献增加 7.04%，增长近 37.3%，分解结果中产业内效应和产业外效应均为正，但产业内效应贡献 97.2% 的比重。其中 2003—2005 年的增长幅度最为抢眼，同时产业外效应在 2001 年、2002 年、2004 年、2005 年、2007 年、2008 年均为负值。这说明这一时期出口对 GDP 贡献的增长主要是产业增加值出口比重迅速攀升造成的，产业结构调整的步伐面对强劲的外需稍显迟滞（虽然总体为正）。加入 WTO 后，巨大的外部需求使中国各产业的 GDP 出口比重迅速井喷，同时这一段时间中国经济一直保持 10% 左右的快速增长。值得注意的是 2007 年的出口对 GDP 的贡献为 -0.26%，产业内效应为 -0.01%，而产业外效应为 -0.25%，首次出现产业间效应高于产业内效应的情况，且产业外效应成为主要原因（贡献了 96.2%）。这是由于中国的要素禀赋和出口导向型战略导致中国 2001 年后的出口主要是加工贸易，在 2005 年加工贸易所占比重占 55%[1]，而 2007 年中国商务部、海关进行了加工贸易政策调整[2]，收紧了加工贸易政策，对中国出口的影响较大尤其是劳动密集型产业的结构调整，这直接导致 2007 年出口对 GDP 的贡献出现负值，因此可以说 2007 年中国出口对 GDP 的贡献的下降是政府干预的结果，这是本文一个新的发现[3]。

2008—2011 年出口对 GDP 的贡献下降了 4.61%。分解结果中产业内效

---

[1] 2005 年《中国统计年鉴》。

[2] 经国务院批准，商务部、海关总署于 2007 年 7 月 23 日联合发布 2007 年第 44 号公告，公布了《加工贸易限制类商品目录》。

[3] 罗长远（2013）认为 2009 年中国出口增长趋缓受外部市场萎缩和加工贸易调整影响，但不能理清政府干预和金融危机的影响。

应和产业外效应均下降，但产业内效应的贡献比重较大。在时间区间内，2009 年出口对 GDP 的贡献迅速大幅度下降，总效应下降 5.15%，其中产业内效应下降 4.68%；2010 年总效应有所上升，达到 1.29%，幅度较小；2011 年这一效应又出现下降，呈现调整趋势。这主要因为 2008 年全球金融危机的影响在 2009 年逐渐显现，外需出现较大幅度萎缩，导致中国出口尤其是加工贸易出口受阻。由于没有更长时间的数据佐证，无法对中国未来走势做出较为准确的预期。

（三）出口对 GDP 增长的贡献

根据式（23）和式（31），计算了 1996—2011 年的中国要素密集度及三产业的增加值出口对经济增长的贡献，表 4 列出了计算结果。

表 4　中国产业 GDP 出口对 GDP 增长的贡献（%）

年份	初级产业	制造业				服务业					国家总体
		劳动密集型	资本密集型	知识密集型	总体	劳动密集型	资本密集型	知识密集型	公共服务	总体	
1995—1996	-0.18	2.12	0.89	1.66	4.67	0.20	-0.12	-0.33	0.10	-0.15	4.34
1996—1997	2.23	4.08	4.08	5.40	13.56	9.79	2.91	1.88	0.75	15.33	31.12
1997—1998	-3.29	-0.46	-1.03	3.03	1.54	-0.18	2.22	3.18	0.47	5.70	3.95
1998—1999	-0.98	0.82	0.07	4.76	5.65	0.40	2.62	0.59	0.53	4.14	8.81
1999—2000	4.73	4.89	5.14	9.47	19.50	4.24	4.98	2.27	1.12	12.61	36.84
2000—2001	0.42	1.59	1.40	3.30	6.29	2.02	3.25	1.39	0.95	7.61	14.32
2001—2002	3.28	4.32	4.07	9.05	17.43	5.02	6.44	3.09	1.80	16.35	37.06
2002—2003	5.59	4.93	6.38	11.96	23.26	3.93	4.59	3.18	0.46	12.16	41.02
2003—2004	6.66	2.49	6.18	7.70	16.37	3.01	5.48	2.48	0.43	11.40	34.43
2004—2005	5.85	5.20	5.60	9.63	20.43	3.45	4.92	3.24	0.69	12.30	38.58
2005—2006	4.32	5.38	5.64	9.59	20.62	3.37	3.47	3.06	0.61	10.51	35.44
2006—2007	3.22	3.04	4.18	6.96	14.18	2.71	3.13	3.10	0.44	9.37	26.77
2007—2008	2.31	2.38	3.09	4.97	10.44	2.56	2.10	1.98	0.49	7.15	19.90
2008—2009	2.63	3.14	3.51	6.73	13.38	3.12	3.51	2.27	0.68	9.58	25.58
2009—2010	-3.98	-2.78	-6.89	-8.44	-18.11	-3.14	-3.80	-1.23	-0.37	-8.55	-30.64
2010—2011	3.28	3.57	4.34	7.77	15.68	3.40	3.56	2.45	0.43	9.85	28.81

资料来源：WIOD（2013 年 11 月发布），网址：http://www.wiod.org/new_site/data.htm。作者根据式（23）和式（31）计算得出。

作者根据式（23）和式（31）计算得出。由表 4 可以看出，1996—2008 年中国国家层面出口增长对 GDP 增长的贡献呈现先增后减的趋势。1996 年出口增长对 GDP 增长的贡献率仅为 4.34%，GDP 的增长主要依靠内需增长贡献；加入 WTO 后迅速上升，到 2003 年达到 41.02%，近半 GDP 增长是由出口增长贡献。产业结构差异上，制造业出口对 GDP 增长的贡献最大，占到出口贡献的一半以上；服务业增长迅速，位居第二，约占出口贡献的 37.51% 的比重；初级产业贡献最小。在细分产业内部，制造业中知识密集型制造业对 GDP 增长的贡献最大，资本密集型制造业次之，劳动密集型最小。这是因为以增加值衡量的出口中劳动密集型制造业多为加工贸易产业，处于全球价值链的末端，其创造的国内增加值比重较小，虽然劳动密集型制造业的出口比重较大（2008 年其出口占总出口比重的 20.6%），但是对 GDP 增长的贡献却相对较小；服务业内部主要以资本密集型服务业为主，同时知识密集型服务业增长较快。

金融危机后虽然中国 2009 年 GDP 保持了 9.1% 的增长率，但出口的贡献却达到 -30.64%，且所有产业的贡献均为负值，这说明 2009 年中国经济增长的主要动力来自国内需求增长的贡献。2010 年、2011 年中国增加值出口增长对 GDP 增长的贡献明显回升，但处于调整期。

五、结论和启示

本文采用 WIOD 提供的世界投入产出表（WIOTs），通过建立产业和双边国家层面 GDP 分解框架，计算 1995—2011 年中国各产业 GDP 出口含量，在此基础上分别从国家整体层面和产业层面考察了中国出口对 GDP 和 GDP 增长的贡献及变化机制，主要结论和启示如下：

第一，以增加值衡量的中国整体层面和产业层面出口对 GDP 及 GDP 增长的贡献均呈现先增后减的倒 U 形特征，2008 年金融危机影响是拐点出现的主要原因。制造业出口对 GDP 及 GDP 增长的贡献仍占据主导地位，劳动密集型制造业的加工贸易传统优势在不断缩小，知识密集型制造业成为制造业增加值出口增长的主要动力。因此转变外贸发展方式，进一步巩固劳动密集型制造业的传统优势，培育知识密集型制造业新优势显得尤为重要。一方面要鼓励沿海地区运用现代技术改造传统制造业，逐步提升劳动密集型制造业出口产品质量和技术含量，向品牌、研发等附加值较高的价值链中高端延伸，促进传统加工贸易模式改造升级；另一方面，扩大先进技术设备、关键零部件等高端中间品及投资类商品进口，进一步加快引进外资步伐，提高利用外资质量，引导外资投向高新技术、新兴产业等领域，培育提升知识密集型制造业出口竞争新优势。

第二，服务业在国民生产总值中的比重日趋增大，但服务业出口对 GDP 贡献的增速相对缓慢。服务业占 GDP 比重越来越大，且具有高附加值特征，服务业出口尤其是金融、物流等生产性服务业的出口对 GDP 增长的贡献日益显著，进一步提升服务业尤其是资本和知识密集型服务业出口竞争力显得尤为重要。针对我国服务业整体国际竞争力不强的特点，依托发展速度较快的货物贸易，以商品售后服务作为重要突破点，鼓励出口企业针对不同市场采取自建以及外资合建等多种方式，逐步建设完善的出口售后商品服务保障支撑体系，进一步提升出口售后服务质量，推动服务业更好地走出去。政府在政策上给予宽松支持，营造良好的出口环境，以增强和提升中国服务业行业的国际竞争力。同时进一步扩大金融、物流等资本密集型服务业的对外开放力度，推动服务贸易便利化，培育新兴服务贸易优势。

第三，加入 WTO 后中国出口对 GDP 贡献迅速提升的原因主要是产业内效应即产业增加值出口比重提高造成的，而产业间效应即出口产业结构的变化起到了一定的阻碍作用。国际分工日益细化的全球价值链生产体系下，产业结构调整已跟不上迅速增长的出口步伐。要进一步调整国内生产结构，发挥产业结构调整对经济增长的作用。一方面及时修订产业结构调整指导目录，培育和扶持新兴战略产业的发展，强化机械制造、轨道交通运输设备等知识密集型制造业的综合竞争优势，鼓励新技术、新能源战略新兴产业的发展，优化产业结构；同时应注意产业间的价值链关联，宜采用"一揽子"政策进一步优化产业结构，强化贸易政策与产业政策协调发展。

▶ 参考文献

［1］Bems R., Johnson R. C., Yi K－M, 2011, "Vertical Linkages and the Collapse of Global Trade", The American Economic Review, 3 (101), pp. 308－312.

［2］Dreger C., Zhang Y., 2014, "On the Relevance of Exports for Regional Output Growth in China", Applied Economics, 46（35）, pp. 4302 – 4308.

［3］Kee H. L., Tang H., 2014, "Domestic Value Added in Exports: Theory and Firm Evidence from China", World Bank.

［4］Koopman R., Wang Z., Wei S – J, 2012, "Estimating Domestic Content in Exports When Processing Trade is Pervasive", Journal of Development Economics, 1（99）, pp. 178 – 189.

［5］Koopman R., Wang Z., Wei S – J, 2014, "Tracing Value – Added and Double Counting in Gross Exports", American Economic Review, 2（104）, pp. 459 – 494.

［6］Park J. H., Prime P. B., 1997, "Export Performance and Growth in China: A Cross-provincial Analysis", Applied Economics, 10（29）, pp. 1353 – 1363.

［7］Rahman J., Zhao M. T., 2013, "Export Performance in Europe: What Do We Know from Supply Links?", International Monetary Fund.

［8］Sun H., 2000, "Economic Growth and Regional Disparity in China", Regional Development Studies, 6（1）, pp. 43 – 66.

［9］Shan J., Sun F., 1998, "On the Export – led Growth Hypothesis: The Econometric Evidence from China", Applied Economics, 8（30）, pp. 1055 – 1065.

［10］Wang Z., Wei S – J, Zhu K., 2013, "Quantifying International Production Sharing at the Bilateral and Sector Level ", NBER Working Paper No. 19677.

［11］陈锡康，2002：《2001 年中国投入产出理论与实践》，中国统计出版社。

［12］陈怡、沈利生，2006：《我国服务贸易出口贡献率分析——基于 1997 年投入产出表的计算》，《数量经济技术经济研究》第 11 期。

［13］樊茂清、黄薇，2014：《基于全球价值链分解的中国贸易产业结构演进研究》，《世界经济》第 2 期。

［14］黄伟力，2006：《出口、投资与中国的经济增长——基于协整的实证分析》，《山西财经大学学报》第 4 期。

［15］李军，2008：《进出口对经济增长贡献度的测算理论分析》，《数量经济技术经济研究》第 9 期。

［16］李昕、徐滇庆，2013：《中国外贸依存度和失衡度的重新估算》，《中国社会科学》第 1 期。

［17］李占风、袁知英，2009：《我国消费、投资、净出口与经济增长》，《统计研究》第 2 期。

［18］林毅夫、李永军，2003：《出口与中国的经济增长：需求导向的分析》，《经济学（季刊）》第 2 期。

[19] 刘洪、蔡伟、肖亚超，2014：《我国外需对经济增长贡献率的测算》，《统计与决策》第 19 期。

[20] 刘维林，2015：《中国式出口的价值创造之谜：基于全球价值链的解析》，《世界经济》第 3 期。

[21] 刘遵义、陈锡康、杨翠红、Cheng LK、Fung K、Sung Y－W，2007：《非竞争型投入占用产出模型及其应用——中美贸易顺差透视》，《中国社会科学》第 5 期。

[22] 马章良，2012：《中国进出口贸易对经济增长方式转变的影响分析》，《国际贸易问题》第 4 期。

[23] 沈利生、吴振宇，2003：《出口对中国 GDP 增长的贡献》，《经济研究》第 11 期。

[24] 沈利生、王恒，2006：《增加值率下降意味着什么》，《经济研究》第 3 期。

[25] 沈利生，2009：《"三驾马车"的拉动作用评估》，《数量经济技术经济研究》第 4 期。

[26] 宋泓明、骆蔚峰，2001：《我国出口导向型经济增长假说的适用性分析》，《东北财经大学学报》第 2 期。

[27] 王飞、王一智，2013：《我国纺织和服装业增加值出口能力分析》，《国际贸易问题》第 11 期。

[28] 吴振宇、沈利生，2004：《中国对外贸易对 GDP 贡献的经验分析》，《世界经济》第 2 期。

[29] 尹敬东，2007：《外贸对经济增长的贡献：中国经济增长奇迹的需求解析》，《数量经济技术经济研究》第 10 期。

[30] "中国 2007 年投入产出表分析应用"课题组，2010：《正确认识出口贸易对中国经济增长的贡献》，《统计研究》第 11 期。

[31] 张汉东、胡朝麟，2012：《浙江省对外贸易与经济增长，产业结构之间的关系研究——基于投入产出模型的实证分析》，《国际贸易问题》第 11 期。

[32] 张咏华，2013：《中国制造业增加值出口与中美贸易失衡》，《财经研究》第 2 期。

[33] 周升起、兰珍先、付华，2014：《中国制造业在全球价值链国际分工地位再考察——基于 Koopman 等的"GVC 地位指数"》，《国际贸易问题》第 2 期。

[34] 祝坤福、唐志鹏、裴建锁、陈锡康、杨翠红，2007：《出口对中国经济增长的贡献率分析》，《管理评论》第 9 期。

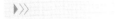

Decomposition of the China's GDP Export and New Measure of Its Contributions

Abstract：Based on decomposition methods of global value chain, this paper gives a complete GDP exports decomposition formula at the national and industrial level, and then examines the changes of China's exports and the contributions on economic growth. The study figures out that：The contribution China's exports to the GDP and GDP growth shows a inverted "U" -type feature on the value-added methods both at the national level and industrial level. Manufacturing Industrial have played a dominant role. Thus, to consolidate the traditional advantages and cultivate new advantages is needed. The contribution of service is relatively smaller accounted for a larger proportion of GDP. To further enhance international competitiveness is also needed. The changes is mainly because of the growing proportion of industrial value added exports, and the industry structure has had a certain impediment.

Key Words：GDP；Export Decomposition；Value Chains